Fundamentos

Formación y orientación laboral

Fundamentos

Formación y orientación laboral

José Carlos González Acedo

Rosario Pérez Aroca

Paraninfo

ciclos formativos

Paraninfo

Formación y orientación laboral. Fundamentos

Gerente Editorial
María José López Raso

Equipo Técnico Editorial
Paola Paz Otero
Sofía Durán Tamayo

Editora de Adquisiciones
Carmen Lara Carmona

Producción
Nacho Cabal Ramos

Diseño de cubierta
Ediciones Nobel

Preimpresión
Alejandra García Blázquez

1.ª edición, 2020, 1.ª reimpresión 2020

C/ Velázquez 31, 3.º Dcha. / 28001 Madrid, ESPAÑA
Teléfono: 914 463 350 / Fax: 914 456 218
clientes@paraninfo.es / www.paraninfo.es

ISBN: 978-84-283-4460-9
Depósito legal: M-14448-2020

(22.160)

Impreso en España / *Printed in Spain*
Lavel Industria Gráfica
(Humanes de Madrid, Madrid)

La editorial recomienda que el alumnado realice las actividades sobre su cuaderno y no sobre el libro.

A ti,
un ser único y excepcional,
a tu eterna sonrisa.

Este libro es tuyo,
sin ti no hubiera sido posible,
sin tu comprensión inquebrantable,
sin tu ayuda y sin tu ánimo constante.

A Fátima.

Nuestro libro...

Este libro desarrolla los contenidos del módulo profesional de **Formación y Orientación Laboral** presente en todos los Ciclos Formativos de Formación Profesional.

El libro tiene tres protagonistas **Bea y Mario,** que irán viviendo diferentes situaciones que fácilmente se pueden encontrar en un entorno laboral y que deberán resolver. El tercer protagonista eres **tú,** que podrás ayudarles a resolver las cuestiones que se les irán planteando con las competencias que vas a ir adquiriendo.

Recuerda que todas las actividades propuestas en este libro deberás realizarlas en tu cuaderno y no sobre el libro.

- Los contenidos se desarrollan en **nueve unidades,** totalmente actualizadas y contextualizadas al entorno laboral.
- Incluye las **últimas actualizaciones en materia laboral,** entre las que destacan el RD 231/2020 por el que se fija el nuevo SMI para 2020, el Real Decreto-ley 8/2019, de 8 de marzo, que establece el registro obligatorio de la jornada de trabajo, el RD-ley 18/2019, de 27 de diciembre, que mantiene las bases de cotización del año 2019 para 2020, el RD-ley 4/2020 que deroga el despido por faltas de asistencia al trabajo justificadas, o el RD-ley 6/2019 que supone importantísimas novedades en contratos, descansos y prestaciones por nacimiento y cuidado del menor para los años 2020 y 2021.
- Incorpora también las últimas **sentencias vinculantes** en materia laboral.
- Los contenidos se estructuran en apartados y subapartados presentados de forma clara y ordenada, que se apoyan constantemente en un gran número de **casos prácticos resueltos y propuestos,** que te ayudarán a conocer y comprender situaciones reales como las que encontrarás en tu vida profesional.
- Todas las unidades favorecen el aprendizaje visual al incluir **esquemas, tablas e imágenes** que facilitarán la asimilación de los contenidos. También contienen un vocabulario para facilitar la comprensión de los **conceptos clave.**
- Situado al final de los contenidos, el apartado ***Comprueba lo aprendido*** es un supuesto práctico global de la unidad, en el que se narra una situación real dentro de un entorno laboral concreto. Mediante su resolución, podrás tener una visión de conjunto de toda la unidad, a la vez que podrás poner en práctica todo lo aprendido.
- Las ***Actividades finales*** son actividades para repasar, aplicar lo aprendido en la unidad y reflexionar.
- Cada unidad se completa con una ***Nota de prensa*** que incluye una noticia o una sentencia relacionada con los contenidos. Se trata de fomentar el análisis, la reflexión y el debate sobre situaciones reales relevantes ocurridas en el ámbito laboral.
- Para terminar la unidad, se propone una ***Videoteca laboral*** con diferentes actividades a partir del visionado de vídeos con contenidos relacionados para la reflexión y el debate.

Materiales disponibles en la web*

Programación didáctica.

Solucionario con alto nivel de detalle en las explicaciones y el desarrollo de los casos.

Presentaciones de aula en PowerPoint; **enlaces a vídeos** de interés; **ejemplos** sobre los contenidos.

Simuladores de nómina y de cálculo de indemnización por finalización de contrato temporal y despido que permiten obtener de forma automática todos los cálculos necesarios.

Ex@mina para elaborar exámenes con preguntas de distinto tipo.

LDP (libro digital proyectable).

Mapas conceptuales.

Glosario de los principales términos relacionados con la materia.

Unidad extra **Actív@te** sobre empleo que simula diferentes situaciones que le ocurren al personaje que la protagoniza, repasando a través de ellas todos los contenidos del módulo.

Ejemplos para ejercitar el debate entre el alumnado y que se contribuya en el aula a la reflexión y participación de diversos puntos de vista.

Portfolio con documentación extra.

* Estos materiales y recursos son exclusivos para el profesorado que confirme con nuestro Departamento de Promoción la adopción del libro como libro de texto en el aula.

Áctiv@te

La unidad extra Áctiv@te, a la que es posible acceder a través de la página web www.paraninfo.es, consiste en el relato de la historia de un personaje principal que funciona como elemento de unión, a través de diferentes situaciones a las que se enfrenta, de todos los contenidos del módulo de FOL.

Realizando esta actividad, podrás visualizar de manera sencilla y real la relación que existe entre todos los bloques de contenidos de FOL, que reflejan situaciones que deberás afrontar a lo largo de tu vida profesional.

Índice de contenidos

Formación y orientación laboral. Fundamentos

Unidad 1

La relación laboral

Unidad 1

La relación laboral

¿Cómo ejercerás tus derechos y cumplirás con tus obligaciones cuando trabajes en una empresa?

Contenidos

Objetivos

- Comprender el concepto de *Derecho del Trabajo*.
- Reconocer y distinguir los tipos y las características de las relaciones laborales.
- Identificar y relacionar las fuentes del Derecho Laboral.
- Distinguir los principales organismos que intervienen en las relaciones entre trabajadores y empresarios.
- Conocer los derechos y deberes de los trabajadores, así como los deberes y las potestades del empresario.

Conociendo a Beatriz y Mario

Te presento a Beatriz y Mario. Son dos personas que han terminado sus estudios y buscan su primer empleo.

No conocen apenas los derechos y deberes que tiene un trabajador o trabajadora porque no cuentan con experiencia previa, por eso, tendrás que ir guiándolos tú a lo largo de todo el libro solucionando sus dudas, dándoles recomendaciones desde tu punto de vista y aconsejándolos para que puedan tomar la mejor decisión en cada momento.

En esta primera unidad, Beatriz y Mario tomarán contacto con el Derecho del Trabajo, del que lo desconocen todo prácticamente. Se trata de que puedan aproximarse a él de una forma sencilla y práctica. ¿Los acompañas?

1.1. ¿Qué es el Derecho del Trabajo?

El ser humano siempre ha vivido en sociedad y, para que esta funcione, se ha establecido un conjunto de reglas de obligado cumplimiento que regulan la convivencia entre las personas de una determinada sociedad. Esas normas las dicta, con carácter general, el poder legislativo y constituyen lo que se denomina *Derecho.*

Las normas que se ocupan de regular las relaciones laborales que existen entre trabajadores y empresarios se denominan *Derecho Laboral o del Trabajo.*

Concepto clave

El **movimiento obrero** se entiende como la lucha de los trabajadores para obtener mejores condiciones sociales, laborales y económicas en el trabajo.

Desde finales del siglo XVIII y hasta el momento actual, el Derecho del Trabajo ha sufrido múltiples modificaciones y adaptaciones para adaptarse a una sociedad en constante cambio.

En España, en el año 1980, se publica la Ley del Estatuto de los Trabajadores, que incluye la regulación básica de las relaciones laborales en nuestro país. Después de sucesivas modificaciones, en el año 2015, se aprobó un nuevo texto refundido de la Ley del Estatuto de los Trabajadores (TRLET), que integra todos los cambios que afectan a dicha norma.

1.2. ¿Qué es una relación laboral?

Una relación laboral es la que surge entre una persona que realiza un trabajo (trabajador) y aquella para quien lo realiza (empresario).

Pero no toda relación de trabajo puede considerarse como relación laboral. En concreto, todo trabajo genera alguna de las siguientes relaciones: relación laboral, relación laboral especial o relación no laboral. Las relaciones laborales se regulan por el Derecho Laboral, mientras que las relaciones laborales especiales lo hacen por su propia normativa, y las no laborales se regulan por otras de carácter no laboral. Para que una relación sea laboral debe cumplir una serie de **requisitos.** En concreto, el trabajo deberá realizarse de manera:

Figura 1.1. Elementos de la relación laboral.

CARACTERÍSTICAS DE LA RELACIÓN LABORAL	
Personal	El trabajo debe realizarse por el trabajador personalmente, así que no puede ser realizado por otra persona en su nombre.
Voluntaria	El trabajo debe ser desarrollado de manera voluntaria. El trabajador no puede ser coaccionado ni obligado a efectuar el trabajo contra su voluntad.
Por cuenta ajena	Los resultados del trabajo no son propiedad del trabajador, sino del empresario, por lo tanto, pertenecen a una persona ajena a la que realiza el trabajo. El trabajo por cuenta ajena también implica que el coste del trabajo lo asume totalmente el empresario, que también recibe el resultado económico de las operaciones en las cuales participa el trabajador, independientemente de que este resultado económico sea positivo o negativo, es decir, de que se obtengan ganancias o pérdidas.
Retribuida	El trabajador recibe una compensación económica, el salario, a cambio de sus servicios laborales.
Dependiente	El trabajador se somete al poder de organización y dirección del empresario, es decir, trabajará con los medios y materiales facilitados por la empresa y será el empresario quien dirija y organice la actividad laboral, estableciendo cómo, cuándo y dónde realizar el trabajo.

1.2.1. Relaciones laborales especiales

Las relaciones laborales especiales reúnen todos los requisitos de las relaciones laborales, pero, además, tienen unas características propias que hacen necesaria su regulación por normas específicas. A estas relaciones especiales se les aplicará también el TRLET, pero solo para aquellas circunstancias que no hayan sido reguladas por su norma específica. Estas relaciones especiales se pueden ver en la siguiente tabla.

RELACIONES LABORALES ESPECIALES		
Personal de alta dirección (directivos)	**Penados o presos de instituciones penitenciarias**	**Artistas en espectáculos públicos**
Servicio del hogar familiar, es decir, trabajadores que se ocupan de la limpieza, la cocina, el cuidado de niños, etcétera.	Deportistas profesionales.	Personas que intervengan en operaciones mercantiles por cuenta de uno o varios empresarios sin asumir el riesgo de la operación.
Personas con discapacidad que trabajen en centros especiales de empleo	**Residencia para la formación de especialistas en Ciencias de la Salud**	**Cualquier otro trabajo expresamente declarado como relación laboral de carácter especial por una ley**
Menores sometidos a la ejecución de medidas de internamiento para el cumplimiento de su responsabilidad penal.	Abogados que prestan servicios en despachos de abogados, individuales o colectivos.	

1.2.2. Relaciones no laborales o excluidas

Es frecuente encontrar trabajos a los que no es posible aplicarles el Derecho Laboral, bien porque no cumplen alguno o algunos de los requisitos exigidos para que una relación sea laboral, bien porque, aun cumpliendo dichos requisitos, se regulan por su propia normativa, como es el caso de los funcionarios públicos. Según el artículo 1.3 del Estatuto de los Trabajadores, las relaciones no laborales o excluidas son:

RELACIONES NO LABORALES O EXCLUIDAS	
Prestaciones personales obligatorias.	**Falta la voluntariedad**
Consejeros de sociedades (por ejemplo, SA, SL, etc.) siempre que no realicen otra actividad en la empresa y sean solo socios.	**Falta la dependencia**
Trabajos realizados a título de amistad, benevolencia o buena vecindad.	**Falta la remuneración**
Trabajos familiares, por entenderse que no se trabaja por cuenta ajena, sino para el bien común familiar y, por tanto, para uno mismo. Se considerarán trabajos familiares los desarrollados por el cónyuge, ascendientes y descendientes hasta el segundo grado de consanguinidad, afinidad o adopción que convivan con el empresario, salvo que demuestren su condición de asalariados.	**Falta de ajenidad**
Representantes de comercio que intervienen en operaciones mercantiles por cuenta de uno o más empresarios, asumiendo el riesgo de estas.	**Falta la ajenidad**
Transportistas con autorización administrativa propia y vehículos de servicio público de los que sean propietarios.	**Faltan la dependencia y la ajenidad**
Trabajos realizados por cuenta propia (trabajadores autónomos).	**Faltan la dependencia y la ajenidad**
Funcionarios públicos. Aunque esta relación de trabajo reúne todos los requisitos para ser considerada como tal, se considera excluida al tener su propia normativa reguladora: principalmente el Estatuto Básico del Empleado Público y otras normas del Derecho Público.	

Concepto clave

La **ajenidad** es la cualidad de ajeno (que pertenece a otra persona o es impropio o extraño).

¿Repasamos las diferentes clases de relaciones laborales?

En el esquema de la Figura 1.2, se presenta un resumen de las clases de relaciones laborales que se han estudiado.

Figura 1.2. Las relaciones de trabajo.

Caso práctico resuelto 1.1

Antonio Castro, electricista que ejerce como autónomo, recibe un aviso para reparar una avería en la casa de Verónica Toledo. Terminada la reparación, cobra la factura oportuna por el servicio prestado.

Determina si se trata de una relación laboral y razona tu respuesta.

Solución:

Para que se trate de una relación laboral, debería cumplir los requisitos de ser personal, voluntaria, remunerada, dependiente y por cuenta ajena. En este caso, la relación carece del requisito de dependencia, pues el electricista no está sometido al poder de organización y dirección de ningún empresario, ya que es él quien organiza su trabajo y pone los medios necesarios (útiles y herramientas). Además, no se trata de una relación por cuenta ajena, sino por cuenta propia, ya que el resultado del trabajo, beneficio o pérdida, lo asume Antonio, por lo que también carece del requisito de ajenidad.

Por lo tanto, no se trata de una relación laboral, sino de una relación excluida o no laboral (trabajadores por cuenta propia).

Caso práctico 1.1

Inés y Marcos (1.er grado de consanguinidad) trabajan en la agencia de viajes de su padre, Pedro, que es el titular de la empresa. Inés, de 17 años, aún convive con su padre y no recibe nómina, mientras que Marcos vive fuera del domicilio familiar desde hace ya varios años. Además, durante los meses de temporada alta, trabaja en la empresa Clara, sobrina de Pedro (3.er grado de consanguinidad). Temporalmente, para apoyar la campaña de Navidad, han contratado a Miriam, que trabaja a comisión según las ventas conseguidas.

¿Qué tipo de relaciones de trabajo tiene Pedro con cada uno de sus parientes y trabajadores?

Caso práctico 1.2

Javier es voluntario de la ONG Médicos Sin Fronteras, con la que colabora eventualmente cuando le es posible.

¿De qué tipo de relación de trabajo se trata?

Caso práctico 1.3

Indica qué tipo de relación de trabajo se establece en cada uno de los siguientes casos:

a) Policía municipal de la ciudad de Sevilla.

b) Funcionario público desde hace 6 años.

c) Presidente de una mesa electoral.

d) David Bustamante, cantante profesional.

e) Profesora de FOL de un instituto de enseñanza secundaria privado.

f) Contable de la empresa Telefónica, SA.

g) Voluntario de la Cruz Roja.

1.3. ¿Quiénes dictan las normas laborales?

Las normas laborales las crean aquellas instituciones u organismos que tienen poder o capacidad para generar normas, que pueden ser de ámbito nacional o internacional. A estos organismos se los conoce como *fuentes materiales* del Derecho Laboral y a las normas que crean se las denomina *fuentes formales*.

En la Figura 1.3, se explica cómo se clasifican las fuentes del Derecho Laboral en España.

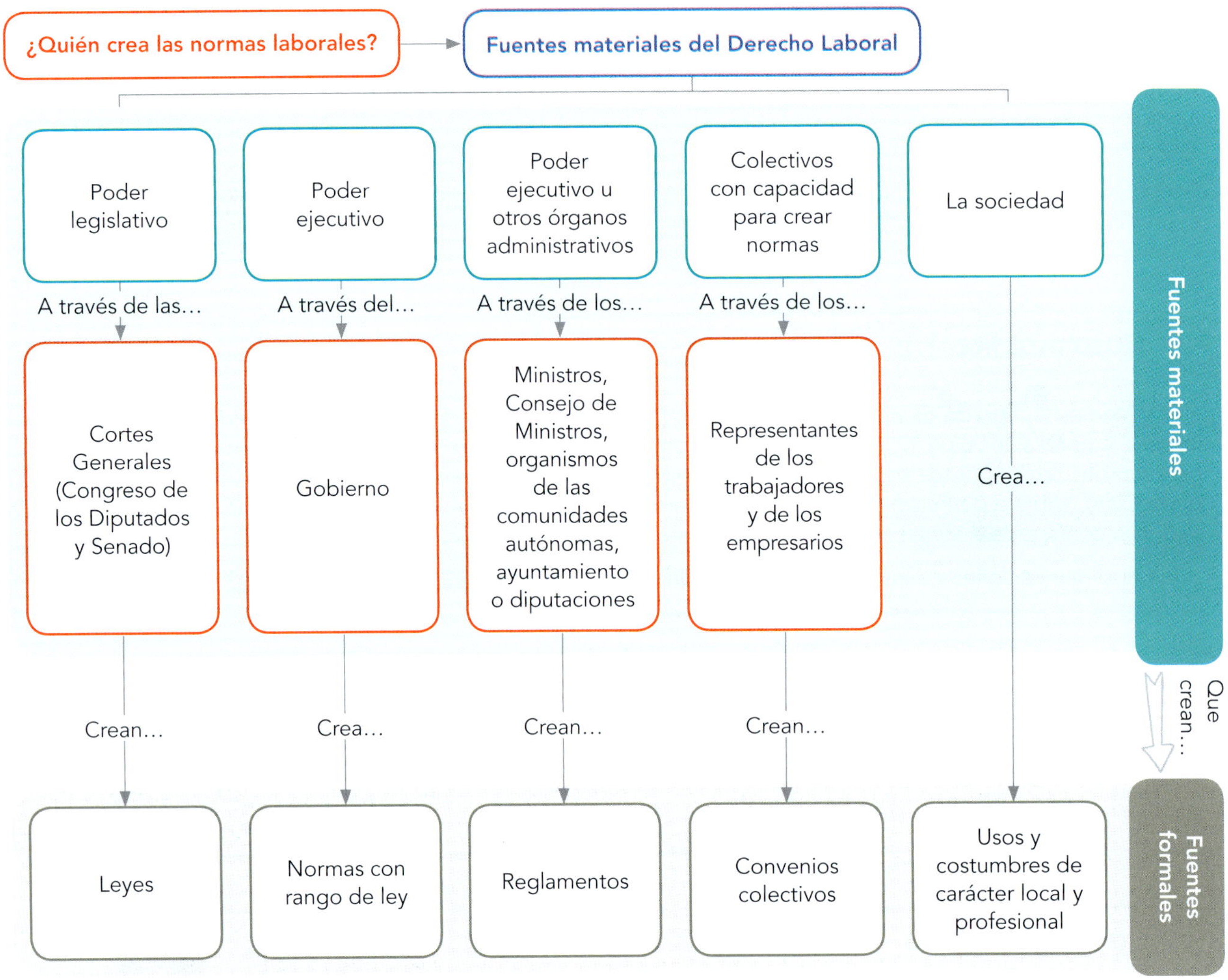

Figura 1.3. Fuentes nacionales del Derecho Laboral.

Además de estas normas nacionales, existen otras normas de ámbito internacional, que tienen como principal finalidad crear una legislación laboral común a todos los Estados dentro de su ámbito y definir unas condiciones laborales generales para todos los trabajadores, independientemente del país donde desarrollen su actividad laboral. España es miembro de dos organismos internacionales que desarrollan una gran cantidad de normas laborales como son la Organización Internacional del Trabajo (OIT) y la Unión Europea (UE).

Son fuentes internacionales del Derecho Laboral los reglamentos y las directivas de la Unión Europea, los tratados internacionales y los convenios de la OIT.

1.4. ¿Cómo se aplican las normas laborales?

Como se ha podido comprobar, son muchas las normas jurídicas que regulan las relaciones laborales. Para aplicarlas correctamente, se adopta como regla general el **principio de jerarquía normativa,** que establece que «las normas de rango inferior no pueden contradecir lo regulado por otras normas de rango superior».

En el Derecho del Trabajo español, se establece el orden jerárquico de las normas laborales de mayor a menor rango que se muestra en la Figura 1.4.

> **Importante**
>
> La **Constitución española** es la norma más importante del ordenamiento jurídico español, a la que están sujetos todos los poderes públicos y ciudadanos de España desde su entrada en vigor el 29 de diciembre de 1978.
>
> Establece los derechos y las libertades fundamentales de todos los ciudadanos españoles, y cualquier norma que se dicte en territorio español debe respetar lo indicado en ella.

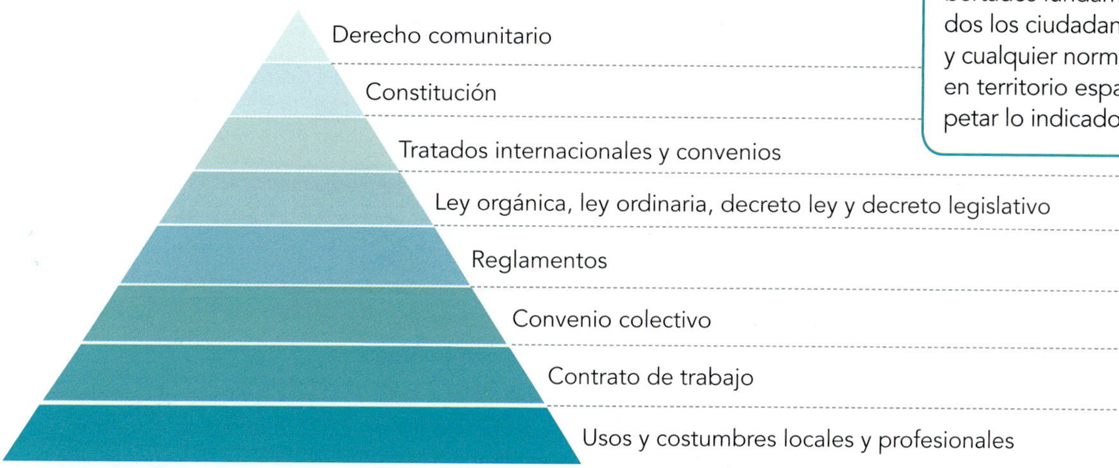

Figura 1.4. Orden jerárquico de las normas laborales.

Además del principio de jerarquía normativa, a la hora de aplicar e interpretar correctamente las normas de carácter laboral, también se han de tener en cuenta los siguientes principios específicos propios del Derecho del Trabajo.

PRINCIPIOS ESPECÍFICOS PROPIOS DEL DERECHO DEL TRABAJO	
Principio de norma mínima	Complementa el principio de jerarquía normativa y establece que las normas laborales de jerarquía superior fijan las condiciones mínimas que deben tener los trabajadores y que han de ser respetadas. Por tanto, las normas laborales de inferior rango nunca pueden establecer peores condiciones de trabajo que las normas de rango superior.
Principio de norma más favorable	Cuando existan dos o más normas, cualquiera que sea su rango, aplicables a un caso concreto, se aplicará la que, apreciada en su conjunto, sea más favorable para el trabajador o trabajadora. La norma en cuestión se aplicará en su totalidad, es decir, no se puede elegir lo favorable de la norma y rechazar lo desfavorable.
Principio de irrenunciabilidad de derechos	Los trabajadores no pueden renunciar a los derechos que las normas les reconocen.
Principio de condición más beneficiosa	Ante la aparición de una nueva norma laboral que establezca condiciones peores que las contenidas en los contratos de trabajo, se mantendrán las mejores condiciones establecidas anteriormente, por ser las más beneficiosas.
Principio *in dubio pro operario*	En los casos en los que la norma no sea clara y admita, por tanto, diferentes interpretaciones, se deberá aplicar la que beneficie al trabajador o trabajadora.

Caso práctico resuelto 1.2

Antonio López acaba de cumplir 12 años de trabajo como comercial de la empresa Suelves, SL. El trabajador cobra mensualmente 1000 € de salario base y 200 € de plus de antigüedad.

Hasta la fecha, las pagas extraordinarias que ha estado cobrando son el equivalente al salario base, es decir, 1000 €.

El convenio colectivo de aplicación en su empresa establece que los trabajadores que cumplan 12 años de antigüedad recibirán en sus pagas extraordinarias el 100 % del salario mensual que perciban. El convenio no especifica qué conceptos se deben incluir en el cálculo de dichas pagas extraordinarias.

Por lo tanto, ¿cuánto cobrará Antonio de paga extraordinaria a partir de ahora, 1000 € o 1200 €? ¿Qué principio del Derecho Laboral se debe aplicar a este caso?

Solución:

Se aplicaría el principio *in dubio pro operario*, que establece que, en caso de duda, las normas laborales deberán interpretarse de la manera más favorable para el trabajador. Por lo tanto, en este caso, la gratificación extraordinaria para Antonio debe ser la de mayor cantidad, es decir, 1200 €, que incluye el salario base más los complementos salariales.

Caso práctico 1.4

Gonzalo va a comenzar a trabajar en una empresa y quiere saber cuánto va a cobrar. Descubre que el real decreto por el que se establece el salario mínimo interprofesional (SMI) para el 2020 lo fija en 950 € mensuales, mientras que el convenio colectivo aplicable a su sector establece para su grupo profesional la cantidad de 980,15 € mensuales.

¿Qué salario debería cobrar Gonzalo?

Caso práctico 1.5

La Ley del Estatuto de los Trabajadores establece que estos deberán disfrutar de al menos 30 días naturales de vacaciones al año. Un convenio colectivo establece que los trabajadores incluidos dentro de su ámbito de aplicación disfrutarán de 25 días naturales de vacaciones al año. ¿Sería posible?

Caso práctico 1.6

¿Puede un trabajador firmar un contrato en el que se incluya una cláusula por la que renuncie a su derecho a huelga? ¿Qué principio del Derecho Laboral deberá aplicarse? ¿Y si el trabajador de manera voluntaria renunciase a parte de sus vacaciones?

1.5. ¿Quién vigila el cumplimiento de las normas laborales?

Todas las normas laborales expuestas deben aplicarse en la práctica, de ello se encarga la Administración laboral a través de un organismo fundamental: la Inspección de Trabajo y Seguridad Social (ITSS).

La ITSS es un órgano de la Administración del Estado cuya finalidad es garantizar el cumplimiento de la legislación laboral y de Seguridad Social. Las principales funciones que desempeña son las siguientes:

- Vigilancia y exigencia del cumplimiento de las normas legales, reglamentarias y contenido normativo de los convenios colectivos.
- Asistencia técnica y orientación general a empresas, trabajadores, entidades y organismos de la Seguridad Social y otros órganos de las administraciones públicas respecto a la aplicación de las normas de orden social.
- Realización de informes técnico-laborales solicitados por los órganos judiciales laborales.
- Servicios de arbitraje, conciliación y mediación en conflictos laborales.
- Investigación de las infracciones en materia laboral y de seguridad e higiene y propuesta, en su caso, a la autoridad laboral, de las sanciones correspondientes.

Inspección de Trabajo y Seguridad Social

Sabías que...

El Gobierno interviene en las relaciones laborales a través del Ministerio de Trabajo y Economía Social y del Ministerio de Inclusión, Seguridad Social y Migraciones, cuyos máximos responsables políticos y administrativos son los ministros o ministras. La intervención normativa de este se realiza, principalmente, mediante la elaboración de reales decretos y órdenes ministeriales.

La ITSS puede intervenir por iniciativa propia o por una orden superior, pero también cuando lo solicite el empresario, el trabajador, la entidad gestora de la Seguridad Social o cualquier otra persona que desee denunciar alguna infracción en materia laboral o de Seguridad Social.

1.6. ¿Cuáles son los derechos y las obligaciones de los trabajadores y empresarios?

Cuando se firma un contrato de trabajo y se inicia una relación laboral entre un empresario y un trabajador, surgen derechos y obligaciones para ambas partes. Como podrá comprobarse a continuación, gran parte de los derechos de los trabajadores son obligaciones del empresario e, igualmente, se puede decir que parte de los derechos del empresario se convierten en una obligación del trabajador.

1.6.1. Derechos y deberes básicos del trabajador

Todos los trabajadores tienen reconocidos en el Estatuto de los Trabajadores una serie de derechos y deberes básicos que necesitan conocer para poder ejercerlos, son los siguientes:

DERECHOS DE LOS TRABAJADORES	
Derechos básicos de los trabajadores	• Derecho al trabajo y a la libre elección de profesión u oficio. • Derecho a la libre sindicación. El trabajador es libre de afiliarse o no al sindicato que desee. • Derecho a la negociación colectiva, estableciendo las condiciones de trabajo mediante la negociación entre los representantes de los trabajadores y el empresario o sus representantes. • Derecho a huelga. • Derecho de reunión. • Derecho de información, consulta y participación en la empresa.

DERECHOS DE LOS TRABAJADORES	
Derechos derivados de la relación de trabajo	• Derecho a la ocupación efectiva. El trabajador no solo tiene la obligación de trabajar; tiene también el derecho al trabajo, lo que se traduce en la correspondiente obligación del empresario de proporcionarle la actividad laboral pactada. • Derecho a la promoción y formación profesional en el trabajo. • Derecho a no ser discriminado directa o indirectamente para el empleo o, una vez empleado, por razones de sexo, estado civil, edad, origen racial o étnico, condición social, religión o convicciones, ideas políticas, orientación sexual, afiliación o no a un sindicato, así como por razón de lengua o discapacidad. • Derecho a su integridad física y a una adecuada política de seguridad e higiene. • Derecho al respeto de su intimidad y a la consideración debida a su dignidad, comprendida la protección frente al acoso por razón de origen racial o étnico, religión o convicciones, discapacidad, edad u orientación sexual y frente al acoso sexual y al acoso por razón de sexo. • Derecho a la percepción puntual de la remuneración pactada o legalmente establecida que deberá abonarse en la fecha y el lugar convenidos. • Derecho del trabajador al ejercicio individual de las acciones derivadas de su contrato de trabajo.

Sabías que...

El derecho a la libre sindicación y el derecho de huelga son derechos fundamentales recogidos en la Constitución española de 1978; por ello, gozan de una protección privilegiada y deben ser desarrollados por ley orgánica.

DEBERES BÁSICOS DE LOS TRABAJADORES

- Cumplir con las obligaciones concretas de su puesto de trabajo, de buena fe y con la diligencia exigida.
- Observar las medidas de seguridad e higiene que se adopten.
- Cumplir las órdenes e instrucciones del empresario en el ejercicio regular de sus facultades directivas. El trabajador puede negarse a cumplir las órdenes del empresario justificadamente cuando se trate de:
  - Órdenes ilegales.
  - Órdenes que afecten a su vida privada o intimidad.
  - Órdenes que atenten contra su dignidad.
  - Órdenes que supongan un riesgo para su seguridad y salud.

  Así pues, salvo que se trate de una de las circunstancias anteriores, el trabajador no puede negarse a aceptar las órdenes del empresario, sino que debe cumplirlas y posteriormente reclamar ante los tribunales laborales si se está en desacuerdo.
- No competir con la actividad de la empresa. Aunque es tratado en la ley de manera específica, no es más que una concreción del deber general de buena fe, pues su finalidad es evitar que el trabajador compita con el empresario para el que trabaja.
- Contribuir a la mejora de la productividad.
- Cuantos se deriven de los respectivos contratos de trabajo.

Importante

Las **leyes orgánicas** regulan los derechos fundamentales y las libertades públicas reconocidas en la Constitución (arts. del 14 al 29), entre otras materias. Para su aprobación, se necesita el voto favorable de la mayoría absoluta del Parlamento.

1.6.2. Obligaciones y potestades del empresario

La principal obligación del empresario es cumplir no solo con las cláusulas que figuren en cada contrato de trabajo, sino también con todas las restantes obligaciones que le impone la legislación social. En particular, pueden señalarse como **principales obligaciones** del empresario las de:

- Abonar el salario.
- Dar ocupación efectiva al trabajador.
- Facilitar su promoción y formación profesional.

- No discriminarlo por razón alguna.
- Respetar su integridad física, su intimidad y la consideración debida a su dignidad, comprendida la protección frente a todo tipo de acoso.
- Cumplir las medidas de seguridad e higiene en el trabajo.
- Cumplir con las obligaciones que le impone la normativa de Seguridad Social, etcétera.

Frente a este conjunto de obligaciones, el empresario tiene una serie de derechos, el principal de los cuales es el de que el trabajador cumpla la prestación laboral convenida en el contrato. Este genérico derecho del empresario se materializa a través de unas potestades o poderes que lo asisten frente a posibles incumplimientos del trabajador, los cuales se encuentran resumidos en la Figura 1.5.

Importante

No se podrán imponer sanciones que consistan en la reducción de las vacaciones o descansos ni tampoco en la imposición de multas, pero sí que es posible establecer sanciones que radiquen en la suspensión de empleo y sueldo, ya que el trabajador no cobraría salario alguno, pero tampoco trabajaría durante el tiempo que dure la suspensión.

Dirección

Permite organizar el trabajo de la manera más adecuada para su empresa.

Incluye el derecho a realizar modificaciones del contrato de trabajo, no sustanciales, para adaptarlo a las necesidades de la empresa.

Por ejemplo, puede establecer los horarios de trabajo, las jornadas, el lugar para la prestación del trabajo, las funciones del trabajador, los medios de los que dispone, etcétera.

Vigilancia y control

Permite comprobar que los trabajadores cumplen con sus obligaciones laborales, siempre respetando la intimidad y la dignidad del trabajador y la legislación vigente.

Se puede realizar con:

- Registros.
- Videovigilancia.
- Control del correo electrónico y el uso de ordenadores.
- Verificando el estado de salud del trabajador.
- Contratando detectives privados.

Disciplinario

Permite aplicar una sanción al trabajador cuando este no cumple lo establecido en el contrato de trabajo.

Las conductas sancionables se pueden calificar como muy graves, graves y leves.

El convenio colectivo indicará qué comportamientos pueden ser sancionados y cómo será la sanción.

Las faltas leves, graves y muy graves y sus correspondientes sanciones prescriben a los 10, 20 y 60 días, respectivamente, desde que la empresa haya tenido conocimiento de la falta.

Todas las faltas prescriben a los 6 meses desde que se hayan cometido los hechos, aunque la empresa no hubiera tenido conocimiento de estos.

Por ejemplo: el Convenio Estatal de Hostelería establece que será falta grave no asistir dos días al trabajo durante un periodo de 30 días sin causa justificada, siempre que se deriven graves perjuicios para la empresa.

Figura 1.5. Potestades del empresario.

Para que la sanción impuesta por el empresario al trabajador tenga efecto, el empresario deberá respetar unos requisitos de forma. En primer lugar, tiene que comunicarle el hecho al trabajador por escrito (en el caso de las faltas graves y muy graves). Además, se deberá informar de las faltas muy graves a los representantes de los trabajadores.

El trabajador que no esté conforme con la sanción impuesta podrá impugnarla ante la jurisdicción laboral en el plazo de 20 días desde la recepción de la comunicación escrita.

A continuación, por su especial relevancia, profundizaremos en la correcta aplicación de la potestad de vigilancia y control a través de la Figura 1.6.

DEBES CONOCER

1 Los registros solo pueden realizarse dentro del centro de trabajo, en horario laboral, en presencia de un representante de los trabajadores y siempre que existan sospechas probadas de que el trabajador haya cometido un delito en la empresa. Se puede registrar al propio trabajador, su mesa, su taquilla, etcétera.

2 La videovigilancia se puede efectuar con cámaras desprovistas de audio. Se pueden instalar en los lugares de trabajo, excepto en comedores, vestuarios, áreas de descanso y servicios porque violarían la dignidad del trabajador. No es necesario el consentimiento del trabajador para el tratamiento de las imágenes obtenidas mediante este procedimiento, pero debe colocarse un distintivo informativo genérico en un lugar visible sobre el tratamiento de imágenes con fines de vigilancia a través de videocámaras.

3 El control sobre el uso de ordenadores y el correo electrónico requiere que el empresario informe a los trabajadores previamente sobre las normas de uso de los equipos y programas informáticos y advertir de la existencia de controles, que se realizarán cuando existan evidencias del uso inadecuado de estos. Debe estar presente un testigo, preferentemente un representante de los trabajadores.

4 El empresario podrá comprobar el estado de enfermedad o accidente del trabajador mediante reconocimiento médico cuando lo alegue para justificar su falta de asistencia al trabajo.

5 Las empresas pueden contratar los servicios de detectives privados para reunir las pruebas de posibles fraudes que los trabajadores estén cometiendo sobre la empresa. Los informes de detectives privados contratados por empresarios son admisibles en juicio y tienen fuerza probatoria.

Figura 1.6. Derecho del empresario de vigilancia y control de la actividad laboral.

Ayuda a Beatriz

Orienta a Beatriz en las siguientes cuestiones:

1. ¿En qué consiste una relación laboral? Ponle al menos dos ejemplos.
2. Si Beatriz trabaja de forma gratuita, ¿podrá considerar que ha establecido una relación laboral?
3. ¿Podrías enumerarle algún derecho de los trabajadores?
4. ¿Conoces alguna discriminación que pudiera darse en el trabajo?
5. Indica al menos tres deberes básicos de los trabajadores.

Caso práctico resuelto 1.3

La empresa Volcar, SL, ha informado a los trabajadores y a sus representantes de que se van a instalar en los equipos informáticos de la empresa unos programas que permitirán controlar cómo utilizan dichos equipos los trabajadores durante su jornada laboral. Después de instalarlos, María, una trabajadora, ha utilizado el ordenador de la empresa para navegar ocasionalmente por páginas de ocio. Esto se califica como falta grave en el convenio colectivo y la empresa decide sancionarla con 2 días sin empleo y sueldo y 200 € de multa.

a) ¿Puede revisar la empresa el ordenador de María?

b) ¿Qué plazo tiene la empresa para sancionar a María?

c) ¿Son correctas todas las sanciones impuestas por la empresa a María?

Solución:

a) La empresa puede revisar el equipo informático de María para comprobar el cumplimiento de la relación laboral, ya que los trabajadores y sus representantes han sido informados sobre el control que se iba a llevar a cabo de los ordenadores de los trabajadores y los medios que se iban a utilizar.

b) Por tratarse de una falta grave, la empresa tendrá 60 días para sancionarla, a contar desde que tuvo conocimiento de la falta. En todo caso, la falta prescribe a los 6 meses de haberse cometido.

c) No es correcta la sanción económica de 200 € porque están prohibidas por la ley la imposición de multas económicas. Sí pueden sancionarla con la suspensión de empleo y sueldo. María no recibiría salario alguno durante los días de suspensión, pero tampoco trabajaría durante dicho periodo.

Caso práctico 1.7

Pablo García trabaja como electricista en la empresa Cables, SL. Hoy ha llegado 2 horas tarde y el empresario pretende sancionarlo quitándole un día de vacaciones. ¿Es legal la sanción adoptada por el empresario? ¿Por qué?

Caso práctico 1.8

Pedro acaba de ser sancionado tras detectar la empresa que fumaba en una de las salas de descanso habilitada para sus trabajadores. Pedro fue grabado por una videocámara instalada por la empresa, sin que previamente se hubiera informado a los trabajadores ni a sus representantes. ¿Puede la empresa sancionar a Pedro? Justifica tu respuesta.

Ayuda a Mario

Orienta a Mario en las siguientes cuestiones:

1. ¿Cuáles son las principales obligaciones del empresario?
2. ¿Puede un empresario vigilar el uso que hace un trabajador del ordenador durante su horario de trabajo?
3. Si Mario utiliza el ordenador de la empresa para realizar compras personales durante su jornada de trabajo, ¿podría ser sancionado por la empresa? ¿Por qué?
4. Explica a Mario cómo se clasifican las faltas laborales y cuándo prescriben.
5. ¿Puede un empresario instalar cámaras de videovigilancia en un puesto de trabajo sin el consentimiento del trabajador?

Comprueba lo que has aprendido

Para terminar la unidad, Beatriz y Mario deben resolver el siguiente ejercicio. ¿Puedes ayudarlos?

1. Sara trabaja a tiempo parcial en horario de mañana en la empresa Fulton, SL, propiedad de su tío Pedro (3.er grado de consanguinidad).

   ¿Se trata de una relación laboral? ¿Por qué?

2. Para ganar un salario extra, por la tarde, trabaja como representante comercial sin asumir riesgo alguno en las operaciones que realiza para la empresa Time, SL.

   ¿De qué relación de trabajo se trata?

3. Durante sus vacaciones, ha decidido viajar a Sierra Leona como voluntaria de la ONG Oxfam Intermón.

   ¿Es una relación laboral?

4. Indica la normativa aplicable a cada uno de los trabajos de Sara.

5. Sara ha cambiado de empresa, ahora trabaja a jornada completa para la empresa Azcaray, SL, que le ha ofrecido un contrato indefinido y cobrará mensualmente un salario de 1100 €. Ha leído el convenio colectivo y ha visto que el salario para su grupo profesional es de 1050 € mensuales. Un amigo le ha comentado que el real decreto que fija el salario mínimo interprofesional para el 2020 es de 950 € al mes.

   Ordena las normas que regulan el salario de Sara siguiendo el principio de jerarquía normativa que se ha estudiado.

6. Sara tiene dudas sobre el salario que cobrará finalmente.

   ¿Qué salario cobrará? Señala qué principio de aplicación del Derecho Laboral debe emplearse y razona tu respuesta.

7. Sara es muy dormilona, le cuesta levantarse por las mañanas y ha llegado tarde varios días seguidos, lo que se considera como una falta injustificada. La empresa la sanciona quitándole 2 días de vacaciones e imponiéndole 150 € de multa y 20 días sin empleo y sueldo.

   ¿Son legales estas sanciones? ¿Por qué?

8. ¿Cuál es el plazo de prescripción de las sanciones laborales?

9. Sara se ha enterado de que su compañero, que realiza su mismo trabajo, fue contratado el mismo día que ella y realiza su misma jornada, cobra 200 € más al mes. Sara se lo comunica a su jefe, pero este lo justifica contestándole que la empresa puede pagar lo que considere oportuno a cada trabajador.

   ¿Qué derecho laboral básico de Sara se está vulnerando?

Actividades finales

1. La relación laboral

1.1. Nieves es representante de comercio de una famosa firma de productos cosméticos para mujeres y hombres. Cada cierto tiempo, la empresa le envía lotes de productos bajo pedido. Nieves recibe una comisión del 25 % por cada uno de los productos vendidos y puede devolver aquellos que no logra vender.

a) ¿Se trata de una relación laboral? ¿Por qué?

b) ¿Qué tipo de relación de trabajo sería si Nieves no pudiera devolver los productos?

1.2. Federico ha concluido sus estudios para ser técnico en panadería, repostería y confitería y ha decidido crear su propia empresa de pastelería para la elaboración de repostería y confitería artesanal. ¿Qué tipo de relación de trabajo tiene con su empresa?

1.3. Miguel Osca, técnico en atención a personas en situación de dependencia, lleva tres años trabajando como voluntario para un proyecto de la ONG Oxfam Intermón en la India. ¿Se trata de una relación laboral? Justifica tu respuesta.

1.4. Luisa Garrido es contratada como empleada del hogar en casa de su tía, la hermana de su padre. ¿Se trata de una relación laboral? ¿Por qué?

1.5. María González ayuda a sus amigos Miguel y Rosa, de manera desinteresada, cuidando a sus hijos todos los viernes por la mañana durante el mes de diciembre. ¿Se trata de una relación laboral? Razona tu respuesta.

1.6. Laura tiene gripe y no puede ir a trabajar porque tiene mucha fiebre, pero necesita ir porque debe presentar sin falta un informe económico muy importante para la empresa. Se le ha ocurrido enviar a su hermana para que la sustituya en el trabajo. ¿Esto es posible? ¿Por qué?

1.7. Alejandro Sanz ha programado un macroconcierto en Central Park, Nueva York. Este espectáculo es uno de los más importantes dentro de la gira que el cantante va a realizar para promocionar su nuevo disco y su mánager espera que sea un éxito total. ¿Se considera relación laboral la actuación que va a realizar Alejandro Sanz? ¿Por qué?

2. Las fuentes del Derecho del Trabajo

1.8. Eduardo tenía que ordenar todas estas normas siguiendo el principio de jerarquía normativa para un trabajo de FOL. Al intentar imprimirlo, el procesador de texto ha desordenado incomprensiblemente todo el archivo. El texto impreso ha quedado de la siguiente forma:

- XXV Convenio Colectivo para Oficinas de Farmacia 2017-2019.
- Real Decreto Legislativo 2/2015, de 23 de octubre, por el que se aprueba el texto refundido de la Ley del Estatuto de los Trabajadores.
- Ley 31/1995, de 8 de noviembre, de Prevención de Riesgos Laborales.
- Real Decreto-ley 8/2020, de 17 de marzo, de medidas urgentes extraordinarias para hacer frente al impacto económico y social de la COVID-19.
- Ley Orgánica 3/2007, de 22 de marzo, para la igualdad efectiva de mujeres y hombres.
- Contrato de trabajo de un auxiliar administrativo con la empresa Acerinox, SA.
- C187 de la OIT. Convenio sobre el marco promocional para la seguridad y salud en el trabajo, año 2006, ratificado por España.
- Directiva 2000/78/CE del Consejo, de 27 de noviembre del 2000, relativa al establecimiento de un marco general para la igualdad de trato en el empleo y la ocupación.

Ayuda a Eduardo a ordenar estas normas de acuerdo con el principio de jerarquía normativa.

3. Principios de aplicación del Derecho Laboral

1.9. Ana trabaja en una farmacia como auxiliar. Tiene firmado un contrato que indica que la trabajadora disfrutará de 31 días naturales de vacaciones al año. El convenio colectivo del sector establece que los trabajadores incluidos en su ámbito de aplicación disfrutarán de 32 días naturales de vacaciones al año. Por otro lado, el Estatuto de los Trabajadores establece, en su artículo 38, que la duración de las vacaciones será de al menos 30 días naturales al año.

a) Ordena las tres normas laborales que regulan las vacaciones de Ana siguiendo el principio de jerarquía normativa.

b) Indica el número de días de vacaciones que podrá disfrutar Ana y especifica el principio de aplicación del Derecho Laboral que has utilizado.

1.10. Una empresa propone a un trabajador un aumento de sueldo a cambio de su renuncia a uno de los dos días de descanso semanal que le corresponden. El trabajador lo acepta. ¿Es correcta la actuación del trabajador? Razona tu respuesta.

1.11. Emilio firmó un contrato hace tres años en el que se estableció que la empresa le pagaría un plus de transporte. Actualmente, se ha negociado un nuevo convenio que ha suprimido el derecho a cobrar este plus. Indica si Emilio tiene derecho a seguir cobrando el plus de transporte tras la firma del nuevo convenio y el principio de aplicación del Derecho Laboral en el que te has basado.

1.12. El convenio de la empresa donde trabaja Carmen establece un descanso por nacimiento de 14 semanas, mientras que el Estatuto de los Trabajadores concede, en el artículo 48.4, 16 semanas de permiso por nacimiento.

a) ¿Qué periodo de permiso por nacimiento podrá disfrutar Carmen?

b) Razona tu respuesta y especifica el principio de aplicación del Derecho Laboral en el que te basas.

4. Derechos y deberes laborales

1.13. Consolación Corrales se negó a aceptar el traslado a otro centro de trabajo que le propuso su empresa hace un mes. Desde entonces, su jefe la ha trasladado a un despacho aislado, no le asigna ninguna tarea, pero, a final de mes, le paga su nómina íntegramente. ¿Está la empresa vulnerando algún derecho laboral de Consolación? Razona tu respuesta.

1.14. Jesús Rodríguez trabaja como técnico de mantenimiento en una planta envasadora de refrescos. No utiliza los protectores auditivos obligatorios y su jefe lo ha amonestado verbalmente por ese motivo.

a) ¿Está Jesús incumpliendo algún deber como trabajador?

b) ¿Qué plazo de tiempo tendría la empresa para sancionarlo en el caso de que estuviera cometiendo una falta?

c) ¿Podrían imponerle una sanción económica de 200 €? ¿Por qué?

1.15. Nuria Gómez trabaja como educadora infantil en una escuela infantil en el aula de bebés. La encargada de la limpieza está de baja y la directora de la escuela le ha enviado un escrito a Nuria para que se encargue de la limpieza. Nuria considera que estas funciones no le corresponden.

¿Debería Nuria obedecer las órdenes de la directora? Razona tu respuesta.

1.16. En la empresa Ofimac, SA, se ha producido un robo de material informático. La empresa ha organizado un registro de las taquillas de los empleados sin previo aviso.

¿Se ha realizado correctamente este registro? ¿Por qué?

1.17. Busca en la Constitución española y copia en tu cuaderno los siguientes artículos relacionados con derechos y libertades laborales: art. 14, art. 21.1, art. 28.1, art. 28.2, art. 35.1, art. 37.1, art. 37.2, art. 40.2, art. 41 y art. 129.2.

Notas de prensa

El uso de cámaras para pillar al empleado ladrón es legal

El Tribunal Supremo acepta como medio de prueba la grabación de imágenes por cámaras de videovigilancia sin el aviso previo al empleado.

Una empresa despidió a un dependiente por transgresión de la buena fe contractual, fraude, deslealtad y abuso de confianza por una «presunta actuación de hurto y de manipulación de tiques en diversas ocasiones».

La empresa presentó como prueba las grabaciones de las cámaras de seguridad del negocio. Sin embargo, el Juzgado de lo Social de Barcelona y, posteriormente, el Tribunal Superior de Justicia de Cataluña dictaminaron que la prueba había sido obtenida vulnerando el derecho a la protección de datos del trabajador por falta de información previa sobre la finalidad y el objetivo de la instalación de dichas cámaras, por lo que no podía ser considerada una prueba válida. En consecuencia, el despido fue considerado improcedente.

La empresa recurrió al Tribunal Supremo, que decidió que la prueba era válida porque los empleados conocían la presencia de las cámaras de videovigilancia por un letrero que indicaba la existencia de estas y el lugar donde estaban colocadas. También señala el Alto Tribunal que no es necesario un consentimiento explícito de los trabajadores, pues se presupone por la existencia de una relación laboral.

Fuente: elEconomista.es, Xavier Gil Pecharromán (7 de marzo del 2017).

a) **¿Con qué finalidad pueden instalarse cámaras de videovigilancia en los centros de trabajo?**

b) **¿Debe la empresa informar de manera explícita a los trabajadores de la instalación de cámaras de videovigilancia?**

c) **Dentro de un centro de trabajo, ¿dónde no se pueden instalar cámaras de videovigilancia?**

Videoteca laboral

Visualizad en el aula el documental *Historia de los Derechos Humanos.*

https://www.youtube.com/watch?v=fiQmq8NO4zg

Realiza una lectura del artículo 23 de la Declaración Universal de los Derechos Humanos y responde a las siguientes preguntas:

- ¿Te parece el trabajo un bien tan necesario que deba estar dentro de la Declaración Universal de los Derechos Humanos?
- Si una mujer ejecutiva cobra un 30 % menos que su homólogo masculino por el mismo trabajo, ¿se está vulnerando el artículo 23?
- ¿Se te ocurre algún otro tipo de casos donde se vulnere este artículo?
- En el artículo 23, se recoge el derecho de toda persona a sindicarse para defender conjuntamente los derechos de los trabajadores y las trabajadoras. De hecho, en muchos países del mundo, los líderes sindicales son perseguidos y acosados por las actividades que desarrollan. ¿Crees que es adecuado recoger este derecho en la Declaración Universal de los Derechos Humanos? Explica por qué.

Unidad 2

La jornada laboral y el contrato de trabajo

Unidad 2

La jornada laboral y el contrato de trabajo

Antes de empezar a trabajar, firmarás un contrato de trabajo que especificará, entre otros aspectos, la jornada laboral que deberás realizar: ¿sabes cómo se redacta este contrato?

Contenidos

Objetivos

- Conocer el concepto de *jornada laboral*.
- Distinguir los diferentes tipos de jornada laboral.
- Aprender cuáles son los descansos y permisos laborales establecidos por la ley.
- Determinar y comprender los elementos esenciales del contrato de trabajo.
- Identificar el contenido y las formas del contrato de trabajo.
- Saber clasificar y diferenciar las diferentes modalidades contractuales.
- Entender las relaciones contractuales realizadas por las ETT.

2.1. ¿Qué es la jornada laboral?

La jornada laboral es el tiempo que el trabajador o trabajadora dedica cada día a realizar su trabajo. Su duración se pacta en el convenio colectivo o en el contrato de trabajo y nunca puede superar las 40 horas semanales de media en cómputo anual. Se puede efectuar de dos maneras:

1. **Jornada continuada:** cuando se realiza el trabajo sin interrupción.
2. **Jornada partida:** cuando el tiempo de trabajo se divide en dos fracciones, con una interrupción que se corresponde, generalmente, con la hora del almuerzo.

Por otro lado, la jornada de trabajo se puede distribuir a lo largo del año de dos formas diferentes:

Distribución regular de la jornada

Todas las semanas se realiza el mismo número de horas, con un máximo de 40 horas semanales, independientemente de las horas que se trabajen cada día.

Los **requisitos** que debe cumplir una jornada de distribución regular son los siguientes:

DISTRIBUCIÓN REGULAR DE LA JORNADA

- El máximo de horas diarias de trabajo es de 9 horas, excepto para los menores de 18 años, para los que será de 8 horas diarias.
- El descanso mínimo entre una jornada y el comienzo de la siguiente es de 12 horas, excepto en los trabajos a turnos, en los cuales puede reducirse a 7 horas en el cambio de turno.
- El descanso mínimo semanal será de 1,5 días ininterrumpidos y se puede acumular por periodos de 14 días, trabajando 11 días y descansando 3. Este descanso en los menores de 18 años será de 2 días ininterrumpidos no acumulables por periodos de 14 días.
- El descanso mínimo dentro de la jornada solo es obligatorio en las jornadas continuadas que superen las 6 horas seguidas y debe durar un mínimo de 15 minutos. Para los menores de 18 años, este descanso debe ser de 30 minutos si la jornada continuada es superior a 4,5 horas. En ambos casos, este descanso no se paga, excepto si el convenio colectivo indica lo contrario.

Distribución irregular de la jornada

Todas las semanas no se trabaja el mismo número de horas, es decir, unas semanas se realizan más horas y otras menos, pero nunca se puede superar la duración máxima legal de 40 horas semanales de media al año.

Las empresas pueden establecer una distribución irregular de la jornada de hasta un 10 % del total de horas de trabajo anuales, respetando siempre los periodos mínimos de descanso diario y semanal previstos en la ley. Sin embargo, sí se puede sobrepasar el máximo diario de 9 horas, pero el trabajador deberá conocer el día y la hora de la jornada irregular con un mínimo de 5 días de antelación.

Ejemplo

Bea trabaja de lunes a viernes 8 horas cada día, es decir, un total de 40 horas a la semana.

Mario trabaja de lunes a miércoles 9 horas cada día, los jueves 7 horas y el viernes 6 horas, por lo tanto, también realiza un total de 40 horas a la semana.

Ambos trabajadores realizan una jornada regular de 40 horas por semana, independientemente del número de horas que trabajan cada día.

Sabías que...

Los trabajadores podrán adaptar la duración y distribución de su jornada de trabajo para hacer efectivo el derecho a la conciliación de la vida personal, familiar y laboral en los términos que se establezcan en la negociación colectiva o en acuerdo con el empresario (art. 34 TRLET).

2.1.1. ¿Es lo mismo la jornada laboral que el horario de trabajo?

No, no es lo mismo. El **horario** son las horas concretas en las que la persona realiza su trabajo. No puede confundirse con la jornada, que es el conjunto de horas realizadas, de tal manera que una misma jornada puede tener diferentes horarios. El empresario o empresaria es quien diseña el horario de trabajo de su negocio, lo más habitual suele ser la jornada de ocho horas diarias con descanso de fin de semana, pero existen otras posibilidades de organizar el horario laboral como el trabajo a turnos y el trabajo nocturno.

Ejemplo

En la empresa Fabril, SA, se realizan 46 semanas de trabajo al año distribuidas de la siguiente forma: 42 semanas con jornadas de 40 horas, 2 semanas con jornadas de 45 horas y 2 semanas con jornadas de 35 horas de trabajo. Al final, estos trabajadores están realizando una media anual de 40 horas semanales de trabajo efectivo.

Trabajo a turnos

Es aquel en el que los trabajadores prestan servicios en los mismos puestos de trabajo, pero en horas diferentes y durante un periodo de tiempo determinado. Suelen utilizarlo las empresas que tienen un proceso de producción de 24 horas al día y, normalmente, establecen tres turnos de trabajo: mañana, tarde y noche.

Los trabajadores que realizan el turno de noche tienen **derecho a rotar,** es decir**,** ningún trabajador realizará más de 2 semanas seguidas en el turno de noche, excepto si lo elige voluntariamente.

Sabías que...

Los trabajadores que cursen estudios oficiales con regularidad tendrán preferencia para elegir el turno de trabajo.

Trabajo nocturno

Es el que se realiza entre las 10 de la noche y las 6 de la mañana. Se considera trabajo nocturno cuando el trabajador realiza al menos 3 horas diarias o un tercio de la jornada anual en este horario. La jornada diaria de trabajos nocturnos no excederá de 8 horas de promedio, en un periodo de referencia de 15 días. Se puede pagar (plus de nocturnidad) o compensarse con días de descanso.

No se pueden realizar horas extraordinarias en este horario, excepto en casos de fuerza mayor. El trabajo nocturno está prohibido para menores de 18 años.

Importante

Las empresas están obligadas a llevar un registro diario de la jornada que incluye el horario de inicio y finalización de esta.

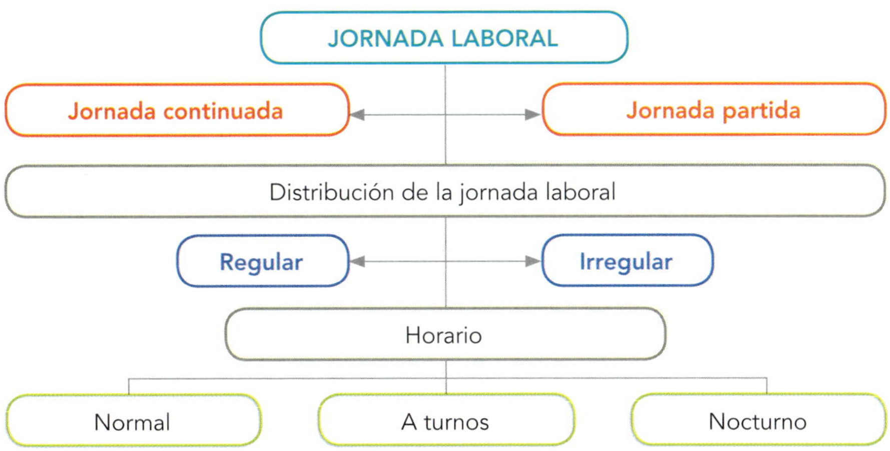

Figura 2.1. La jornada y el horario laborales.

Caso práctico resuelto 2.1

Borja trabaja como vendedor en una tienda de ropa. Su jornada laboral ordinaria transcurre con el siguiente horario: de lunes a viernes, de 8.00 h a 14.00 h ininterrumpidamente y de 19.00 h a 21.00 h. ¿Es correcta la duración de esta jornada y el horario? ¿Tiene derecho al descanso de 15 minutos en horario matinal? ¿Es correcto el descanso de fin de semana?

Solución:

- Es una jornada partida, de 8 horas diarias y 40 horas semanales, por lo tanto, es una jornada correcta.
- No se cumple el descanso entre jornadas, que debe ser de 12 horas, por eso el horario no es correcto.
- El horario de la mañana no supera las 6 horas consecutivas de trabajo, luego no es obligatorio hacer un descanso de 15 minutos dentro del horario matinal.
- El descanso semanal de un día y medio ininterrumpido se efectúa correctamente. Por lo tanto, para que la jornada de Borja fuese correcta, debería modificarse el descanso entre jornadas para que fuese por lo menos de 12 horas, tal como establece la normativa.

Caso práctico 2.1

Ana trabaja de recepcionista en un hotel en Madrid. Su jornada laboral anual es de 1800 horas. La empresa quiere establecer una jornada irregular destinando 200 horas a incrementar la jornada en determinadas épocas del año, compensándolo después con una reducción en tiempo equivalente. ¿Es correcta esta distribución?

Caso práctico 2.2

Lucía trabaja como vigilante de unos grandes almacenes en el turno de noche de lunes a viernes. Entra a trabajar todos los días a las 22.00 h y se marcha a casa a las 7.00 h. La empresa le ha pedido que, durante una semana, salga una hora más tarde y, a cambio, se lo pagarán como horas extraordinarias. Lucía acepta, ya que el dinero le va a venir muy bien. ¿Esto es posible?

Caso práctico 2.3

Javier tiene 17 años y está estudiando un ciclo formativo de grado medio de Técnico en Farmacia. Ha entrado a trabajar en una farmacia abierta las 24 horas del día, en la que tienen establecidos tres turnos de trabajo: día, tarde y noche. Para poder asistir a las clases, Luis ha solicitado hacer el turno de noche. ¿Está la empresa obligada a aceptar la petición de Javier?

Caso práctico 2.4

Silvia tiene que cuidar a la hermana de su padre porque está ingresada en el hospital recuperándose de un infarto. ¿Puede Silvia solicitar en su trabajo una reducción de jornada para el cuidado de un familiar? Razona tu respuesta.

2.1.2. ¿Se puede reducir la jornada laboral?

Sí, es posible. La ley contempla diferentes situaciones en las que, debido a la situación personal del trabajador, le corresponden reducciones de la jornada que contribuyen generalmente a la conciliación de la vida personal, laboral y familiar del trabajador.

REDUCCIONES DE JORNADA	
Guarda legal y cuidado de familiares (art. 37.6 ET)	• Para el cuidado de un menor de 12 años o de una persona discapacitada, hasta el segundo grado, que por razones de edad, accidente o enfermedad no pueda valerse por sí misma y no desempeñe una actividad retribuida. • Cuidado de un menor de 18 años afectado de cáncer u otra enfermedad grave que requiera hospitalización de larga duración. • Reducción de 1/8 a 1/2 de la jornada con la reducción proporcional de salario.
Para el cuidado del lactante (art. 37.4 ET)	• Si ambos progenitores trabajan, tendrán derecho a disfrutarla hasta que el hijo cumpla 9 meses. • Ambos progenitores pueden optar por reducir su jornada diaria en media hora (comenzar la jornada media hora más tarde o finalizarla media hora antes) o bien ausentarse del trabajo durante 1 hora al día que se podrá dividir en 2 fracciones (2 medias horas durante la jornada). • Por convenio o pacto con el trabajador, se pueden acumular las horas para el cuidado del lactante en jornadas completas al finalizar el permiso por nacimiento. • La reducción de jornada por cuidado del lactante no puede transferirse al otro progenitor. • Se incrementará proporcionalmente en caso de parto o adopción múltiple. • Si ambos progenitores ejercen este derecho con la misma duración y régimen, podrá extenderse hasta que el lactante cumpla 1 año, pero con una reducción proporcional del salario a partir de 9 meses. • La persona trabajadora, salvo fuerza mayor, deberá preavisar al empresario con una antelación de 15 días o la que establezca el convenio colectivo.
Nacimientos prematuros y hospitalización tras parto de hijo/a (art. 37.5 ET)	• Cuando el recién nacido debe permanecer hospitalizado tras el parto. • Ambos progenitores pueden ausentarse del trabajo durante 1 hora diaria (permiso remunerado). • También pueden reducir su jornada hasta 2 horas con la reducción proporcional del salario.
Víctima de la violencia de género (art. 37.8 ET)	• Para hacer efectiva su protección o su derecho a la asistencia social integral, la trabajadora podrá optar entre: – Reducir su jornada disminuyendo proporcionalmente su salario. – Adaptar su horario de trabajo.
Expediente de Regulación Temporal de Empleo (ERTE) de reducción de jornada (art. 47.2 ET)	• La empresa podrá reducir la jornada y el salario entre un 10% y un 70%. • Nunca podrá ser definitiva. • Estará justificada por causas económicas, tecnológicas, organizativas o de producción. • El trabajador podrá cobrar el desempleo por la parte de la jornada que se ha reducido. • La empresa debe abrir un periodo de consultas con los representantes de los trabajadores y comunicarlo a la autoridad laboral (esta no tiene que aprobar el ERTE de reducción de jornada). • No podrán realizarse horas extraordinarias, salvo por fuerza mayor.

Caso práctico resuelto 2.2

Patricia ha tenido gemelos y está a punto de terminar su permiso por nacimiento.

a) ¿Cuántas horas le corresponden de permiso para el cuidado de los lactantes? ¿Podría acumularlas por jornadas completas?

b) Jesús, su pareja y padre de los lactantes, ¿tendría también derecho a este permiso?

c) ¿Pueden solicitar después alguna reducción de jornada? ¿Les reducirán el sueldo?

Solución:

a) Tiene derecho a ausentarse 2 horas al día durante su jornada (1 hora por cada hijo) o reducir su jornada 1 hora (media hora por cada hijo), pudiendo comenzar su jornada diaria 1 hora después o terminar 1 hora antes, y no le reducirán el sueldo. Si el convenio colectivo lo permite, también podría acumularlas por jornadas completas al finalizar el permiso por nacimiento.

b) Efectivamente, Jesús tendría derecho a disfrutar del mismo permiso que Patricia para el cuidado de los lactantes.

c) Sí, ambos pueden solicitar la extensión de esta reducción hasta que los lactantes cumplan 1 año y, a partir de los 9 meses, se les reduciría el sueldo proporcionalmente. Además, al concluir esta reducción, podrían solicitar una reducción de jornada para cuidar a un menor de 12 años, reduciendo entre 1/2 y 1/8 la jornada. Ambos verán reducido su sueldo en la misma proporción en que reduzcan su jornada.

Concepto clave

Un **Expediente de Regulación Temporal de Empleo (ERTE)** es una medida de flexibilización laboral a la que pueden acogerse aquellas empresas que, cumpliendo los requisitos legales para hacerlo quieran, con carácter temporal, reducir la jornada laboral (art. 47.2 ET) o suspender contratos de trabajo de toda o parte de su plantilla de trabajadores (art. 47.1 ET) con el fin de salvaguardar la viabilidad de la empresa en periodos de crisis. Dichos ERTE han sido la opción elegida en su gran mayoría por las empresas para sus trabajadores durante la crisis provocada por la COVID-19.

2.1.3. ¿Es obligatorio realizar horas extraordinarias?

Unas veces serán obligatorias y otras no. ¡Vamos a averiguarlo!

Las horas extraordinarias son las horas de trabajo que se realizan sobre la duración máxima de la jornada ordinaria de trabajo. Estas horas **se realizan de forma voluntaria** por parte del trabajador, excepto cuando exista una causa de **fuerza mayor** o cuando se pacten por convenio colectivo o en el contrato de trabajo, en ambos casos hay que realizarlas **obligatoriamente.**

La **retribución de las horas extraordinarias** se fija en el convenio colectivo o en el contrato de trabajo y hay dos opciones:

1. Retribuirlas con una cantidad igual o superior al importe de la hora ordinaria.
2. Compensarlas con un tiempo equivalente de descanso retribuido.

Las horas extraordinarias se compensarán con descanso en los 4 meses siguientes a su realización, si no se ha pactado previamente la manera de compensarlas.

No se puede realizar un número ilimitado de horas extraordinarias voluntarias, como máximo, un trabajador puede realizar **80 al año y siempre que realice** una jornada laboral a tiempo completo. En este límite, **no se cuentan** las horas extras que sean compensadas con descanso ni las realizadas por fuerza mayor.

Sabías que...

Es obligación del empresario o empresaria entregar a cada trabajador un resumen de las horas extraordinarias realizadas durante el mes, normalmente lo hará a través de la nómina. El incumplimiento de esta obligación puede constituir infracción administrativa leve.

Pero no todos los trabajadores pueden realizar horas extraordinarias, algunos trabajadores lo tienen prohibido, como los siguientes:

a) Trabajadores menores de 18 años.

b) Trabajadores con horario nocturno.

c) Trabajadores con contrato a tiempo parcial (excepto si son por fuerza mayor).

Caso práctico 2.5

Emilia trabaja de reponedora en un supermercado, tiene 17 años y trabaja media jornada. Debido a un temporal, el supermercado se ha inundado y todos los trabajadores tienen que quedarse varias horas después de acabar su jornada para ayudar en las tareas de limpieza del local.

a) ¿Cómo se llaman esas horas extraordinarias?

b) ¿Puede Emilia realizarlas? Razona tu respuesta

c) ¿Podrían los trabajadores negarse a realizar esas horas extraordinarias?

d) ¿Tienen derecho los trabajadores a cobrar esas horas?

2.1.4. Control de la jornada laboral

El domingo 12 de mayo del 2019 entró en vigor el Real Decreto 8/2019, de 18 de marzo, aprobado por el Gobierno donde todas las empresas, independientemente de su tamaño, quedan obligadas a contar con un registro diario del horario que realizan sus empleados y empleadas. Este registro responde a una demanda por parte de la autoridad laboral que se encontraba con bastantes dificultades para probar los incumplimientos que cometían las empresas en materia de jornada y, sobre todo, para frenar el abuso de las horas extraordinarias que algunos trabajadores realizaban sistemáticamente sin que quedara constancia de ellas.

El decreto no especifica de qué modo debe llevarse a cabo este control, por tanto, queda en manos de las empresas y los representantes de los trabajadores, si es que los hay, determinar el modo de recoger el horario fehaciente de inicio y fin de la jornada.

Por otra parte, hay un elemento fundamental de este control relativo a la ley de protección de datos. La empresa debe cumplir con esta ley y almacenar los datos durante 4 años, a los que tan solo podrán tener acceso el propio trabajador o trabajadora, además de aquellos representantes de los empleados autorizados.

Concepto clave

La **protección de datos** personales es un derecho fundamental de todas las personas, que concede al ciudadano la posibilidad de poder controlar el uso que se hace de sus datos personales. Este control permite evitar que, a través del tratamiento de nuestros datos, se pueda llegar a disponer de información sobre nosotros que afecte a nuestra intimidad y demás derechos fundamentales y libertades públicas.

2.2. ¿Qué es un permiso retribuido?

El trabajador tiene derecho a diferentes permisos con derecho a la retribución, siempre que sea por alguna de las causas incluidas en el TRLET (artículo 37.3). Para poder disfrutar de estos permisos, el trabajador tiene que avisar previamente a la empresa y justificarlos debidamente. En la remuneración, se incluyen el salario y los complementos salariales. En la siguiente tabla, puedes ver cuáles son esos permisos.

Sabías que...

No llevar un registro de la jornada laboral es una infracción grave que se sanciona con multa, que en su grado mínimo puede ser de 626 € a 1250 €, en su grado medio de 1251 € a 3125 € y en su grado máximo de 3126 € a 6250 €.

Sabías que...

Si un trabajador quiere continuar su formación y tiene que asistir a exámenes oficiales, dispone del derecho a un permiso para asistir al examen por el tiempo necesario. Este permiso no es retribuido, excepto si el convenio colectivo establece lo contrario.

Importante

Una sentencia del Tribunal Supremo del 13 de febrero del 2018 establece el derecho de los trabajadores a comenzar sus permisos remunerados a partir del primer día laborable después del hecho causante. Por ejemplo, si fallece un familiar un viernes, el permiso de 2 días o de 4 días empezará a contar a partir del siguiente día laborable, o sea, el lunes, y no el fin de semana, como estaba sucediendo hasta ahora.

Concepto clave

Los **días laborables** son todos los días en los que se trabaja. Por tanto, quedan excluidos como días laborables los domingos y festivos.

Concepto clave

Los **días naturales** son los 365 días del año, independientemente de si es festivo o fin de semana.

PERMISOS	
Causa	**Duración**
Matrimonio.	15 días naturales.
Deber inexcusable de carácter público y personal (votar, asistir a un juicio, etcétera).	El tiempo indispensable.
Traslado de domicilio habitual.	1 día.
Funciones sindicales.	El número de horas mensuales dependerá del número de trabajadores de la empresa.
Para realizar exámenes prenatales y técnicas de preparación al parto.	El tiempo indispensable.
Desplazamiento temporal.	4 días por cada 3 meses de desplazamiento.
Fallecimiento, accidente o enfermedad grave, hospitalización o intervención quirúrgica sin hospitalización que precise reposo domiciliario de parientes hasta el segundo grado de consanguinidad o afinidad.	2 días o 4 días si el trabajador tiene que desplazarse.
Para el cuidado del lactante.	1 hora diaria de ausencia del trabajo (que podrá dividirse en 2 fracciones), o bien reducir la jornada en media hora, al comienzo o al final de esta. Ambos progenitores, si trabajan, tendrán derecho al permiso.
Extinción de contrato por causa objetiva.	Durante el periodo de preaviso, el trabajador tiene derecho a 6 horas semanales para buscar un nuevo empleo.

2.2.1. Calendario laboral

Cada año, el empresario establece el calendario laboral, donde se incluyen el horario de trabajo y la distribución de los días laborables y festivos que correspondan. El calendario laboral debe exponerse en un lugar visible dentro del centro de trabajo. Los representantes de los trabajadores tienen derecho a ser consultados y a emitir informes para su elaboración.

Las fiestas laborales en España son 14 al año, de las que 2 serán locales y otras 2 serán de la comunidad autónoma. Estos días festivos son retribuidos y no pueden recuperarse. Siempre se respetarán como fiestas nacionales los días 1 de enero, 1 de mayo, 12 de octubre y 25 de diciembre.

El Gobierno puede trasladar a los lunes todas las fiestas nacionales que tengan lugar entre semana o que coincidan en domingo. Las comunidades autónomas pueden sustituir las fiestas nacionales por fiestas propias, siempre dentro del límite anual de 14 días festivos y respetando los 4 días antes mencionados.

2.2.2. Vacaciones

El Estatuto de los Trabajadores, en su artículo 38, establece el derecho del trabajador a un periodo de vacaciones anuales retribuidas, que tendrá una duración mínima de **30 días naturales al año.** Si no se trabaja todo el año, esta cifra se reducirá proporcionalmente.

El periodo para disfrutarlas tiene que fijarse por acuerdo entre el trabajador y el empresario, pero siempre dentro del año natural (del 1 de enero al 31 de diciembre). El trabajador tiene que conocer la fecha de sus vacaciones, como mínimo, **2 meses** antes de su comienzo.

La duración de las vacaciones no se puede ver reducida por:

- El ejercicio del derecho de huelga.
- El haber permanecido en situación de incapacidad laboral.
- Una sanción al trabajador o trabajadora.
- El permiso por nacimiento o adopción.

Si el periodo de vacaciones coincide con una incapacidad temporal derivada del embarazo, el parto o la lactancia natural, nacimiento o adopción, se tendrá derecho a disfrutar de las vacaciones al acabar el periodo de suspensión, aunque se haya acabado el año natural al que correspondan las vacaciones.

Figura 2.2. Descansos laborales.

Importante

La remuneración de las vacaciones es la habitual del trabajador. Salvo que en el convenio colectivo se establezca otra cosa, se deben incluir los pluses de turnicidad, nocturnidad, incentivos de producción, promedio de comisiones, etc. No se incluyen horas extraordinarias y conceptos extrasalariales que compensen los gastos del trabajador por el desempeño de su trabajo (por ejemplo, transporte, dietas, etcétera).

Concepto clave

Los **días hábiles** son, actualmente y con la reforma de la Ley 39/2015, desde el lunes hasta el viernes. Se excluyen sábados, domingos y festivos.

Sabías que...

Las vacaciones no son sustituibles por compensación económica, salvo en caso de extinción de contrato de trabajo que imposibilite disfrutarlas.

Ayuda a Mario

Orienta a Mario en las siguientes cuestiones:

1. A Mario le han ofrecido un trabajo en el turno de noche, en caso de que finalmente lo contraten, coméntale el horario que deberá realizar.
2. ¿Podrá hacer horas extras?
3. ¿Cobrará igual o más por realizar este turno?
4. ¿Es posible que su jornada laboral siempre la desarrolle en este turno?
5. Mario ha tenido que trasladar su residencia habitual tras el nuevo empleo, ¿tiene derecho a algún tipo de permiso?

Caso práctico resuelto 2.3

Nieves ha terminado su permiso por nacimiento el 31 de diciembre del 2019 y no ha podido disfrutar sus vacaciones. ¿Habrá perdido Nieves el derecho a las vacaciones?

Solución:

Nieves no perderá este derecho. Podrá disfrutar de las vacaciones al año siguiente, es decir, a partir del 1 de enero del 2020, puesto que estas le habían coincidido con la suspensión por nacimiento.

Caso práctico 2.6

Mónica trabaja como auxiliar administrativa en una consultoría. En su segundo día de vacaciones, sufre una caída en la piscina, con tan mala suerte que se fractura el pie. Acude al médico y este le indica que deberá estar 2 meses de baja y le entrega un parte de baja por incapacidad laboral temporal. ¿Puede Mónica disfrutar de los días de vacaciones que le quedan cuando el médico, pasados los 2 meses, le dé el alta?

Caso práctico 2.7

Roberto trabaja en un estudio de arquitectura y el próximo fin de semana va a contraer matrimonio, pero antes necesita hacer la mudanza a su nueva vivienda. ¿Cuántos días de permiso le corresponderán?

Caso práctico 2.8

Consulta el calendario laboral de tu comunidad autónoma y averigua qué dos días establece como fiesta laboral.

2.3. ¿Qué es un contrato de trabajo?

El contrato de trabajo es un acuerdo entre un trabajador y un empresario, mediante el cual el trabajador se compromete, voluntariamente, a prestar determinados servicios bajo la organización y dirección de un empresario, a cambio de un salario.

Todo contrato debe tener tres elementos esenciales, como se muestra en la Figura 2.3.

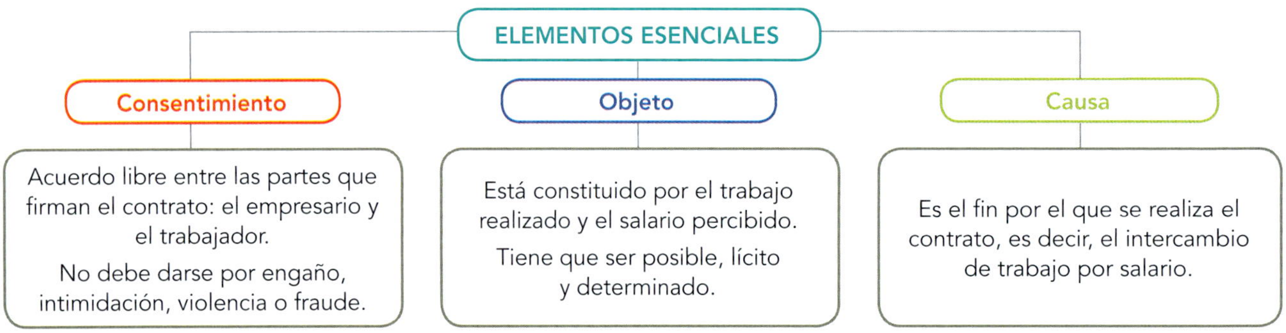

Figura 2.3. Elementos esenciales del contrato.

2.3.1. ¿Quiénes pueden firmar un contrato de trabajo?

El contrato de trabajo lo puede firmar, por un lado, el trabajador o trabajadora, que necesariamente debe ser una persona física y, por otro lado, el empresario o el representante legal de la empresa, que puede ser una persona física, jurídica o comunidad de bienes. Además, para que el contrato sea válido, tanto el trabajador como el empresario o empresaria deben cumplir alguno de los siguientes requisitos:

REQUISITOS DEL TRABAJADOR PARA FIRMAR VÁLIDAMENTE UN CONTRATO DE TRABAJO

- Ser mayor de edad (tener 18 años).
- Tener 16 años o 17 años y que reúna alguna de estas condiciones:
  - Estar emancipado legalmente.
  - Tener autorización de sus padres o tutores legales.
  - Vivir de forma independiente con el consentimiento de sus padres o tutores legales.
- Excepcionalmente, los menores que aún no han cumplido los 16 años pueden intervenir en espectáculos públicos, previa autorización por escrito de la autoridad laboral y siempre que no se vea perjudicada su salud ni su formación profesional y humana.
- Cualquier persona ciudadana de la Unión Europea siempre que cumpla los requisitos de edad exigidos a cualquier ciudadano español.
- Los ciudadanos extracomunitarios, además de cumplir con los requisitos de edad exigidos a cualquier ciudadano español, deberán obtener un permiso de trabajo expedido por el Ministerio de Trabajo, Migraciones y Seguridad Social.

REQUISITOS DEL EMPRESARIO PARA FIRMAR VÁLIDAMENTE UN CONTRATO DE TRABAJO

- Ser mayor de edad (tener 18 años).
- Tener entre 16 años o 17 años, estar emancipado y contar con el consentimiento de sus padres o tutores.
- Tener entre 16 años y 17 años a través de sus representantes legales.

Sabías que...

La emancipación es una situación legal que capacita al menor de edad, a partir de los 16 años, para vivir de forma independiente y disponer de su persona y sus bienes como si fuera mayor de edad. Se puede obtener mediante el matrimonio, la concesión de los padres o tutores o la concesión judicial, siempre con el consentimiento del menor.

Caso práctico resuelto 2.4

Indica si las siguientes personas pueden firmar válidamente un contrato de trabajo:

a) Una joven de 20 años de nacionalidad francesa contratada como profesora de francés en una academia de idiomas.
b) Un joven de 15 años que va a ser contratado como camarero en un restaurante.
c) Una joven de 17 años emancipada que va a ser contratada como dependienta en una tienda de moda.

Solución:

a) Sí, ya que es mayor de edad y ciudadana de la UE.
b) No, ya que se trata de un menor de 16 años. Solo podría firmar un contrato para trabajar en espectáculos públicos, que no es el caso.
c) Sí, ya que al ser mayor de 16 años y estar emancipada puede firmar por sí sola un contrato de trabajo.

Caso práctico 2.9

Leo Rodríguez, de 17 años y emancipado legalmente, ha sido contratado como auxiliar administrativo. La empresa tiene una enorme acumulación de trabajo, debido a la campaña de recaudación del impuesto sobre la renta, y le pide que realice, una vez finalizada su jornada, dos horas extraordinarias hasta que acabe la campaña.

a) ¿Tiene capacidad Leo para firmar válidamente el contrato de trabajo? ¿Por qué?

b) ¿Puede realizar Leo las horas extraordinarias que le solicita la empresa?

c) Si no estuviese emancipado, ¿podría haber firmado el contrato de trabajo? ¿Por qué?

Caso práctico 2.10

Una empresa de publicidad necesita contratar a una menor de 12 años para realizar un spot publicitario durante los meses de verano. En estas circunstancias, ¿podría formalizarse un contrato? ¿Qué requisitos serían necesarios?

Caso práctico 2.11

Indica para los siguientes casos qué elementos esenciales del contrato no se cumplen:

a) Pedro, de 20 años, firma un contrato de trabajo bajo las amenazas y la intimidación del empresario.

b) Una empresaria, a cambio de una cantidad de dinero, firma un contrato ficticio de trabajo a un inmigrante que no va a realizar trabajo alguno en la empresa, con la única intención de lograr un permiso de trabajo.

c) Luisa, de 17 años y emancipada, acaba de firmar un contrato de trabajo como vigilante nocturna del disco-pub Noval, SA.

Importante

Si el contrato de trabajo es superior a 4 semanas, el empresario deberá informar por escrito al trabajador sobre los contenidos esenciales del contrato en los plazos que se establezcan reglamentariamente.

2.3.2. Forma del contrato de trabajo

La forma del contrato de trabajo puede ser escrita o verbal. Actualmente, todos los contratos laborales deben realizarse por escrito, pero hay algunas excepciones que admiten la forma verbal, son las siguientes:

- El contrato indefinido ordinario.
- El contrato eventual por circunstancias de la producción a tiempo completo cuya duración sea inferior a 4 semanas.

No obstante, cualquiera de las partes podrá exigir que el contrato se realice por escrito, incluso durante el transcurso de la relación laboral.

CONTENIDO MÍNIMO QUE DEBE FIGURAR EN UN CONTRATO ESCRITO	
Modalidad de contrato	Indefinido, temporal, en prácticas, etcétera.
Identidad de las partes firmantes	Identificación del trabajador y del empresario.
Puesto de trabajo	• Denominación del puesto de trabajo. • Grupo profesional al que pertenece.
Lugar de trabajo	Concretar el centro de trabajo donde la persona prestará sus servicios habitualmente. Cuando el servicio deba prestarse en diferentes centros de trabajo, en centros de trabajo móviles o itinerantes, se harán constar estas circunstancias.

CONTENIDO MÍNIMO QUE DEBE FIGURAR EN UN CONTRATO ESCRITO	
Jornada laboral	Duración y distribución de la jornada ordinaria de trabajo.
Duración del contrato	• Fecha de comienzo del contrato. • Fecha previsible de terminación (contratos temporales).
Periodo de prueba	Si existiese, se indicaría su duración.
Salario	• Determinación del importe del salario base, complementos salariales y pagas extraordinarias. • Fecha de pago.
Vacaciones	Duración de las vacaciones anuales, 30 días naturales mínimo.
Convenio colectivo	Especificar el convenio colectivo aplicable a la relación laboral.
Cláusulas adicionales	Las cláusulas abusivas o en fraude de ley no serán consideradas válidas, aunque el trabajador las haya firmado.
Lugar, fecha y firma de las partes	Se incluirá al final del contrato.

2.3.3. Periodo de prueba

En el contrato de trabajo, se puede establecer, siempre por escrito, un periodo de prueba, que consiste en fijar un plazo de tiempo durante el cual tanto el empresario como el trabajador pueden comprobar si les conviene o no la relación laboral.

Durante el periodo de prueba, cualquiera de las partes puede dar por finalizado el contrato, sin alegar ninguna causa, sin necesidad de preaviso y sin derecho a indemnización. Por lo demás, el trabajador tendrá los mismos derechos y obligaciones que cualquier otro compañero o compañera de trabajo. Además, cuenta como antigüedad en la empresa.

No se puede establecer un periodo de prueba cuando el trabajador ya hubiera realizado las mismas funciones con anterioridad en la empresa, bajo cualquier modalidad de contratación.

Su duración se establecerá en los convenios colectivos y, en su defecto, será la indicada en el Estatuto de los Trabajadores, como se señala en la Figura 2.4.

Sabías que...

No es común que aparezcan en el contrato los plazos de preaviso que deben respetar las partes en caso de extinción del contrato, ya que suele indicarse en el convenio colectivo aplicable.

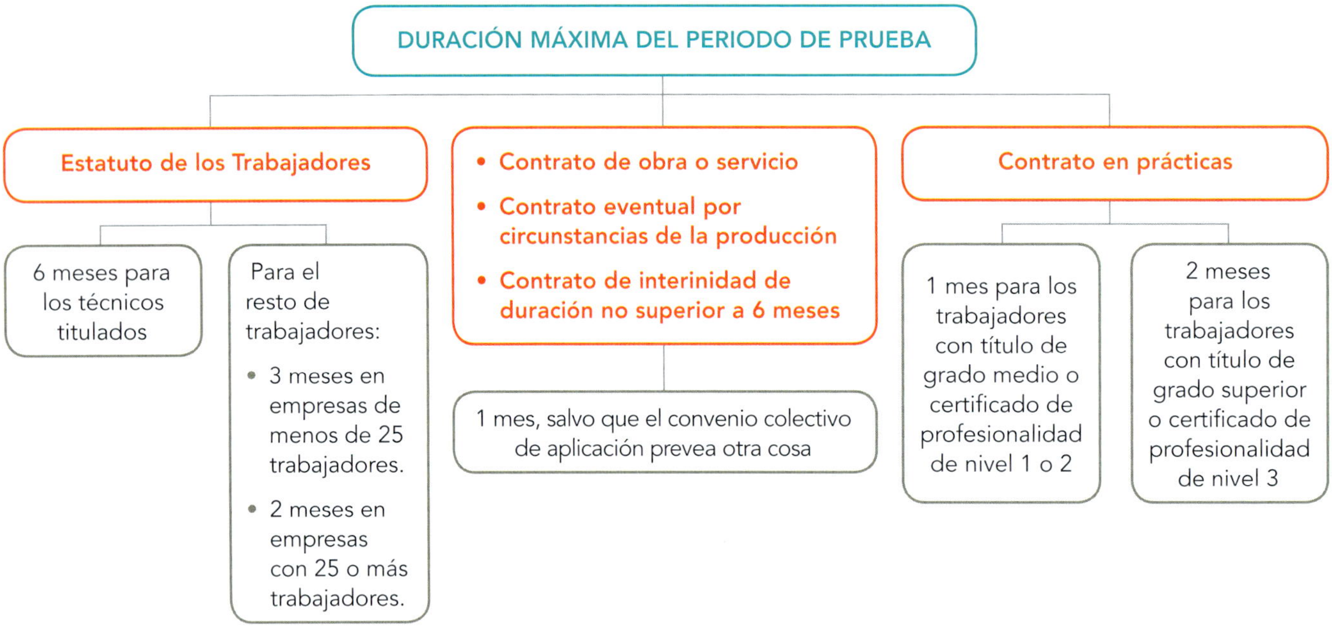

Figura 2.4. Duración máxima del periodo de prueba.

Caso práctico resuelto 2.5

Eva es enfermera y lleva trabajando en un hospital privado 2 meses. La empresa la informa de que no ha superado el periodo de prueba. En el contrato de trabajo de Eva, no aparece periodo de prueba alguno y el convenio colectivo aplicable establece un periodo de prueba máximo de 5 meses. ¿Es correcta la actuación de la empresa?

Solución:

No es correcta, el periodo de prueba siempre debe reflejarse por escrito en el contrato de trabajo. El convenio fija una duración máxima, pero el periodo de prueba debe aparecer por escrito en el contrato de trabajo respetando siempre el límite establecido en el convenio.

Caso práctico 2.12

Carmen firma un contrato de trabajo indefinido como contable, para el que la empresa le exige el título de técnica superior en Administración y Finanzas, en el contrato incluyen un periodo de prueba de 6 meses. El convenio colectivo no establece nada sobre el periodo de prueba. Pasados 4 meses, sin ninguna explicación, la empresa le comunica por escrito el cese y le entregan el finiquito sin incluir ninguna indemnización.

a) ¿Es correcta la duración de este periodo de prueba? Razona tu respuesta.

b) ¿Puede la empresa dar por finalizado el contrato sin preaviso ni justificación?

c) ¿Debe entregar la empresa a Carmen alguna indemnización por extinguir el contrato antes de que se cumpla el tiempo pactado?

2.4. ¿Cuántos modelos de contrato existen?

En la actualidad, existen en nuestro país tres modelos de contratos:

1. Contrato indefinido.
2. Contrato temporal.
3. Contrato formativo.

Dentro de cada una de estas modalidades, pueden encontrarse diferentes **tipos de contratos,** cada uno de ellos con sus características específicas, en función de las peculiaridades del empresario o empresaria y de la persona contratada.

Este apartado se ocupa del estudio de los contratos que más se utilizan para el acceso al mercado laboral del alumnado de ciclos formativos, y que puede observarse en la Figura 2.5.

MODALIDADES DE CONTRATOS DE TRABAJO

Contratos indefinidos

- Contrato indefinido.
- Contrato indefinido fijo discontinuo.

Contratos a tiempo parcial

Contratos temporales

Contratos formativos

- Contrato para la formación y el aprendizaje.
- Contrato en prácticas.

- Contrato por obra o servicio.
- Contrato eventual por circunstancias de la producción.
- Contrato de interinidad.
- Contrato de relevo.

Figura 2.5. Modalidades de contratos.

2.4.1. Contratos indefinidos

Se consideran indefinidos aquellos contratos que no tienen una fecha concreta para su finalización y suponen la incorporación de los trabajadores o trabajadoras a la empresa como **fijos.**

Los contratos indefinidos pueden generar incentivos para la contratación cuando se cumplan los requisitos exigidos por la normativa vigente. Por ejemplo, existen bonificaciones para empresas que realicen contratos indefinidos a trabajadores o trabajadoras con discapacidad, jóvenes desempleados o mayores de 45 años.

De los tipos de contratos indefinidos que existen actualmente, destacan los los que se recogen en la Figura 2.6.

CONTRATOS INDEFINIDOS

Contrato indefinido ordinario

- Su duración es por tiempo indefinido.
- No se exige ningún requisito para su formalización.
- No genera derecho a incentivos ni bonificaciones.
- Se puede realizar de forma escrita o verbal y a tiempo completo o a tiempo parcial.

Contrato fijo discontinuo

- Se realiza para trabajos que no se repiten en la mismas fechas.
- Se alternan periodos de trabajo y de no trabajo en una actividad que se repite periódicamente a lo largo de los años, pero de la que no se conoce la fecha exacta en la que comienza el trabajo cada año.
- Debe realizarse por escrito, según el modelo oficial, e indicar la duración estimada, el orden y la forma de llamamiento al trabajador cada vez que tenga que reincorporarse a la actividad y la jornada laboral estimada y su distribución horaria.

Figura 2.6. Contratos indefinidos.

2.4.2. Contratos temporales

Los **contratos temporales** son aquellos que tienen una fecha de finalización y, además, deben tener una causa de temporalidad clara, concreta, cierta y válida que los justifique.

Para evitar el abuso de este tipo de contratos por parte de las empresas, el Estatuto de los Trabajadores prohíbe el **encadenamiento de contratos temporales** estableciendo un límite de 24 meses en un periodo de 30 meses. Si este límite se supera, el contrato temporal se convierte en un contrato **en fraude de ley** y la persona adquiere la **condición de trabajadora fija en la empresa.** La empresa debe comunicar al trabajador la condición de fijo en un plazo de 10 días. El trabajador también puede solicitar al Servicio Público de Empleo que le certifique los contratos temporales realizados y probar así su condición de fijo en la empresa.

Este límite se aplica independientemente de que la concatenación se haya realizado de forma continua o discontinua, para el mismo o diferente puesto de trabajo, con la misma empresa o grupo de empresas, mediante dos o más contratos temporales, sea directamente por la empresa o a través de empresas de trabajo temporal, con las mismas o diferentes modalidades contractuales.

La prohibición no se aplica en los contratos formativos, de interinidad, de relevo, de programas públicos de empleo-formación o los realizados por empresas de inserción.

CONTRATO TEMPORAL POR OBRA O SERVICIO	
Finalidad	Se concierta para realizar una obra o servicio con autonomía y sustantividad propias dentro de la actividad de la empresa y cuya ejecución, aunque limitada en el tiempo, es, en principio, de duración incierta.
Características de la obra o servicio	No puede consistir en la realización de una obra o servicio determinado en el ciclo productivo constante o en las tareas habituales de la empresa. A diferencia de un contrato indefinido, que se hace para que el trabajador se implique en la actividad normal de la empresa, el contrato por obra o servicio tiene por objeto una actividad concreta e independiente de lo que la empresa hace todos los días, de sus tareas habituales y que será limitada en el tiempo. Por ejemplo, si la empresa es una escuela infantil, no podrá celebrar un contrato de obra y servicio para que un trabajador cuide a los niños y niñas (pues es su actividad cotidiana), pero sí para que dicho trabajador arregle y acondicione una habitación del local que se encuentre en malas condiciones. Esta obra de albañilería es independiente del cuidado de niños, su actividad normal y, aunque de duración temporal, no se sabe cuánto tiempo se tardará en finalizarla.
Forma	Siempre se hará por escrito. Se tiene que identificar claramente la obra o el servicio que se va a realizar y la duración aproximada.
Duración	Incierta, pero no puede superar los 3 años de duración, aunque se puede ampliar en 12 meses si así lo indica el convenio colectivo. Si finalizada la duración máxima, el trabajador continúa trabajando en la empresa, pasará a ser considerado fijo.
Jornada	Puede realizarse a tiempo completo o a tiempo parcial.
Indemnización	Al finalizar el contrato, el trabajador debe recibir una indemnización de 12 días de salario por cada año de servicio o la parte proporcional según el tiempo trabajado.

A continuación, se muestran las características más destacables de diferentes tipos de contratos temporales:

CONTRATO TEMPORAL EVENTUAL POR CIRCUNSTANCIAS DE LA PRODUCCIÓN	
Finalidad	Se conciertan para atender circunstancias puntuales del mercado, acumulación de tareas o exceso de pedidos, aun tratándose de la actividad normal de la empresa. Es importantísimo aclarar que el incremento de trabajo debe ser ocasional y que no se debe repetir de manera continua en el tiempo. Por ejemplo, un hotel de Bilbao necesita contratar al menos a 5 personas para reforzar la plantilla como consecuencia de la celebración, solo en el año 2019, de un congreso internacional médico en la ciudad.
Forma	• Podrá concertarse de forma verbal si su duración es inferior a 4 semanas. • Será obligatorio realizarlo por escrito si su duración es superior a 4 semanas o se realiza a tiempo parcial. • En el contrato, deberá constar con precisión y claridad la causa o circunstancia que lo justifique.
Duración	• La duración máxima de este contrato será de 6 meses dentro de un periodo de 12 meses a partir del momento en el que se produzca la circunstancia que lo motiva. • Los convenios colectivos podrán ampliar el periodo de referencia hasta los 18 meses y la duración máxima del contrato hasta los 12 meses o hasta tres cuartas partes del periodo de referencia que se fije. • El contrato podrá prorrogarse mediante acuerdo de las partes por una única vez, sin que la duración total del contrato pueda exceder de dicha duración máxima.
Jornada	Puede realizarse a tiempo completo o a tiempo parcial.
Indemnización	A la finalización del contrato, el trabajador debe recibir una indemnización de 12 días de salario por cada año de servicio o la parte proporcional según el tiempo trabajado.

CONTRATO TEMPORAL DE INTERINIDAD	
Finalidad	Se concierta para sustituir a trabajadores con derecho a reserva del puesto de trabajo (por ejemplo, un trabajador de baja por nacimiento de un hijo) o para cubrir temporalmente un puesto de trabajo, durante el proceso de selección que se realice para cubrir ese puesto de manera definitiva.
Forma	Siempre por escrito, identificando al trabajador sustituido y la causa de la sustitución y, en su caso, el puesto de trabajo cuya cobertura definitiva se producirá tras el proceso de selección, así como especificar la duración del contrato y el trabajo que ha de desarrollarse.
Duración	• La duración del contrato de interinidad será la del tiempo que dure la ausencia del trabajador sustituido con derecho a la reserva del puesto de trabajo. • Cuando el contrato se realice para cubrir temporalmente un puesto de trabajo durante el proceso de selección, la duración será la del tiempo que dure el proceso de selección para la cobertura definitiva del puesto, sin que pueda ser superior a 3 meses.
Jornada	A tiempo completo, aunque también podrá celebrarse a tiempo parcial cuando: • La persona que ha sido sustituida trabajase a tiempo parcial. • Se complete la jornada de un trabajador que haya reducido la suya.
Indemnización	Los contratos de interinidad no tienen derecho a indemnización por finalización de contrato.

Sabías que...

El Tribunal Superior de Justicia de la Unión Europea (TSJUE), en la sentencia del 5 de junio del 2018, rectificando el criterio de la sentencia del mismo tribunal del 14 de septiembre del 2016, establece que los interinos no tienen que ser indemnizados por fin de contrato.

CONTRATO DE RELEVO	
Finalidad	El contrato de relevo se concierta con un trabajador (relevista) para completar la jornada de un trabajador de la empresa (relevado) que se jubila parcialmente y se la reduce. El trabajador relevista debe estar inscrito como desempleado en la oficina de empleo o haber concertado con la empresa un contrato de duración determinada.
Forma	Se formalizará siempre por escrito en modelo oficial, en el que constarán necesariamente el nombre, la edad y las circunstancias profesionales del trabajador sustituido.
Duración	La duración del contrato será indefinida o igual a la del tiempo que le falte al trabajador sustituido para alcanzar la edad de jubilación.
Jornada	• El contrato de relevo podrá celebrarse a jornada completa o a tiempo parcial. • La duración de la jornada deberá ser, como mínimo, igual a la reducción de jornada acordada por el trabajador sustituido. • El horario de trabajo del relevista podrá completar el del trabajador sustituido o realizarse a la vez con él. • El puesto de trabajo del relevista podrá ser el mismo del trabajador sustituido o uno similar.
Extinción	El contrato se extinguirá cuando el trabajador sustituido se jubile totalmente.
Indemnización	A la finalización del contrato, el trabajador tendrá derecho a recibir una indemnización de 12 días de salario por cada año de servicio o la parte proporcional correspondiente por el tiempo trabajado.

Caso práctico resuelto 2.6

Indica el tipo de contrato temporal más adecuado en cada uno de los siguientes casos:

a) Una empresa ha recibido un enorme aumento de pedidos durante el mes de abril, por lo que ha decidido contratar a 2 conductores durante este mes.

b) Un hotel rural decide reformar el suelo de las habitaciones y necesita contratar para llevarlo a cabo a 5 albañiles.

c) Una empresa ha comenzado un proceso de selección para cubrir 2 puestos de auxiliar administrativo. Mientras finaliza la selección de los candidatos, ha decidido contratar temporalmente a 2 trabajadoras.

d) Carmen acaba de dar a luz a su primer hijo y ha comenzado a disfrutar de su periodo de descanso por nacimiento. La empresa ha decidido que contratará a otra trabajadora para sustituirla hasta que se reincorpore.

Solución:

a) Contrato eventual por exceso de pedidos, para cubrir el exceso de pedidos imprevisto, extraordinario y temporal en la actividad normal de la empresa.

b) Contrato por obra o servicio, para realizar la obra del suelo, de duración incierta, pero limitada en el tiempo.

c) Contrato de interinidad, para cubrir temporalmente los dos puestos de trabajo de auxiliar administrativo mientras la empresa selecciona los trabajadores o trabajadoras que cubrirán los puestos definitivamente.

d) Contrato de interinidad, para sustituir a la trabajadora, que tiene derecho a reserva del puesto de trabajo, mientras dure el periodo de descanso por nacimiento.

2.4.3. Contratos formativos

Los contratos que van a estudiarse a continuación están destinados a favorecer la inserción laboral de los más jóvenes. Existen los dos siguientes tipos de contratos formativos:

CONTRATO PARA LA FORMACIÓN Y EL APRENDIZAJE	
Finalidad	• Tiene por objeto conseguir que los trabajadores obtengan una cualificación profesional que les permita desempeñar un oficio, alternando una actividad laboral retribuida en una empresa con otra actividad formativa (formación teórica) en un centro educativo, público o privado, o bien en la misma empresa si está autorizada. • La formación teórica que reciban los trabajadores será la necesaria para obtener un título de formación profesional de grado medio o superior o un certificado de profesionalidad.
Forma	Deberán formalizarse por escrito el contrato y sus prórrogas.
Requisitos	• La edad de los trabajadores no será inferior a 16 años ni superior a 25 años. No existe límite de edad cuando se trate de personas con discapacidad, colectivos en situación de exclusión social o alumnado participante en proyectos de empleo y formación. • El trabajador o trabajadora no puede tener una titulación o certificación profesional reconocida por el sistema de formación profesional del sistema educativo o de formación profesional para el empleo requerida para un contrato en prácticas. • El trabajador o trabajadora no puede haber desempeñado la misma actividad con anterioridad en la misma empresa por un tiempo superior a 12 meses.
Duración	• La duración mínima del contrato será de 1 año y la máxima de 3 años. • Mediante convenio colectivo, podrá establecerse otra duración del contrato, sin que la duración mínima pueda ser inferior a 6 meses ni la máxima de 3 años (se pueden realizar prórrogas de 6 meses). • Finalizada la duración máxima de este contrato, el trabajador o trabajadora no podrá ser contratado bajo esta modalidad por la misma o distinta empresa, salvo que la formación del nuevo contrato tenga como objetivo la obtención de una cualificación distinta.
Jornada	• Debe realizarse solo a tiempo completo. • El tiempo de trabajo efectivo no podrá ser superior al 75 % de la jornada durante el primer año y al 85 % durante el segundo y tercer año de la jornada máxima prevista en el convenio colectivo o, en su defecto, de la jornada máxima legal. • Los trabajadores no podrán realizar horas extraordinarias (salvo las horas extras por fuerza mayor), ni trabajos nocturnos, ni trabajo a turnos.
Retribución	• El salario del trabajador o trabajadora será proporcional al tiempo de trabajo efectivo, de acuerdo con lo establecido en el convenio colectivo.

CONTRATO EN PRÁCTICAS	
Finalidad	Lograr que el trabajador o trabajadora adquiera la formación práctica adecuada a su nivel de estudios.
Forma	Deberá formalizarse por escrito y se harán constar expresamente la titulación del trabajador, la duración del contrato y el puesto de trabajo durante las prácticas.
Requisitos	• Poseer un título universitario o de formación profesional o un certificado de profesionalidad. • Que no hayan transcurrido más de 5 años desde la terminación de los estudios (7 años en el caso de trabajadores con discapacidad). Si el trabajador o trabajadora es menor de 30 años, no existe límite de tiempo para poder celebrar un contrato en prácticas desde la finalización de sus estudios.

CONTRATO EN PRÁCTICAS	
Duración	• Debe concertarse por un mínimo de 6 meses y un máximo de 2 años. • Si el contrato en prácticas se hubiese celebrado por un tiempo inferior a 2 años, se podrán realizar un máximo de 2 prórrogas de un mínimo de 6 meses cada una hasta alcanzar la duración máxima. • Ningún trabajador o trabajadora podrá estar contratado en prácticas en la misma o distinta empresa por un tiempo superior a 2 años en virtud de la misma titulación o el mismo certificado de profesionalidad.
Jornada	Puede realizarse a tiempo completo o a tiempo parcial.
Retribución	• La retribución del trabajador o trabajadora será la fijada en convenio colectivo, sin que pueda ser inferior el primer año al 60 % o al 75 % durante el segundo año del salario fijado en convenio para una persona que desempeñe el mismo o equivalente puesto de trabajo. En ningún caso el salario será inferior al salario mínimo interprofesional. • En el caso de trabajadores contratados a tiempo parcial, el salario se reducirá en proporción a la jornada realizada.

Caso práctico 2.13

Marcos González está realizando el módulo de FCT, del ciclo de Cocina y Gastronomía, en la empresa Foods, SL. La empresa está muy contenta con él y le han ofrecido un contrato en prácticas a jornada completa como jefe de cocina para los próximos 2 años. El salario para una persona que desempeña el mismo puesto a jornada completa, según el convenio colectivo, es de 1500 € al mes. Por otro lado, el salario mínimo interprofesional para el 2019 es de 900 € al mes.

a) ¿Puede Marcos realizar el contrato en prácticas inmediatamente?

b) Calcula el salario que debería cobrar como mínimo Marcos durante el primer y segundo año si tuviese un contrato en prácticas.

c) ¿Es correcta la duración del contrato en prácticas que le ofrece la empresa?

2.4.4. Contrato a tiempo parcial

En realidad, no se trata de un tipo de contrato, sino de un tipo de jornada, en este caso parcial, que puede aplicarse a cualquier modalidad de contrato, excepto al contrato para la formación y el aprendizaje, que siempre se realizará a jornada completa. A continuación, se estudiarán sus aspectos más destacables.

CONTRATO A TIEMPO PARCIAL	
Finalidad	El contrato de trabajo se entenderá celebrado a tiempo parcial cuando se haya acordado la prestación de servicios durante un número de horas al día, a la semana, al mes o al año inferior a la jornada de trabajo de un **trabajador o trabajadora a tiempo completo comparable.**
Forma	Escrita y en el modelo oficial establecido. Deben figurar el número de horas ordinarias de trabajo al día, a la semana, al mes o al año contratadas y su distribución.

CONTRATO A TIEMPO PARCIAL	
Duración	Puede ser temporal o indefinido.
Jornada	• La jornada diaria podrá realizarse de forma continuada o partida. • **Horas extraordinarias.** Los trabajadores a tiempo parcial no podrán realizar horas extraordinarias, salvo por fuerza mayor. • **Horas complementarias pactadas:** – El pacto sobre horas complementarias deberá realizarse por escrito indicando el número de horas cuya realización podrá ser exigida por el empresario. – Solo será posible en contratos a tiempo parcial, sean indefinidos o temporales, con una jornada de trabajo no inferior a 10 horas semanales de media en cómputo anual. – El trabajador o trabajadora deberá conocer el día y la hora de realización con 3 días de antelación. – Las horas complementarias se pagan como horas ordinarias (normales). • **Horas complementarias voluntarias:** – Solo serán posibles en contratos de trabajo a tiempo parcial por tiempo indefinido.

Caso práctico resuelto 2.7

María Dueñas es contratada a tiempo parcial por la empresa Limit, SL, para realizar el 50 % de la jornada completa diaria de la empresa, que es de 8 horas al día, de lunes a viernes. En el contrato, se incluye una cláusula para que María realice un determinado número de horas complementarias diarias.

a) ¿Qué número de horas va a ser la jornada de trabajo diaria de María?

b) ¿Se ha realizado de forma correcta el pacto de horas complementarias?

c) ¿Cómo se pagan las horas complementarias?

Solución:

a) Elisa realizará el 50 % de la jornada completa diaria de la empresa (8 horas), es decir, la jornada de Elisa a tiempo parcial será justo de la mitad: 4 horas diarias.

b) Sí, el pacto de horas complementarias es correcto porque se ha hecho por escrito y se ha indicado el número de horas.

c) Las horas complementarias se retribuyen como una hora de trabajo normal (ordinaria).

Caso práctico 2.14

Una empresa quiere contratar a un técnico superior en Agencias de Viajes y Gestión de Eventos de forma indefinida con una jornada de 4 horas al día de lunes a viernes. La jornada normal de la empresa es de 8 horas diarias de lunes a viernes.

a) ¿Qué tipo de contrato deberá realizar la empresa?

b) ¿Podría el trabajador realizar horas extraordinarias?

Sabías que...

Se entenderá por trabajador a tiempo completo comparable a un trabajador a tiempo completo de la misma empresa y centro de trabajo con el mismo tipo de contrato de trabajo y que realice un trabajo idéntico o similar.

2.5. ¿Qué es una ETT?

Una ETT es una empresa de trabajo temporal ¡Seguro que alguna vez has pensado en enviarle tu currículum! Este tipo de empresas están reguladas en la mayoría de los países de la Unión Europea y su finalidad es la de contratar a personas para cederlas a otras empresas (usuarias o clientes), para las que trabajarán con carácter temporal. El trabajador o trabajadora firma un contrato laboral con la ETT, que firma, a su vez, un contrato no laboral con la empresa usuaria, denominado *contrato de puesta a disposición*. El esquema de funcionamiento puede resumirse mediante la Figura 2.7.

Figura 2.7. Funcionamiento de una ETT.

Las características de la contratación de una ETT son las siguientes:

CARACTERÍSTICAS DE LA CONTRATACIÓN DE UNA ETT	
Modalidades de contratos	• Indefinido. • Contratos temporales: obra o servicio, eventual por circunstancias de la producción y de interinidad, en prácticas o para la formación y el aprendizaje.
Forma	Siempre por escrito.
Salario	El trabajador o trabajadora recibirá el mismo salario que esté recibiendo un trabajador de la empresa usuaria que esté realizando su misma actividad y esté contratado bajo su misma categoría o grupo profesional.
Convenio aplicable	Se aplicará el convenio colectivo de la empresa usuaria.
Responsabilidades de la ETT	• Abonar el salario. • Cotizar por el trabajador a la Seguridad Social. • Aplicar sanciones disciplinarias al trabajador. • Formar a los trabajadores cuando se realicen contratos para la formación y el aprendizaje. • Abonar al trabajador a la finalización del contrato una indemnización de 12 días de salario por año de servicio, que podrá ser prorrateada durante la vigencia del contrato. • Destinar el 1 % de la masa salarial a la formación de las personas cedidas.
Responsabilidad de la empresa usuaria	• Informar al trabajador sobre los riesgos de su puesto de trabajo y las medidas de prevención y protección que deberá adoptar. • Tiene el poder de dirección y de organización de la actividad laboral. • Responder subsidiariamente de las obligaciones contraídas con el trabajador en materia salarial, de Seguridad Social e indemnización por extinción de contrato.
Limitaciones	Se podrán celebrar contratos de puesta a disposición para realizar trabajos considerados como peligrosos, excepto cuando existan radiaciones, agentes biológicos, agentes cancerígenos o tóxicos para la reproducción. Tampoco podrán ser contratadas personas para sustituir a otros trabajadores en huelga o para cederlas a otra ETT. No se podrán realizar contratos de puesta a disposición con la Administración para realizar tareas encomendadas por ley a funcionarios.

Comprueba lo que has aprendido

Una vez finalizada la unidad, Beatriz y Mario están ante un nuevo reto y necesitan tu ayuda. ¿Te animas a participar?

1. Luisa Castro Grande es técnica en farmacia y parafarmacia, ha sido contratada mediante un contrato de interinidad por la empresa Temporing, SA, una empresa de trabajo temporal, para ser cedida a la empresa Farmacia Robles, SL.
   a) Realiza un esquema donde queden identificados la trabajadora, la ETT y la empresa usuaria.
   b) ¿Qué empresa deberá abonar el sueldo a Luisa?
   c) ¿Quién puede sancionar a Luisa si comete alguna infracción?
   d) ¿Qué empresa será la encargada de informar y formar a Luisa en materia de prevención de riesgos laborales?
2. Temporing, SA, y Farmacia Robles, SL, han firmado el contrato de puesta a disposición. Mientras que Luisa tiene que formalizar un contrato temporal de interinidad, que firmará el 2 de noviembre del 2020, con la empresa Temporing, SA. Con los datos siguientes:

DATOS DE LA EMPRESA	
Nombre:	Temporing, SA
NIF:	B41512708
Domicilio social:	C/ Ramón y Cajal, 8
Localidad:	Sevilla
Código postal:	41018
Actividad económica:	Venta de productos farmacéuticos
Datos de la cuenta de cotización: • Régimen general: 0111 • Código de cuenta de cotización: 41/1207735/09	
Directora de recursos humanos que realiza el contrato por parte de la empresa: Gema Ruiz Solano con NIF 28776717S	

DATOS DEL TRABAJADOR	
Nombre:	Luisa Castro Grande
DNI:	28564377A
Número de afiliación a la Seguridad Social:	41/10883233/85

DATOS DEL TRABAJADOR	
Grupo profesional:	Personal técnico
Puesto de trabajo:	Técnico en farmacia y parafarmacia
Fecha de nacimiento:	2/10/1998
Luisa no está admitida en el Programa de Activación para el Empleo	

CONDICIONES DEL CONTRATO	
Salario mensual	Según convenio.
Periodo de prueba	Un mes.
Vacaciones	Según convenio.
Jornada	Completa, de 40 horas semanales, de lunes a viernes.
Duración	16 semanas, desde el 2 de noviembre del 2020 al 21 de febrero del 2021.
Centro de trabajo	C/ Ramón y Cajal, 8 (Sevilla).
Convenio colectivo aplicable	XXV Convenio colectivo para oficinas de farmacia 2017-2019.
El contrato de trabajo se comunicará al Servicio Público de Empleo de Sevilla-Luis Montoto.	

a) ¿Es posible contratar a Luisa para sustituir a la empleada de la farmacia?

b) ¿Es correcta esa jornada laboral?

c) ¿Tendrá Luisa derecho a 15 minutos de descanso en su jornada laboral?

d) ¿Puede Luisa realizar horas extras?

e) ¿Es correcto el periodo de prueba establecido en el contrato?

f) La trabajadora a la que va a sustituir Luisa está disfrutando del descanso por nacimiento de 16 semanas, ¿qué tipo de reducción de jornada puede solicitar cuando acabe el mencionado permiso?

g) En el caso de solicitar la reducción de jornada, ¿se podría prorrogar el contrato a Luisa?

h) El objetivo principal de este apartado es saber cumplimentar un contrato de trabajo, para hacerlo es necesario contar con el modelo oficial del contrato, que podrás descargar de la página web del Servicio Público de Empleo Estatal (SEPE): www.sepe.es. Realiza el contrato de Luisa con los datos anteriores.

Actividades finales

1. La jornada laboral y el horario laboral

2.1. Inma trabaja como vendedora en unos grandes almacenes y tiene una jornada partida con hora y media para comer. ¿Puede realizar la pausa para el café a media mañana? Razona tu respuesta.

2.2. Anabel trabaja de martes a sábado en una tienda de moda. Su horario es de 10.00 h a 13.30 h por la mañana y de 19.00 h a 23.00 h. ¿Son correctos este horario y esta jornada?

2. Reducción de jornada

2.3. Rafa acaba de ser padre. Su hija ha nacido prematuramente y debe permanecer hospitalizada durante un tiempo. ¿Tiene alguna posibilidad Rafa de ausentarse del trabajo para atender a su hija?

2.4. Lidia y Ángel han tenido un hijo, ¿sabrías explicar cómo pueden disfrutar del permiso para el cuidado del lactante? ¿Es acumulable?

3. Horas extraordinarias

2.5. Consulta en el convenio colectivo de tu sector cómo se compensa la realización de horas extraordinarias.

2.6. Luis es técnico en carrocería y trabaja a tiempo completo en un taller de lunes a viernes de 8.00 h a 17.00 h. El jefe le ha pedido que se quede esta semana una hora más para terminar todos los encargos antes de que inicie su periodo de vacaciones. Como es la primera vez que a Luis se le plantea esta situación, no sabe muy bien a qué atenerse. Su contrato no contempla la realización de horas extraordinarias y el convenio no especifica ningún sistema de compensación por realizarlas. ¿Está Luis obligado a trabajar estas horas extraordinarias? ¿Por qué? En caso de llevarlas a cabo, ¿cómo pueden compensarlo?

4. Permisos laborales

2.7. Pon la letra que corresponda de cada permiso retribuido con su duración:

a	Felipe se ha casado.
b	Cuidado del lactante.
c	Berta se cambia de domicilio.
d	Roberto ha sido convocado para asistir a un juicio.
e	Ha fallecido el abuelo de Luis en otra localidad.
f	Auxi tiene que hacer el curso de preparación al parto.
g	Extinción de contrato por causa objetiva.
h	Alonso vive en Sevilla y tiene hospitalizada a su tía, hermana de su madre, en Cádiz.
i	Realizar funciones sindicales.
j	Gloria va a votar en las elecciones sindicales.

	4 días.
	El tiempo indispensable.
	15 días naturales.
	Ningún día.
	El tiempo indispensable.
	El tiempo indispensable.
	1 día.
	Depende del número de trabajadores que haya en la empresa.
	1 hora diaria de ausencia.
	6 horas semanales en el preaviso.

2.8. Álvaro y Lourdes son padres de una niña de 4 meses y trabajan en empresas diferentes. ¿Pueden ambos acogerse al permiso para el cuidado del lactante? Explícalo brevemente.

5. Vacaciones

2.9. Rodrigo lleva todo el año planificando sus vacaciones de verano, pero, cuando le faltan solo 5 días para empezar a disfrutarlas, tropieza en la oficina y sufre un esguince en el tobillo. El médico le ha inmovilizado el pie con una férula y le prescribe 15 días de baja laboral. Está desesperado, pues cree que va a perder 10 días de sus vacaciones. ¿Tiene motivos para preocuparse? ¿Por qué?

2.10. Fernanda trabaja como auxiliar de clínica en un hospital. Le quedan por disfrutar 5 días de vacaciones y ha pensado aplazar su disfrute para el siguiente año, pues va a casarse y quisiera unirlos con el permiso por matrimonio.

a) ¿Es posible lo que pretende Fernanda? ¿Por qué?

b) ¿Cuántos días de permiso por matrimonio le corresponden?

2.11. Consulta de nuevo el convenio colectivo aplicable a tu sector profesional y realiza un estudio comparativo entre este y lo estudiado en la unidad, indicando si se mejoran o igualan los siguientes aspectos:

a) La jornada laboral diaria, semanal y anual. Si esta es continuada o partida.

b) Los descansos semanales y entre jornadas.

c) Los permisos retribuidos y las vacaciones.

d) El régimen de trabajo a turnos y nocturno.

6. El contrato de trabajo

2.12. La empresa Fideon, SL, contrata a Luis Marín como topógrafo con un contrato en prácticas por el que recibirá 1000 € mensuales. Identifica y analiza los elementos esenciales del contrato de trabajo.

2.13. Pedro, natural de Valencia, tiene 16 años y está emancipado. La empresa Fiscal, SL, quiere contratarlo de manera temporal.

a) ¿Podrá Pedro formalizar el contrato?

b) Si Pedro no hubiese estado emancipado, ¿qué hubiese necesitado para celebrar válidamente el contrato?

c) En el caso en que finalmente pudiese ser contratado, ¿podrá realizar horas extraordinarias?

d) Si Pedro fuese colombiano, ¿necesitaría algún requisito para poder realizar el contrato?

7. El periodo de prueba

2.14. Pilar González ha sido contratada como contable por una empresa de venta de muebles y, en el contrato que ha firmado, le han incluido un periodo de prueba de 5 meses, pero el convenio colectivo no recoge nada de la duración del periodo. Mientras esté a prueba, va a ganar 150 € menos de salario.

a) ¿Es correcta la duración del periodo de prueba que ha establecido la empresa?

b) ¿Puede la empresa pagar menos salario a Pilar durante el tiempo que dure el periodo de prueba?

c) Pilar decide el segundo mes no continuar trabajando en la empresa, ¿debe preavisar a la empresa unos días antes?

2.15. Juan es técnico en cocina y gastronomía y va a comenzar a trabajar de nuevo en la empresa Return, SA, donde ya estuvo trabajando hace 8 años en el mismo puesto. La empresa le ha ofrecido un contrato indefinido ordinario con un periodo de prueba de 3 meses, tal como establece el convenio colectivo. ¿Puede la empresa fijar un periodo de prueba en el contrato de Juan? ¿Por qué?

8. Modalidades de contratos

2.16. Copia la siguiente tabla y establece las diferencias entre el contrato en prácticas y el contrato para la formación y el aprendizaje:

	CONTRATO EN PRÁCTICAS	CONTRATO PARA LA FORMACIÓN Y EL APRENDIZAJE
Titulación necesaria		
Edad		
Duración		
Jornada		
Retribución		

2.17. La empresa Ginomer, SA, va a contratar a Miguel Puerta para sustituir a Mercedes Lomera, que está disfrutando de su permiso por maternidad.

a) ¿Qué contrato debe realizar la empresa a Miguel Puerta?

b) ¿Cuál será la duración del contrato?

c) ¿Tiene Miguel derecho a indemnización a la finalización del contrato?

2.18. Clara Rodríguez, de 19 años y titulada en ESO, ha firmado un contrato con una cadena de restaurantes que le va a proporcionar la formación necesaria para lograr el título de Técnica en Cocina y Gastronomía mientras realiza un trabajo retribuido en la empresa relacionado con dicha formación. El 25 % de la jornada se destinará a formación y el resto a trabajo efectivo. Los compañeros y compañeras que realizan sus mismas funciones a jornada completa cobran 1000 € al mes.

a) ¿Qué contrato debe hacerse a Clara?

b) ¿Podrá realizarse el contrato a tiempo parcial?

c) ¿Qué retribución deberá recibir Clara?

2.19. Identifica los contratos más adecuados que deben realizarse en cada una de las siguientes situaciones:

a) Se quiere contratar a dos electricistas para renovar la instalación eléctrica de una agencia de viajes.

b) Se necesita contratar a un trabajador temporalmente mientras dure el proceso de selección para cubrir definitivamente el puesto de trabajo vacante.

c) Se quiere contratar a cinco personas en un hotel de Barcelona para reforzar la plantilla por la enorme acumulación de tareas como consecuencia de la celebración del Campeonato Mundial de Atletismo en la ciudad.

d) Unos grandes almacenes desean contratar, durante 2 años, a un técnico en actividades comerciales que acaba de finalizar su ciclo para realizar un trabajo relacionado con su título.

e) Se necesita contratar una técnica informática para instalar un nuevo programa informático de gestión contable en una asesoría.

2.20. Mercedes Ramírez González, de 21 años, es técnica superior en *marketing* y publicidad y ha firmado un contrato en prácticas de un año de duración con la empresa Turbo, SA. Trabajará a jornada completa como oficiala administrativa y ganará un salario de 780 € al mes durante el año de contrato. El convenio colectivo establece para su grupo profesional un salario de 1200 € mensuales.

a) ¿Cumple Marisa todos los requisitos para que pueda ser contratada en prácticas? Razona tu respuesta.

b) Teniendo en cuenta que el salario mínimo interprofesional para el año 2019 es de 900 € al mes, ¿es correcto el salario que va a recibir Marisa?

c) ¿Es correcta la duración del contrato? ¿Cuál podría ser la duración máxima?

d) ¿Podría la empresa prorrogar el contrato a Marisa?

9. Las empresas de trabajo temporal

2.21. Una empresa de ambulancias ha organizado un proceso de selección para cubrir una vacante de conductor de ambulancias. Mientras realiza las pruebas selectivas, necesita cubrir temporalmente el puesto vacante, así que recurre a una ETT y contratan a Francisco Pérez. ¿Qué tipo de contrato deberá realizar a Francisco Pérez? Explica cómo sería esa relación laboral.

Una vez finalizada la obra objeto del contrato, la empresa encomienda a Francisco nuevas tareas. ¿En qué situación laboral se encontraría Francisco?

Notas de prensa

Los trabajadores que quedan fuera del registro de la jornada laboral y otras dudas que Trabajo trata de resolver

Un día después de su entrada en vigor, y tras dos meses de su aprobación por real decreto, el Ministerio de Trabajo ha publicado este lunes una guía sobre el registro diario obligatorio de la jornada laboral. El documento, de diez páginas, especifica algunos trabajadores a los que no se aplica este control horario, como aquellos que forman parte de la alta dirección, y recoge otras dudas sobre su aplicación, como qué empresa debe cumplir con este mandato en el caso de los empleados subcontratados o aquellos que dependan de una Empresa de Trabajo Temporal (ETT).

Trabajo recuerda «el registro horario se aplica a la totalidad de trabajadores, al margen de su categoría o grupo profesional, a todos los sectores de actividad y a todas las empresas, cualquiera que sea su tamaño u organización del trabajo, siempre y cuando estén incluidas en el ámbito de aplicación que define el artículo 1 del Estatuto de los Trabajadores».

Así, dentro de la obligación del control diario del inicio y final de la jornada laboral sitúa a los «trabajadores *móviles*, comerciales, temporales, trabajadores a distancia o cualesquiera otras situaciones en las que la prestación laboral no se desenvuelve, total o parcialmente, en el centro de trabajo de la empresa». Es decir, el teletrabajo debe acogerse al registro diario.

Fuente: eldiario.es, Laura Olías (13 de mayo del 2019).

a) En caso de trabajadores cedidos por una ETT, ¿quién está obligado a llevar el registro de la jornada?

b) ¿Cuánto tiempo debe guardar la empresa el registro que, además, debe estar a disposición del trabajador o trabajadora y la representación sindical de los empleados?

Videoteca laboral

Visualizad en el aula el vídeo *Plan de Igualdad en las Empresas.*

https://www.youtube.com/watch?v=9OU2QtfwlDc

Realiza, a continuación, las siguientes actividades:

- Define la palabra *prejuicio* e indica alguno que creas que existe en la sociedad. ¿Por qué crees que existen?
- Explica qué entiendes por *igualdad de oportunidades* y qué ventajas tiene.
- ¿Qué norma ha impulsado la implantación de los planes de igualdad en las empresas? ¿Qué empresas están obligadas a implantarlos?
- ¿Qué es un plan de igualdad? ¿Para qué sirve?
- En los contenidos que has estudiado, ¿hay alguna medida que promueva la igualdad entre los trabajadores y las trabajadoras?
- Dibuja el logo del distintivo Igualdad en la Empresa.
- Busca información sobre las ventajas que tiene para una empresa conseguir este distintivo.

Unidad 3

Modificación, suspensión y extinción del contrato de trabajo

Unidad 3

Modificación, suspensión y extinción del contrato de trabajo

¿Pueden cambiar las condiciones pactadas en el contrato de trabajo?

Contenidos

Objetivos

- Reconocer los diferentes tipos de modificaciones del contrato de trabajo que se pueden efectuar por parte de la empresa.
- Diferenciar y conocer las causas y los efectos de los distintos tipos de suspensión del contrato de trabajo.
- Conocer y comprender las causas y los efectos de las diferentes formas de extinción contractual.
- Describir el proceso de actuación del trabajador o trabajadora en caso de despido.
- Identificar y calcular los diferentes elementos que componen un finiquito.

3.1. ¿Qué cambios pueden producirse en las condiciones del contrato de trabajo?

A lo largo de una relación laboral, pueden producirse cambios en las condiciones laborales pactadas que pueden afectar a la duración del contrato, a la jornada laboral, al lugar de trabajo o al contenido de la tarea, entre otros. Las posibles modificaciones se recogen en la Figura 3.1.

Figura 3.1. Modificaciones del contrato de trabajo.

Sabías que...

Aunque la tendencia tradicional es asignar a un trabajador un determinado trabajo o función según, normalmente, su cualificación y capacidad, los directivos de las empresas tienen la potestad de poder alterar esta regularidad en el desempeño de una determinada tarea y diversificar la actividad de un trabajador según los objetivos que se persigan en cada momento.

3.1.1. Movilidad funcional

La movilidad funcional se produce cuando la empresa ordena al trabajador o trabajadora la realización de funciones distintas de aquellas para las que fue contratado. Para que esto ocurra, deben cumplirse dos condiciones:

1. Que el trabajador o trabajadora tenga la titulación necesaria para realizar las nuevas funciones que se le asignen.
2. Que la movilidad no suponga un menoscabo de la dignidad de la persona contratada.

La movilidad funcional se puede producir de dos formas:

<table>
<tr><th colspan="3">CLASES DE MOVILIDAD FUNCIONAL (ARTÍCULO 39 DEL ET)</th></tr>
<tr><th>Dentro del mismo grupo profesional</th><th colspan="2">Fuera del grupo profesional</th></tr>
<tr><td rowspan="3">El trabajador/a realiza indefinidamente tareas diferentes de su grupo profesional por decisión de la empresa y debe aceptarlo.
Derechos del trabajador/a:
• Seguir cobrando el mismo sueldo.</td><td>Ascendente: el trabajador/a realiza funciones de nivel superior a su grupo profesional.</td><td>Descendente: el trabajador/a realiza funciones de nivel inferior a su grupo profesional.</td></tr>
<tr><td>Derechos del trabajador/a:
• Cobrar el salario correspondiente a la categoría superior desde el primer día.
• Reclamar el ascenso cuando haya realizado esas funciones durante un periodo de 6 meses en un plazo de 1 año, de 8 meses en un plazo de 2 años o según el convenio colectivo.
• Si la empresa se niega a realizar el ascenso, lo puede reclamar ante el Juzgado de lo Social.</td><td>Derechos del trabajador/a:
• Mantener el mismo sueldo que estaba percibiendo.</td></tr>
<tr><td colspan="2">• Este tipo de movilidad funcional solo podrá realizarse si se basa en la existencia de razones económicas, técnicas, organizativas o de producción que la justifiquen y por el tiempo imprescindible.
• La empresa deberá comunicar su decisión y las razones de esta a los representantes de los trabajadores.</td></tr>
</table>

Caso práctico resuelto 3.1

Alfonso trabaja en una asesoría laboral. Es jefe de área y ha sufrido un accidente que le va a impedir asistir al trabajo durante al menos 1 mes. La dirección de la empresa encarga a Berta, auxiliar administrativa con 5 años en la empresa, que asuma las funciones de Alfonso. Analiza el tipo de movilidad y sus consecuencias.

Solución:

Se trata de una movilidad funcional ascendente que está justificada por razones organizativas, por lo que será por el tiempo imprescindible. Berta debe tener la titulación exigida para el puesto y la empresa deberá comunicar su decisión y las razones de esta a los representantes de los trabajadores. Desde el primer día, Berta cobrará el mismo salario que cobraba Alfonso.

Sabías que...

Para evitar el **comportamiento fraudulento** de la empresa, no se permite echar a una persona por despido objetivo de ineptitud sobrevenida o de falta de adaptación en los supuestos de realización de tareas diferentes a las habituales.

3.1.2. Movilidad geográfica

Se produce cuando los trabajadores deben prestar sus servicios en un centro de trabajo distinto del que figura en su contrato laboral. La movilidad geográfica solo puede aplicarla la empresa cuando existan razones económicas, técnicas, organizativas o de producción que lo justifiquen.

Es importante distinguir entre traslados y desplazamientos.

<table>
<tr><th colspan="3">MOVILIDAD GEOGRÁFICA (ARTÍCULO 40 DEL ET)</th></tr>
<tr><th>Tipo</th><th>Traslado</th><th>Desplazamiento</th></tr>
<tr><td>Definición</td><td>• El traslado es definitivo e implica un cambio de residencia.
• Se entiende que es definitivo cuando el traslado excede de 12 meses en un periodo de 3 años.</td><td>• El desplazamiento es temporal.
• A veces puede exigir residir en una población distinta de la habitual.</td></tr>
<tr><td>Procedimiento</td><td>• Traslado individual: hay que comunicárselo al trabajador/a y a sus representantes legales por lo menos 30 días antes de producirse.
• Traslado colectivo: se tiene que abrir un periodo de consulta con los representantes de los trabajadores de 15 días.
Si no hay acuerdo, la empresa comunicará su decisión de efectuar el traslado y los representantes de los trabajadores pueden presentar una reclamación ante el Juzgado de lo Social por conflicto colectivo.</td><td>Desplazamientos superiores a 3 meses: tienen que comunicarse al trabajador/a con 5 días laborables de antelación.
El trabajador/a recibirá una compensación por los gastos de viaje y las dietas.
Podrá disfrutar de un permiso de 4 días laborables por cada 3 meses de desplazamiento.</td></tr>
<tr><td rowspan="2">Efectos</td><td>Ante un traslado, el trabajador/a tiene tres opciones:
1. Aceptarlo y recibir una compensación por los gastos de su traslado y el de su familia.
2. Extinguir el contrato de trabajo, recibiendo una indemnización de 20 días de salario por año de servicio, con un máximo de 12 mensualidades.
3. Trasladarse y recurrir posteriormente, si no se está de acuerdo con este, ante el Juzgado de lo Social en un plazo de 20 días hábiles desde su comunicación.</td><td>En el desplazamiento, el trabajador/a tiene dos opciones:
1. Aceptarlo y cobrar los gastos de viajes y las dietas.
2. Desplazarse y recurrir posteriormente, si no se está de acuerdo con el desplazamiento, ante el Juzgado de lo Social.</td></tr>
<tr><td colspan="2">4. Si, por sentencia judicial, la movilidad geográfica se declara injustificada, el trabajador tiene derecho a reincorporarse a su centro de origen. Si la empresa se niega, el trabajador puede solicitar la extinción del contrato recibiendo una indemnización de 33 días de salario por año de servicio hasta un máximo de 24 meses.</td></tr>
</table>

Concepto clave

Se considera **traslado colectivo** el que afecta a la totalidad del centro de trabajo, siempre que tenga más de 5 trabajadores o cuando, en un periodo de 90 días, afecte al siguiente número de trabajadores:

TRABAJADORES EN PLANTILLA	TRABAJADORES AFECTADOS POR EL TRASLADO
Menos de 100	10
Entre 100 y 300	El 10 % de la plantilla
Más de 300	30

3.1.3. Modificación sustancial

La modificación sustancial es un cambio importante realizado por la empresa sobre las condiciones pactadas en el contrato de trabajo. Para llevarla a cabo, deben existir probadas razones económicas, técnicas, organizativas o de producción que las justifiquen. Estas razones se encuentran relacionadas con la competitividad, la productividad o la organización técnica del trabajo en la empresa.

Se consideran modificaciones sustanciales de las condiciones de trabajo, entre otras, las que afectan a las siguientes materias:

- Jornada de trabajo.
- Horario y distribución del tiempo de trabajo.
- Régimen de trabajo a turnos.

- Sistema de remuneración y cuantía salarial.
- Sistema de trabajo y rendimiento.
- Cambio de funciones que exceda de los límites permitidos por la movilidad funcional.

Estas modificaciones pueden ser individuales o colectivas, según afecten a una persona o a varias respectivamente:

MODIFICACIÓN SUSTANCIAL (ARTÍCULO 41 DEL ET)

Tipo	Individual	Colectiva
Definición	Cuando se modifican las condiciones de trabajo que disfrutan los trabajadores a título individual.	Cuando se modifican las condiciones de trabajo reconocidas a un colectivo de trabajadores.
Procedimiento	Debe notificarse al trabajador/a y a sus representantes legales con una antelación de 15 días.	Se abre un periodo de consulta con los representantes de los trabajadores de 15 días.
Efectos	**Opciones del trabajador/a**	**Opciones del trabajador/a**
	Aceptar la modificación.	
	No aceptarla y recurrirla en el plazo de 20 días hábiles ante el Juzgado de lo Social. Si el juez estima que está injustificada, el trabajador volverá a tener sus condiciones anteriores.	No aceptarla y reclamar en conflicto colectivo, lo que paralizará la tramitación de las acciones individuales iniciadas.
	Extinguir individualmente el contrato (excepto en las modificaciones del sistema de trabajo y rendimiento) con una indemnización de 20 días de salario por año de servicio, hasta un límite de 9 mensualidades.	

Sabías que...

Las medidas para la conciliación de la vida laboral y familiar relacionadas con la movilidad geográfica son las siguientes:

- Si, por traslado, uno de los cónyuges cambia de residencia, el otro, si trabajase en la misma empresa, tendría derecho al traslado a la misma localidad, si hubiera vacante.
- La trabajadora víctima de violencia de género que tenga que abandonar su puesto y cambiar de localidad tendrá derecho preferente a ocupar otro puesto de trabajo que la empresa tenga vacante en uno de sus centros laborales.

Caso práctico 3.1

Ana trabaja como recepcionista en un hotel desde hace 5 años. La empresa decide trasladarla de forma definitiva a un nuevo hotel situado en otra provincia, por lo que Ana deberá cambiar su lugar de residencia. La trabajadora mantiene el salario, el horario y las demás condiciones laborales. La empresa justifica el traslado por motivos organizativos debidos a la apertura de un nuevo hotel.

a) Señala si se trata de un traslado, un desplazamiento o una modificación sustancial de las condiciones de trabajo.

b) ¿Qué opciones tiene la trabajadora?

Caso práctico 3.2

Sergio trabaja desde hace 2 años en una empresa de informática. La empresa, por razones técnicas y organizativas, decide cambiar la jornada continua a una jornada partida. Sergio se siente perjudicado y decide extinguir su contrato. ¿Tiene derecho a recibir una indemnización?

Importante

Durante la suspensión, el trabajador o trabajadora no cobra de la empresa, pero sí puede recibir una retribución por parte de la Seguridad Social, por ejemplo, en el caso de la suspensión por nacimiento y cuidado del menor.

3.2. ¿Cómo se produce la suspensión del contrato de trabajo?

La suspensión del contrato se produce cuando una persona tiene **temporalmente** que dejar de trabajar por alguna de las causas establecidas en el Estatuto de los Trabajadores.

Con la suspensión, cesan las obligaciones principales derivadas del contrato: la persona no trabaja y la empresa no tiene que pagar el salario.

Cuando cesen las causas legales de suspensión, el trabajador o trabajadora tendrá derecho a volver a su puesto de trabajo en las mismas o similares condiciones, excepto cuando la suspensión se efectúe de mutuo acuerdo o por causas especificadas en el contrato; en estos casos, dependerá de lo que se haya pactado.

Las causas para que se produzca la suspensión incluyen importantes medidas para la conciliación de la vida laboral y familiar como, por ejemplo, el permiso por nacimiento y cuidado del menor.

CAUSAS DE SUSPENSIÓN (ART. 45)	EFECTOS (ART. 48)
Por mutuo acuerdo o por pacto válido en el contrato	Según lo pactado.
Incapacidad temporal del trabajador	• **Duración:** hasta que se produzca el alta por curación. • Retribuida por la Seguridad Social.
Ejercicio de cargo público representativo o sindical	• **Duración:** hasta que cese en el cargo. • **Incorporación a su trabajo:** en un plazo máximo de 30 días después del cese.
Riesgo durante el embarazo y durante la lactancia natural de un menor de 9 meses	• **Duración:** hasta que se produzca el parto o hasta que el menor cumpla los 9 meses, respectivamente, o cuando la trabajadora esté en condiciones para reincorporarse al trabajo. • Retribuida por la Seguridad Social.
Privación de libertad del trabajador/a mientras no exista sentencia condenatoria	Hasta la sentencia condenatoria, cuando podrá ser despedido por faltas repetidas, aunque justificadas al trabajo.
Suspensión de empleo y sueldo por razones disciplinarias	El tiempo estipulado en el convenio.
Expediente de Regulación Temporal de Empleo (ERTE) de suspensión de contrato (art. 47.1 ET)	• El contrato se suspende **temporalmente** debido a una fuerza mayor (incendio, inundación, crisis sanitaria, etc.) o por causas económicas, técnicas, organizativas o de producción. • Los trabajadores se reincorporarán a su trabajo cuando cese la causa que lo originó. • El trabajador tiene derecho a cobrar la prestación por desempleo: el 70 % de la base reguladora durante los primeros 180 días, y un 50 % a partir del día 181, siempre que cumpla los requisitos legales.

<table>
<tr><th>CAUSAS DE SUSPENSIÓN (ART. 45)</th><th colspan="3">EFECTOS (ART. 48)</th></tr>
<tr><td>Ejercer el derecho a huelga</td><td colspan="3">• Duración: hasta que termine la huelga.
• El trabajador no cobra salario ni prestación por desempleo.</td></tr>
<tr><td>Cierre legal de la empresa</td><td colspan="3">No se cobra salario mientras dure la suspensión.</td></tr>
<tr><td>Acreditar la condición de víctima de violencia de género</td><td colspan="3">Duración: 6 meses. Prorrogables por periodos de 3 meses, hasta un máximo de 18 meses, si el juez así lo requiere.</td></tr>
<tr><td>Por nacimiento y cuidado de menor</td><td rowspan="2">Desde el 1 de enero de 2021</td><td>La misma prestación para la madre biológica y el otro progenitor</td><td>Duración: 16 semanas.
Parte obligatoria: las 6 semanas inmediatamente posteriores al parto deben ser disfrutadas de manera obligatoria, ininterrumpida y a jornada completa. La madre biológica puede anticipar hasta 4 semanas, antes de la fecha previsible del parto.
Parte voluntaria: las 10 semanas restantes son voluntarias, por lo que tanto la madre como el otro progenitor podrían renunciar a su disfrute. Si decide disfrutarlas, podrá hacerlo de manera continuada al periodo obligatorio o interrumpida, en periodos semanales, en régimen jornada completa o parcial (previo acuerdo con la empresa), desde la finalización del periodo obligatorio hasta los 12 meses del hijo/a.</td></tr>
<tr><td>Por adopción, guarda con fines de adopción o acogimiento</td><td>Progenitor A + progenitor B</td><td>Duración total para cada progenitor: 16 semanas. Las 6 semanas inmediatamente posteriores a la fecha de la resolución judicial por la que se constituye la adopción o la decisión administrativa de guarda con fines de adopción o acogimiento deben ser disfrutadas de manera obligatoria, ininterrumpida y a jornada completa.
Las 10 semanas restantes son voluntarias. Si deciden disfrutarlas, podrán hacerlo de forma acumulada o interrumpida, en periodos semanales, a jornada completa o parcial (previo acuerdo con la empresa), dentro de los 12 meses siguientes a la resolución judicial o decisión administrativa.</td></tr>
<tr><td colspan="4">En todos los casos anteriores por nacimiento, guarda, acogimiento y cuidado de menor, debe tenerse presente:
• En los casos de nacimiento, adopción o acogimiento múltiples por cada hijo/a distinto del primero, los permisos tendrán una duración adicional de 2 semanas, una para cada uno de los progenitores.
• El trabajador comunicará el ejercicio de cualquiera de estos derechos a la empresa con 15 días como mínimo de antelación.
• Todos los descansos por nacimiento y cuidado de menor serán retribuidos por la Seguridad Social si se cumplen los requisitos necesarios.</td></tr>
</table>

3.2.1. La excedencia

La excedencia es una causa de suspensión del contrato de trabajo a iniciativa del trabajador o trabajadora. Durante la excedencia, los trabajadores no reciben ningún salario. Puede tener diferentes modalidades, tal y como se muestra a continuación.

MODALIDADES DE EXCEDENCIA (ARTÍCULO 46 DEL ET)		
Voluntaria	**Motivo:** necesidad del trabajador/a. **Requisito:** pueden solicitarla los empleados con al menos 1 año de antigüedad en la empresa. **Duración:** desde un mínimo de 4 meses a un máximo de 5 años.	**Efectos:** • No computa como antigüedad. • No se reserva el puesto, solo hay preferencia para el ingreso en un puesto vacante. • Podrá volver a ejercitarse transcurridos 4 años.
Forzosa	**Motivo:** • Por la designación o elección para un cargo público que imposibilite la asistencia al trabajo. • Para ejercer funciones sindicales de ámbito provincial o superior. **Duración:** mientras dure el ejercicio del cargo público o sindical.	**Efectos:** • Cuenta como antigüedad. • Se reserva el puesto de trabajo. • El reingreso deberá ser solicitado dentro del mes siguiente al cese en el cargo público.
Cuidado de hijos	**Motivo:** para atender al cuidado de cada hijo, tanto biológico como por adopción o en acogimiento permanente o preadoptivo. Pueden solicitarla el padre y la madre, fraccionada o simultáneamente. **Duración:** 3 años como máximo.	**Efectos:** • Computa como antigüedad y se tiene derecho a asistir a los cursos de formación. • Se reserva el puesto solo durante 1 año. Transcurrido dicho plazo, la reserva quedará referida a un puesto de trabajo del mismo grupo profesional o categoría equivalente.
Cuidado de familiares	**Motivo:** para atender al cuidado de un familiar hasta el segundo grado de consanguinidad o afinidad que, por razones de edad, accidente, enfermedad o discapacidad, no pueda valerse por sí mismo y no desempeñe actividad retribuida. **Duración:** 2 años como máximo.	**Efectos:** • Computa como antigüedad y se tiene derecho a asistir a los cursos de formación. • Se reserva el puesto de trabajo solo 1 año. Transcurrido dicho plazo, la reserva quedará referida a un puesto de trabajo del mismo grupo profesional o categoría equivalente.

En estas dos últimas excedencias, si el que las solicita es miembro de familia numerosa, el puesto se reservará de 15 meses a 18 meses, si la familia es de categoría general o especial respectivamente.

Caso práctico resuelto 3.2

Raúl, Mercedes y Benito trabajan en la misma empresa y quieren pedir excedencia por diferentes motivos. Raúl quiere solicitar 4 meses para irse de viaje; Mercedes convive y cuida de su madre, que tiene una enfermedad degenerativa que le impide valerse por sí misma, y Benito tiene un hijo de 9 meses y quiere cuidarlo hasta que cumpla 1 año. ¿Qué excedencia pueden solicitar? ¿Por cuánto tiempo? ¿Cuál sería su situación cuando finalicen su periodo de excedencia y decidan volver a la empresa?

Solución:

a) Raúl puede pedir una excedencia voluntaria, siempre que lleve trabajando al menos 1 año en la empresa. Tendrá que solicitarla por un mínimo de 4 meses. Cuando vuelva, solo puede pedir el reingreso preferente si hay vacante.

b) Mercedes puede solicitar la excedencia para el cuidado de un familiar hasta el segundo grado de consanguinidad durante un máximo de 2 años. Tiene derecho a volver a su puesto durante el primer año. Después del segundo año, le asignarían otro puesto dentro de su mismo grupo profesional si no estuviera el suyo vacante.

c) Benito puede solicitar la excedencia para el cuidado de un hijo. Durará 3 meses porque el niño tiene ya 9 meses. Tiene derecho a volver a su puesto y a su mismo trabajo porque la excedencia no supera el año.

Caso práctico 3.3

Virginia lleva 8 meses trabajando en una empresa como comercial. Necesita solicitar una excedencia en su trabajo para cuidar a su madre porque padece una grave enfermedad y no puede valerse por sí misma. No sabe si tiene derecho a solicitarla, pues lleva poco tiempo trabajando en la empresa. ¿Puede solicitar esta excedencia? ¿Cuánto puede durar? ¿Recibirá alguna retribución?

3.3. ¿Qué significa la extinción del contrato de trabajo?

La extinción del contrato de trabajo significa que la relación laboral entre el empresario y el trabajador ha llegado a su fin. El artículo 49 del Estatuto de los Trabajadores establece las siguientes causas de extinción que se recogen en la Figura 3.2 siguiente.

CAUSAS DE EXTINCIÓN

Por acuerdo entre empresa y trabajador/a	Por voluntad del trabajador/a	Por voluntad de la empresa	Por otras causas
• Mutuo acuerdo entre las partes. • Condiciones consignadas válidamente en el contrato. • Finalización del contrato temporal o de la realización de la obra o servicio objeto del contrato.	• Dimisión del trabajador/a. • Abandono del trabajador/a. • Incumplimiento grave por parte de la empresa.	• Despido disciplinario. • Despido por causas objetivas. • Despido colectivo.	• Fuerza mayor. • Muerte, invalidez o jubilación del trabajador/a. • Muerte, incapacidad o jubilación de la persona propietaria de la empresa.

Figura 3.2. Causas de extinción.

Caso práctico 3.4

Señala cuál es la causa de extinción del contrato de trabajo en los siguientes supuestos:

a) Carlos finaliza el contrato en prácticas que firmó por 2 años.

b) Luisa es despedida, alegando la empresa causas disciplinarias.

c) Hugo presenta su dimisión al jefe de recursos humanos de la empresa donde trabaja.

d) María, propietaria de una correduría de seguros, sufre un accidente mortal al volver a casa después de su jornada laboral.

e) Julián, que trabaja en la empresa Ful, SL, acaba de cumplir 65 años, por lo que solicita su jubilación.

f) José ha visto cómo su negocio ha sido devastado por un enorme incendio, por lo que ha decidido extinguir el contrato del único trabajador a su servicio, ante la imposibilidad de poder reanudar la actividad.

3.3.1. Extinción por acuerdo entre la empresa y el trabajador o trabajadora

La empresa y el trabajador o trabajadora pueden llegar al acuerdo de extinguir la relación laboral en los siguientes casos.

CAUSAS DE EXTINCIÓN POR ACUERDO ENTRE LA EMPRESA Y EL TRABAJADOR/A

Mutuo acuerdo entre las partes

- Ambas partes deciden acabar voluntariamente con la relación laboral y, por tanto, extinguir el contrato.
- En este caso, el trabajador/a no tiene derecho a ningún tipo de indemnización ni a la prestación por desempleo, por haber finalizado su contrato voluntariamente.

Causas establecidas válidamente en el contrato

- En el contrato, se pueden incluir ciertas cláusulas que pueden originar la extinción del contrato de trabajo, por ejemplo, si el trabajador/a no alcanza un nivel mínimo de ventas o si no obtiene el carné de conducir.
- El trabajador/a no tiene derecho a ningún tipo de indemnización.
- El trabajador/a tendrá derecho a solicitar la prestación por desempleo.

Por finalización del tiempo convenido del contrato temporal o de la obra o servicio objeto del contrato

- Los contratos temporales tienen una fecha de inicio y una fecha de finalización, excepto los contratos de obra y servicio, que finalizan cuando termine la obra o servicio objeto del contrato.
- Si el contrato temporal dura más de 1 año, se deberá notificar, por cualquiera de las partes, la terminación de este con una antelación mínima de 15 días. Si este preaviso no es respetado por la empresa, deberá indemnizar al trabajador/a con la cantidad equivalente al salario de 15 días.
- A la finalización del contrato, el trabajador/a tendrá derecho a recibir una indemnización de 12 días de salario por año trabajado, salvo en el contrato de interinidad, el contrato en prácticas y el contrato para la formación y el aprendizaje.
- El trabajador/a tendrá derecho a solicitar la prestación por desempleo.

Figura 3.3. Causas de extinción por acuerdo entre la empresa y el trabajador o trabajadora.

3.3.2. Extinción por voluntad del trabajador o trabajadora

La persona contratada puede extinguir su relación laboral por alguna de las siguientes causas:

CAUSAS DE EXTINCIÓN POR VOLUNTAD DEL TRABAJADOR/A

Dimisión del trabajador/a

- El trabajador/a puede dar por finalizado el contrato de trabajo cuando quiera. El único requisito que le impone la ley es el preaviso a la empresa con la antelación que señale el convenio colectivo, el contrato o la costumbre del lugar.
- No será válida la dimisión del trabajador/a cuando se haya realizado bajo intimidación empresarial.
- El trabajador/a no tiene derecho a ningún tipo de indemnización ni a la prestación por desempleo.

Abandono del trabajador/a

- El trabajador/a abandona su puesto de trabajo sin avisar previamente a la empresa.
- La empresa puede solicitar al trabajador/a una indemnización por los daños y perjuicios que le haya podido ocasionar su inesperada baja.
- El trabajador/a no tiene derecho a ningún tipo de indemnización ni a la prestación por desempleo.

Incumplimiento grave de la empresa

- La empresa puede incumplir gravemente las condiciones laborales pactadas en el contrato de trabajo; en esta situación, el trabajador/a puede solicitar la extinción del contrato. Se considera incumplimiento grave de la empresa lo siguiente:
  - Modificación sustancial de condiciones de trabajo que perjudiquen la dignidad y la formación profesional del trabajador/a.
  - La falta de pago o los retrasos continuados en el abono del salario. Para que el juez acepte la extinción del contrato por esta causa, el impago o retraso debe valorarse como grave. Diferentes sentencias judiciales consideran que el impago es grave cuando no se abonen al trabajador/a al menos 3 mensualidades. Por otro lado, se consideran retrasos graves cuando todos juntos acumulan 3 meses.
  - Otros incumplimientos graves de la empresa como, por ejemplo, insultos y amenazas, acoso, etcétera.
- El trabajador/a debe probar que existe alguna de estas causas ante el Juez de lo Social. En el caso de que el juzgado autorice la extinción por incumplimiento grave del empresario, el trabajador/a tiene derecho a recibir una indemnización de 33 días de sueldo por año trabajado, con un máximo de 24 mensualidades.
- El trabajador/a también tendrá derecho a solicitar la prestación por desempleo.

Víctima de violencia de género

La trabajadora no tiene derecho a indemnización, pero sí podrá solicitar la prestación por desempleo.

Figura 3.4. Causas de extinción del contrato por voluntad del trabajador o trabajadora.

Importante

La ley otorga al trabajador o trabajadora un plazo de 1 año para reclamar judicialmente los salarios que la empresa le deba, el plazo empieza a contar desde la fecha en que estos debieron ser pagados. Pasado dicho plazo, aunque quede demostrado en el juicio que los salarios se deben, el juez no condenará a la empresa a pagarlos.

Caso práctico resuelto 3.3

Salvador lleva 4 meses sin cobrar y se encuentra desesperado. Ante tal situación, ¿qué debe hacer? Indícale qué opción sería la mejor: demandar a la empresa ante el Juzgado de lo Social para solicitar la extinción del contrato por impago de salarios o no volver al trabajo hasta que la empresa le pague los salarios que le debe.

Solución:

Lo que nunca debería hacer Salvador es dejar su puesto de trabajo, ya que, en ese caso, se trataría de abandono y la empresa podría despedirlo por faltas injustificadas de asistencia. Esto supondría que Salvador no tendría derecho a indemnización alguna y, además, al abandonar voluntariamente su puesto de trabajo, no podría solicitar la prestación por desempleo.

Por otro lado, lo que debe hacer Salvador es presentar una demanda en el Juzgado de lo Social, solicitando la extinción del contrato de trabajo por impago de salarios, al haber acumulado ya 3 meses sin cobrar, y seguir trabajando en la empresa hasta que el juez dicte la sentencia. La sentencia permitirá a Salvador cobrar la indemnización de 33 días por año de servicio y poder solicitar la prestación por desempleo.

Ayuda a Beatriz

Orienta a Beatriz en las siguientes cuestiones:

1. Beatriz lleva 4 meses sin cobrar en su actual trabajo y se encuentra desesperada.
2. ¿Qué opción sería mejor para ella? ¿Demandar a la empresa ante el Juzgado de lo Social o no volver al trabajo hasta que la empresa le pague los salarios que le debe?
3. En caso de demandar a la empresa y ganar el juicio, ¿tendría derecho a alguna indemnización?

3.3.3. Extinción del contrato por otras causas

A veces, una relación laboral termina por causas ajenas a la voluntad de la empresa y de la persona contratada, por ejemplo en las siguientes situaciones:

OTRAS CAUSAS DE EXTINCIÓN

Incapacidad del trabajador/a

- La incapacidad permanente (IP) del trabajador/a produce la extinción del contrato de trabajo. Solo en la IP total, la empresa puede decidir entre extinguir el contrato de trabajo o asignarle otras funciones que pueda realizar dada su situación.
- Los trabajadores pasan a cobrar directamente la pensión por IP, excepto en la IP total, en la que pueden elegir entre esta opción o cobrar primero la prestación por desempleo y después la pensión por IP.

Muerte del trabajador/a

- Cuando fallece el trabajador/a, los salarios que este no haya cobrado les serán entregados a sus herederos.
- Sus familiares pueden tener derecho a cobrar distintas pensiones: viudedad, orfandad, auxilio por defunción, etcétera.
- Si el fallecimiento se debe a muerte natural, la empresa pagará a sus herederos una indemnización equivalente a 15 días del salario del trabajador/a.

Jubilación del trabajador/a

Cuando el trabajador/a alcanza la edad mínima legal para jubilarse, el contrato se extingue y pasa a cobrar directamente la pensión de jubilación, siempre que la solicite.

Muerte, incapacidad o jubilación de la persona propietaria de la empresa

Los trabajadores tienen derecho a cobrar una indemnización de 30 días de salario por año de servicio y, además, pueden solicitar la prestación por desempleo.

Fuerza mayor

Si se produce un suceso imprevisto (incendio, inundación, etcétera) que hace imposible seguir con la actividad laboral definitivamente, se extinguirá el contrato de trabajo y los trabajadores cobrarán una indemnización de 20 días de salario por año trabajado con un máximo de 12 mensualidades y, además, podrán solicitar la prestación por desempleo.

Figura 3.5. Otras causas de extinción.

La extinción del contrato de trabajo por jubilación del empresario individual se producirá siempre y cuando nadie continúe desarrollando la actividad empresarial. Los trabajadores afectados por esta extinción tendrán derecho a la prestación por desempleo y a una indemnización por importe de un mes de salario.

Caso práctico 3.5

A Rosa acaban de comunicarle que el próximo mes finaliza su contrato eventual por circunstancias de la producción, una vez transcurridos los 3 meses de duración que estipulaba el contrato de trabajo. ¿Cuál es la causa de extinción del contrato de trabajo? ¿Qué consecuencias tiene dicha finalización para Rosa? ¿Ha comunicado la empresa correctamente la finalización del contrato?

Caso práctico 3.6

Ramón ha comunicado a su jefe, con 10 días de antelación tal como establece el convenio colectivo, que abandonará la empresa debido a cuestiones personales.

a) ¿Cuál ha sido la causa de extinción del contrato de trabajo?

b) ¿Qué consecuencias tiene para Ramón dicha decisión?

c) ¿Cómo se hubiese considerado esta extinción de no haber avisado previamente Ramón?

Caso práctico 3.7

Unas lluvias torrenciales han asolado la localidad donde Miriam regentaba su restaurante. Su capacidad económica y la situación de la zona hacen que sea imposible la reapertura del restaurante, que ha quedado completamente destrozado e irrecuperable. Por ello, desgraciadamente y muy a su pesar, tendrá que despedir a todos sus trabajadores.

a) ¿Cuál es la causa de la extinción de los contratos de trabajo que alegará la empresa?

b) ¿Debe la empresa realizar algún trámite previo para poder extinguir los contratos?

c) ¿Qué consecuencias tiene dicha extinción para cada uno de los trabajadores?

3.3.4. Extinción del contrato por voluntad de la empresa

El contrato de trabajo puede extinguirse porque la empresa así lo decide, esto da lugar a lo que se conoce como *despido*. El Estatuto de los Trabajadores regula tres tipos de despido: **despido disciplinario, despido por causas objetivas** y **despido colectivo.** Conviene ser capaz de identificarlos para saber cómo actuar en cada caso.

Despido disciplinario (artículo 54 del ET)

Se produce cuando la empresa decide poner fin a la relación laboral por un incumplimiento grave y culpable de la persona contratada.

El Estatuto de los Trabajadores establece las siguientes causas de despido disciplinario:

Sabías que...

El despido disciplinario es la sanción más grave que puede imponer un empresario al trabajador. En este tipo de despido, el empresario no tiene la obligación de avisar al trabajador con antelación, es decir, que el despido puede ser inmediato.

CAUSAS DE DESPIDO DISCIPLINARIO
• Las faltas repetidas e injustificadas de asistencia o puntualidad al trabajo que se establezcan en el convenio como falta muy grave.
• La indisciplina o desobediencia en el trabajo.
• Las ofensas verbales o físicas al empresario o empresaria, a las personas que trabajan en la empresa o a los familiares que convivan con ellas.
• La transgresión de la buena fe contractual, así como el abuso de confianza en el desempeño del trabajo.
• La disminución continuada y voluntaria en el rendimiento de trabajo normal o pactado.
• La embriaguez habitual o toxicomanía si repercuten negativamente en el trabajo.
• El acoso por razón de origen racial o étnico, religión o convicciones, discapacidad, edad u orientación sexual y el acoso sexual o por razón de sexo al empresario o empresaria o a las personas que trabajan en la empresa.

El despido disciplinario se debe comunicar por escrito al trabajador o trabajadora mediante una **carta de despido,** en la que se deben indicar claramente los hechos que lo motivan, la fecha y el lugar en los que ocurrieron, así como el día a partir del cual tendrá efecto.

Si no se cumplen estos requisitos, habrá que realizar un nuevo despido en un plazo de 20 días en el que se cumplan los requisitos omitidos en el precedente. Dicho nuevo despido podrá realizarlo la empresa en el plazo de 20 días a contar desde el primer despido.

Despido por causas objetivas (artículo 52 del ET)

Se produce cuando la empresa decide poner fin a la relación laboral porque exista alguna de las siguientes causas recogidas en el Estatuto de los Trabajadores:

CAUSAS DE DESPIDO OBJETIVO
• **Ineptitud del trabajador/a,** conocida o sobrevenida después del periodo de prueba.
• **Falta de adaptación** a las modificaciones técnicas del puesto de trabajo, cuando sean cambios razonables y los trabajadores hayan recibido la formación necesaria para adaptarse a ellos. No se puede extinguir el contrato de trabajo hasta que hayan transcurrido, como mínimo, 2 meses desde que se hayan introducido los cambios o haya finalizado la formación.
• **Amortización de puestos** de trabajo cuando existen causas económicas, organizativas, técnicas o de producción en número inferior al exigido para el despido colectivo.
• Por **insuficiencia de asignación presupuestaria,** para la ejecución de planes y programas públicos.

Caso práctico 3.8

Alfonso, mecánico de un taller, ha discutido en numerosas ocasiones con un compañero de trabajo. La última discusión se le fue de las manos y le propinó un puñetazo a la vista de todos. La empresa decide despedirlo de manera inmediata entregándole la carta de despido.

a) ¿Qué causas puede alegar la empresa para despedirlo?

b) ¿Qué plazo de tiempo tiene Alfonso para poder presentar una demanda contra el despido en el Juzgado de lo Social?

c) ¿Qué tramites debe realizar Alfonso para reclamar el despido?

d) ¿Cómo crees que sería calificado el despido por el juez suponiendo que la empresa haya cumplido con todos los requisitos de forma?

e) ¿Qué efectos tendría esa calificación del despido sobre Alfonso?

Sabías que...

El Real Decreto-ley 4/2020, de 18 de febrero, ha derogado el despido objetivo por faltas de asistencia al trabajo, aun justificadas pero intermitentes.

El despido por causa objetiva se debe comunicar por escrito al trabajador o trabajadora **con 15 días de antelación.** La **carta de despido** debe indicar claramente los hechos que lo motivan, la fecha y el lugar en los que hayan ocurrido, así como el día a partir del cual tendrá efecto.

La empresa, junto con la carta de despido, tiene que poner a disposición del trabajador o trabajadora una **indemnización de 20 días** de salario por año de servicio, prorrateándose por meses los periodos inferiores al año, con un máximo de 12 mensualidades y un **permiso retribuido de 6 horas semanales** durante el periodo de preaviso, para que pueda buscar un nuevo empleo.

Caso práctico resuelto 3.4

La empresa Gestodum, SA, dedicada a la asesoría contable, laboral y fiscal, ha decidido cambiar todos sus programas informáticos de gestión. La empresa ha entregado a los trabajadores los manuales de uso de los nuevos programas informáticos para que en 20 días aprendan a utilizarlos. Pasados los 20 días, la empresa despide a 3 trabajadores que no saben utilizar los nuevos programas informáticos. Les ha entregado la carta de despido alegando falta de adaptación a las modificaciones técnicas del puesto de trabajo. Los trabajadores no están conformes y presentan una demanda en el Juzgado de lo Social.

a) ¿De qué tipo de despido se trata?

b) ¿Ha actuado correctamente la empresa al efectuar el despido?

Solución:

a) Se trata de un despido objetivo por falta de adaptación a las modificaciones técnicas del puesto de trabajo.

b) No, la actuación de la empresa no ha sido correcta porque no ha ofrecido a sus trabajadores un curso de formación dirigido a facilitar la adaptación a los nuevos programas de gestión. Además, solo han pasado 20 días desde que se introdujo la modificación cuando la ley indica que deben transcurrir un mínimo de 2 meses. Por lo tanto, la empresa no puede despedir a los trabajadores.

Caso práctico 3.9

Remedios, con un contrato indefinido ordinario, acaba de ser despedida, basando la empresa el despido en causas económicas que justifica convenientemente. En el momento de la entrega de la carta de despido, explicando de manera clara las causas del despido y la fecha en la que será efectivo, con 10 días de antelación a la fecha de este, la empresa indemniza a Remedios con 20 días por año trabajado. Además, la empresa le ha concedido un permiso de 6 horas semanales para la búsqueda de empleo durante el periodo de preaviso.

a) ¿De qué tipo de despido se trata?

b) ¿Cumple la empresa con los requisitos de forma necesarios para efectuar el despido?

c) ¿Cómo crees que se calificará el despido en caso de reclamar Remedios el despido por no estar de acuerdo?

d) ¿Qué consecuencias tendrá para Remedios?

Despido colectivo (artículo 51 del ET)

Se produce cuando la empresa decide poner fin a la relación laboral de un número importante de trabajadores, basándose en la existencia de causas económicas, técnicas, organizativas o de producción. Se considera despido colectivo cuando, en un periodo de 90 días, la extinción afecta al siguiente número de trabajadores:

Figura 3.6. Umbrales del despido colectivo.

El despido colectivo debe seguir un determinado procedimiento, denominado expediente de regulación de empleo (ERE).Tras concluir el ERE, se comunicará el despido a cada trabajador, que recibirá una indemnización de 20 días de salario por año de servicio con un máximo de 12 mensualidades.

Caso práctico resuelto 3.5

José Luis, representante legal de los trabajadores en su centro laboral, ha sido incluido en el expediente de regulación de empleo (ERE) que está realizando su empresa por causas económicas. La empresa, que cuenta con una plantilla de 150 trabajadores y un único centro de trabajo, ha planteado el despido de 30 de ellos.

a) ¿De qué tipo de despido se trata?

b) ¿Son correctas las causas que alega la empresa para realizar los despidos?

c) ¿Qué efectos tendrán los despidos para los trabajadores?

Solución:

a) Al tener la empresa entre 100 y 300 trabajadores, para que se considere colectivo, hay que despedir al menos al 10 % de la plantilla, que en este caso son 15 trabajadores. Como la empresa ha despedido a 30, se trata de un despido colectivo.

b) La empresa basa los despidos en causas económicas. La normativa considera que existe una situación económica negativa cuando existan pérdidas actuales o previstas o [...].

c) Los trabajadores cuyos contratos se extingan tendrán derecho a una indemnización de 20 días de salario por año de servicio, con un máximo de 12 mensualidades. Por otro lado, los trabajadores podrán solicitar la prestación por desempleo.

Caso práctico 3.10

Cristina trabaja como contable en una empresa, con un único centro de trabajo, de 280 trabajadores. La empresa ha presentado un ERE por causas económicas que afecta a 40 trabajadores. La situación de la empresa era insostenible, debido a las pérdidas generadas durante los últimos ejercicios. Se ha abierto el periodo de consultas con los representantes de los trabajadores y, finalizado este, han llegado a un acuerdo que han comunicado a la autoridad laboral.

a) ¿De qué tipo de despido se trata? ¿Por qué?

b) ¿Qué efectos tendrá para la trabajadora la aceptación del ERE?

> **Sabías que...**
>
> - Si la empresa no acude al acto de conciliación, se considera que no existe tal conciliación y, consecuentemente, se debe presentar la demanda.
> - Si es el trabajador o trabajadora quien no acude al acto de conciliación, se considera que renuncia a reclamar nada a la empresa y, por tanto, no puede presentar la demanda ante el Juzgado de lo Social.

3.4. ¿Qué se puede hacer ante un despido?

Los trabajadores pueden aceptar el despido y la liquidación que le ofrece la empresa o bien oponerse a ese despido. En este caso, se puede presentar, en el plazo de 20 días hábiles desde la fecha del despido, una demanda en el Juzgado de lo Social, siguiendo el procedimiento que se describe en la Figura 3.7.

Los despidos pueden ser calificados por el juez como procedentes, improcedentes o nulos.

Despido procedente

Un despido es procedente cuando queda demostrada la causa alegada por la empresa y se han cumplido los requisitos de forma (entrega de la carta de despido, describiendo con claridad los hechos que motivan el despido y la fecha en que este tendrá efecto).

Los efectos sobre el trabajador o trabajadora del despido procedente pueden variar según el tipo de despido:

- **Despido disciplinario procedente:** el trabajador o trabajadora no tendrá derecho a una indemnización, aunque sí podrá solicitar la prestación por desempleo.
- **Despido objetivo procedente:** el trabajador o trabajadora mantiene la indemnización de 20 días por año, con un máximo de 12 mensualidades, que se le entregó junto con la carta de despido y, además, tendrá derecho a la prestación por desempleo.

Figura 3.7. Procedimiento de reclamación judicial.

Despido improcedente

Un despido es improcedente cuando no queda demostrada la causa alegada por la empresa o no se han cumplido los requisitos de forma.

La empresa puede optar por una de las siguientes opciones:

- Readmitir al trabajador o trabajadora abonándole los salarios de tramitación dejados de percibir desde el día del despido y hasta la fecha de notificación de la sentencia.
- Prescindir del trabajador o trabajadora y abonarle una indemnización de 33 días de salario por año de servicio, prorrateándose por meses los periodos inferiores al año y hasta un máximo de 24 mensualidades. En el despido objetivo, hay que descontar la indemnización recibida junto con la carta de despido.

Concepto clave

Los **salarios de tramitación** son las cantidades que el trabajador o trabajadora deja de percibir mientras se tramita el procedimiento judicial y que deberá abonarle la empresa siempre que opte por su readmisión.

Despido nulo

Será nulo cualquier despido que se base en alguna de las causas de discriminación prohibidas en la Constitución o en la ley o bien se hayan vulnerado los derechos fundamentales y libertades públicas de los trabajadores. Los despidos colectivos que no hayan respetado el procedimiento legalmente establecido también se declararán nulos.

- La empresa deberá readmitir inmediatamente al trabajador o trabajadora y abonarle los salarios de tramitación dejados de percibir desde la fecha del despido y hasta la fecha de la notificación de la sentencia.
- Por otro lado, si el despido se produjo por causa objetiva, el trabajador o trabajadora deberá devolver la indemnización de 20 días de salario por año de servicio recibida en el momento de la entrega de la carta de despido.

3.5. ¿Cuándo se tiene que dar el finiquito?

La empresa, al comunicar la extinción del contrato, sea por el motivo que sea, deberá entregar al trabajador o trabajadora un documento con una **propuesta de liquidación** de los conceptos e importes que se le deben hasta la fecha de extinción del contrato. Al firmarlo, ambos ponen fin a la relación laboral que los unía.

Dada la importancia del finiquito y las consecuencias que pueden derivarse de su firma, el trabajador o trabajadora puede solicitar la presencia de un representante de los trabajadores. Si la empresa se niega, es aconsejable hacer constar dicha circunstancia en el finiquito.

Cuando el trabajador o trabajadora vaya a firmar el finiquito, debe tener en cuenta dos aspectos importantes:

1. Que la fecha del documento sea la correcta; si no lo es, no debe firmarlo.
2. Que, si no tiene claro lo que va a firmar o tiene pensado presentar una reclamación, la mejor opción es que firme el finiquito y añada las expresiones: *No conforme* o *No cobrado, no conforme*. Esto supone, únicamente, que recibe el documento, dejando abierta la posibilidad a una posterior reclamación contra la empresa.

CONCEPTOS INCLUIDOS EN EL FINIQUITO

- El salario correspondiente a los días trabajados y no cobrados del mes en curso hasta el día de la extinción.
- La parte proporcional de las vacaciones no disfrutadas (calculadas desde el 1 de enero del año en curso hasta el día de cese y descontando los días disfrutados si los hubiera).
- La parte proporcional que corresponda de las pagas extraordinarias hasta la fecha de extinción del contrato (según el devengo sea semestral o anual). En el caso de que se percibieran de forma prorrateada, no procedería liquidar nada por este concepto, al estar ya incluido en el recibo de salario mensual.
- Las indemnizaciones que correspondan (por ejemplo, la indemnización por finalización de contrato temporal o por despido objetivo procedente).
- Las deducciones que correspondan por cotización del trabajador/a a la Seguridad Social y la retención a cuenta correspondiente por el IRPF.

Comprueba lo que has aprendido

Bea y Mario están muy tristes porque trasladan a su amiga Fedra, quien les ha contado el tremendo lío que hay montado en la empresa. Mario y Bea le dan algunos consejos sobre cómo deben afrontar esta situación tanto ella como los demás compañeros afectados.

Educandoweb, SA, es una importante empresa de enseñanza *online* de todos los niveles educativos. Sus oficinas principales están en Madrid, pero tiene centros de referencia en todas las capitales de las diferentes comunidades autónomas. Debido a la crisis y a la disminución de las matriculaciones, la empresa ha de llevar a cabo una importante reestructuración de la plantilla. Los responsables de recursos humanos proponen las siguientes actuaciones:

1. De la totalidad de la plantilla actual, 400 trabajadores, la empresa propone despedir a 40 profesores por causas organizativas.

   ¿De qué tipo de despido se trata?

2. Han ofrecido el traslado a Madrid a 30 trabajadores. Entre ellos, está Rodrigo, profesor de inglés, casado y con dos niños de 1 año y 4 años, que lo acepta inmediatamente.

   ¿Se trata de un traslado colectivo? ¿Qué opciones tiene Rodrigo? ¿Podría pedir una excedencia?

3. Sonia es auxiliar administrativa y acaba de terminar el grado en Traducción e Interpretación del idioma Francés. Temporalmente, deberá realizar las funciones de profesora de francés porque este profesorado cada vez es más difícil de encontrar.

   ¿Qué tipo de movilidad es? ¿Es legal? ¿Qué opciones tiene Sonia?

4. Fedra es la amiga de Bea y Mario. Es licenciada en Historia y está contratada como profesora de Historia del Arte. Trabaja en el centro de referencia de Sevilla y también la trasladan a Madrid. Ella lo ha aceptado, pero no lo tiene claro porque las funciones que va a realizar son de administrativa y le han comentado que sufrirá una rebaja en su salario, acorde con sus nuevas funciones.

   ¿Es legal esta situación? ¿Qué aconsejarías a Fedra?

5. Uno de los profesores, Pedro, acumula un total de 18 faltas de asistencia al trabajo injustificadas en el último mes y medio. La empresa ha decidido prescindir de él y han extinguido su contrato de trabajo alegando faltas repetidas e injustificadas de asistencia o puntualidad al trabajo. El convenio colectivo al que se acoge la empresa considera como falta muy grave la no asistencia injustificada al trabajo del 10 % de las jornadas en dos meses consecutivos. Por todo ello, la empresa ha decidido prescindir de él entregándole la carta de despido donde se describe de manera detallada la causa del despido, así como la fecha a partir de la cual será efectivo el mismo.

   ¿De qué tipo de despido se trata? ¿Se han respetado los requisitos de forma?

6. Si el despido fuese calificado como procedente, ¿qué efectos tendría para el trabajador?

Actividades finales

1. Modificaciones del contrato de trabajo

3.1. Señala qué clase de modificación de contrato se produce en las siguientes situaciones:

SITUACIÓN	MODIFICACIÓN
Cambio de funciones a las de un grupo profesional inferior.	
Traslado indefinido a un centro de trabajo situado en otro país.	
Cambiar del turno de tarde al turno de mañana.	
Traslado temporal a un centro de trabajo situado en otra provincia.	
Cambiar la jornada intensiva por jornada partida.	

3.2. Alberto y Verónica están casados, viven en Málaga y trabajan en la misma agencia de viajes. La empresa ha comunicado a Verónica su traslado, con carácter definitivo, a Barcelona para que se encargue de la nueva agencia que la empresa ha abierto en esta ciudad.

a) ¿Qué puede hacer Verónica ante este traslado?

b) ¿Puede solicitar Alberto el traslado a la nueva agencia de Barcelona?

c) ¿Qué sucedería si Verónica no aceptase el traslado?

d) ¿Cómo deben comunicarle el traslado?

3.3. Una empresa de seguridad, por necesidades organizativas, cambia el horario de trabajo a un empleado. Este desarrollaba su actividad en turno de mañana desde su entrada en la empresa y ahora tendrá que realizarla en el turno de tarde durante 4 días a la semana y en el de noche 1 día. El trabajador dice que esta modificación de su horario le causa un grave trastorno y perjuicio.

a) ¿Se trata de una modificación sustancial de las condiciones de trabajo?

b) ¿Qué opciones tiene el trabajador?

3.4. Estefanía trabaja como oficiala administrativa en una empresa constructora, aunque posee el Grado en Arquitectura. La empresa le ha pedido que colabore con el departamento técnico ejerciendo como arquitecta y ella accede encantada. Después de 9 meses, Estefanía trabaja la jornada completa ejerciendo funciones superiores a aquellas por las que fue contratada sin que se haya producido ningún cambio en su salario ni en su grupo profesional. ¿Puede Estefanía realizar esas funciones? ¿Qué derechos tiene?

2. Suspensión del contrato de trabajo

3.5. Señala aquellos supuestos que constituyan causa de suspensión del contrato de trabajo:

	Cierre de la empresa por fallecimiento del empresario.
	Trabajadora elegida diputada al Parlamento.
	Trabajador que dimite de su puesto de trabajo.
	Trabajadora enferma con incapacidad permanente.
	Trabajador privado de libertad sin sentencia condenatoria.
	Abandono del puesto de trabajo.
	Despido disciplinario procedente.
	Trabajador en huelga.
	Trabajadora que acaba de adoptar a un niño de 1 año.
	Trabajador sancionado de empleo y sueldo 3 días.
	Cierre temporal de la empresa por huelga de los trabajadores.

3.6. Sandra trabaja de vendedora en unos grandes almacenes desde hace 10 años. Siempre ha tenido la idea de montar su propio negocio y se ha decidido a hacerlo. Pretende pedir una excedencia en su trabajo, por si no le va bien con su empresa.

a) ¿Tiene derecho a solicitar la excedencia?

b) ¿Cuál podría ser su duración?

c) Cuando finalice la excedencia, si no le va bien con su negocio y quiere volver a su antiguo puesto de trabajo, ¿podrá hacerlo?

3.7. Francisco Granados lleva 2 años trabajando como electricista para una empresa constructora y acaba de ser padre de trillizos el 2 de enero del 2021.

a) ¿Tiene derecho a disfrutar del descanso por nacimiento? ¿Cuál sería su duración?

b) ¿Cuál sería la duración de su periodo de suspensión por nacimiento para la madre biológica?

3. Extinción del contrato de trabajo

3.8. José Luis ha trabajado con la constructora Velmont, SL, con un contrato por obra o servicio, de 14 meses de duración, y la empresa comunica por escrito al trabajador con 5 días de antelación la finalización de su relación laboral.

a) ¿Ha realizado correctamente la empresa la forma y el plazo de preaviso de la terminación del contrato? ¿Cuáles son los efectos de un posible incumplimiento?

b) ¿Tiene derecho José Luis a percibir alguna indemnización por la extinción del contrato?

3.9. La fábrica de muebles El Tablero, SA, tiene un único centro de trabajo en Jaén que ha sufrido un terrible incendio que ha destruido completamente el inmueble con todas sus existencias, haciendo imposible reconstruirlo y reanudar la actividad. La empresa contaba con 8 trabajadores en su plantilla.

a) ¿Puede la empresa extinguir los contratos de los 8 trabajadores? ¿Cuál sería la causa?

b) ¿Qué trámites debe realizar la empresa para extinguir las relaciones laborales de sus trabajadores?

c) ¿Qué derechos tendrían los trabajadores con motivo de la extinción de sus relaciones laborales?

3.10. Indica a qué tipo de despido pertenecen estas causas:

	La ineptitud del trabajador o trabajadora conocida o sobrevenida con posterioridad a su contratación en la empresa.
	La embriaguez habitual o toxicomanía, si repercuten negativamente en el trabajo.
	La falta de adaptación a las modificaciones técnicas del puesto de trabajo.
	La indisciplina o desobediencia en el trabajo.
	La transgresión de la buena fe contractual, así como el abuso de confianza en el desempeño del trabajo.
	Una plantilla de 280 trabajadores con un único centro de trabajo despidiendo la empresa a 30 trabajadores.

3.11. La empresa Criolar, SA, le envía la siguiente carta a uno de sus trabajadores, el Sr. Ignacio Rías, para comunicarle su despido disciplinario:

> Carta destinada a Ignacio Rías:
>
> La dirección de la empresa le comunica que, con efectos del 19 de julio, queda usted despedido por las razones que usted ya conoce, y que se le comunicaron verbalmente.

a) ¿Es correcta esta carta de despido? ¿Por qué?

b) Si el trabajador reclama ante el juez este despido, ¿cómo tendría que calificarlo considerando el contenido de la carta de despido?

c) ¿Qué consecuencias tendrá dicho despido para la empresa y para el trabajador?

NEWS

Notas de prensa

Aunque el empleado se duerma en el trabajo, la empresa debe pagarle las horas extra

El juez rechaza el argumento de que no tiene sentido pagar el exceso de jornada si el trabajador se pasa parte de la misma sesteando.

Un Juzgado de lo Social de Ibiza ha dictado una sentencia, cuando menos, curiosa. El órgano judicial ha obligado a una cadena de venta de muebles y bricolaje a pagar las horas extras a un empleado, a pesar de que, hasta en dos ocasiones, fue pillado durmiendo en las instalaciones del centro.

Según consta en el relato de los hechos probados, uno de los responsables del establecimiento fotografió al trabajador dormido apenas una hora después de haber fichado, hecho que trasladó a la jefa de la tienda. Al día siguiente, fue la propia supervisora la que lo vio, momento en el que lo despertó y le llamó la atención.

Días más tarde, la empresa comunicó al demandante su despido disciplinario. No obstante, ambas partes llegaron a un acuerdo por el cual la compañía reconocía la improcedencia del cese, pero, a su vez, le abonaba una indemnización por debajo de la legalmente establecida.

A pesar de ello, el trabajador impugnó la validez del acuerdo y reclamó, además, 760 euros en concepto de horas extraordinarias impagadas.

La compañía, por su parte, rechazó la reclamación argumentando que las horas extras quedaban compensadas por los incumplimientos del demandante, «consistentes en quedarse dormido durante la jornada de trabajo».

Sin embargo, el juzgado de Ibiza, a pesar de que considera que el pacto es válido, da la razón al empleado y confirma que la cadena debe pagar aparte las horas extras. Según la resolución, que se haya probado que durante dos días se quedara dormido en horario de trabajo, «desde luego no puede servir como argumento para no abonar las horas extraordinarias que se hubieran realizado». Según explica el juez, la sanción a aquel incumplimiento es el propio despido «y, por tanto, su comportamiento ya tuvo el reproche que era procedente».

Fuente: cincodias.elpais.com,
Pedro del Rosal (4 de julio del 2019).

a) ¿Cuáles son las causas para despedir por motivos disciplinarios a un trabajador?

b) ¿Qué causa de despido disciplinario consideras que alegó la empresa para despedir al trabajador?

Videoteca laboral

Visualizad en el aula el vídeo *4 situaciones que te blindan contra el despido.*

https://www.youtube.com/watch?v=M469hmXXg9A&list=PL9nvo3kJHIvYnOXUg8qFdteMB5vuRp_-8&index=51&t=0s

Realiza, a continuación, las siguientes actividades:

- ¿Cuántos despidos se han resuelto en España el pasado año?
- ¿Cuáles son más numerosos: los colectivos o los individuales?
- ¿Qué significa estar *blindado* frente al despido? Según el vídeo, ¿en qué situaciones se produce este blindaje?
- ¿Qué es un despido nulo? ¿Qué efectos tiene sobre la empresa y sobre el trabajador?
- ¿Quiénes crees que están más blindados frente al despido?

Unidad 4

El salario

Unidad 4

El salario

¿Por qué es tan necesaria nuestra aportación económica al sistema de la Seguridad Social?

Contenidos

Objetivos

- Identificar los componentes del salario.
- Conocer los diferentes elementos de una nómina.
- Calcular y liquidar la nómina según la normativa vigente.
- Valorar la importancia del sistema y los regímenes de la Seguridad Social.
- Aprender las diferentes prestaciones de la Seguridad Social.
- Saber los requisitos fundamentales que dan derecho a las distintas prestaciones de la Seguridad Social.
- Realizar los cálculos básicos para determinar la cuantía de las diferentes prestaciones de la Seguridad Social.

4.1. ¿Qué es el salario?

El salario es el conjunto de aportaciones económicas, tanto en dinero como en especie, que la empresa abona a sus empleados como compensación por los servicios prestados.

El salario se negocia entre la empresa y la persona contratada teniendo en cuenta el trabajo que se va a realizar, se especifica en el contrato de trabajo y nunca puede ser inferior al salario mínimo interprofesional (SMI) o al salario establecido en el convenio colectivo.

> **Concepto clave**
>
> El **salario mínimo interprofesional** (SMI) es la retribución mínima establecida legalmente para una jornada laboral completa que deben cobrar todos los trabajadores.
>
> El SMI establecido para el año 2020, para cualquier actividad, con independencia de la profesión se ha fijado en:
>
> - SMI diario: 31,66 €/día.
> - SMI mensual: 950 €/mes.
> - SMI anual: 13 300 €/año (14 pagas).

4.1.1. Tipos de salario

El salario se puede clasificar según el medio de pago empleado o según el método utilizado para su cálculo:

- **Según el medio de pago:**
  - **Salario en dinero.** Es la forma de pago tradicional. Se debe realizar en moneda de curso legal en España, entregando el dinero en efectivo (siempre que el importe sea inferior a 2500 €) o por transferencia bancaria.
  - **Salario en especie.** Son retribuciones en forma de bienes o servicios distintos al dinero. Por ejemplo, disfrutar de una vivienda, un coche, etc. El salario en especie **nunca puede ser superior al 30 %** del total del salario.
- **Según el método de cálculo utilizado:**
  - **Salario por unidad de tiempo**. La cantidad de salario recibida depende de la duración del trabajo (por hora trabajada, por día, por mes, etc.) y no de la cantidad de trabajo realizado.
  - **Salario por unidad de obra**. El salario se cobra en función de la cantidad de trabajo realizado (por metros cuadrados, por pieza, etc.), independientemente del tiempo empleado.
  - **Salario mixto.** Es una mezcla de los dos anteriores. Así pues, el salario se determinará por el tiempo desarrollado y por el trabajo realizado (por ejemplo, primas, comisiones, etcétera).

4.1.2. ¿Qué elementos componen el salario?

Los elementos que componen el salario determinan su estructura salarial, que estará formada por los elementos indicados en la Figura 4.1.

Figura 4.1. Estructura salarial.

1. Percepciones salariales

Las percepciones salariales están formadas por las retribuciones que recibe el trabajador o trabajadora por la prestación de sus servicios profesionales y están relacionadas directamente con la labor desarrollada. Son dos las percepciones salariales: el salario base y los complementos salariales.

A. Salario base

El salario base es la retribución establecida por el convenio colectivo para un determinado grupo profesional. El salario base siempre se retribuirá por día natural y nunca podrá ser inferior al salario mínimo interprofesional para una jornada laboral a tiempo completo.

¿Por qué hay trabajadores que con el mismo salario base tienen sueldos diferentes a fin de mes? Esto se debe a los complementos salariales, que son los que marcan la diferencia de sueldo entre trabajadores del mismo grupo profesional, del mismo sector de actividad e, incluso, de la misma empresa.

B. Complementos salariales

Los complementos salariales son cantidades que no forman parte del salario base. Se abonan a los trabajadores en función de una serie de circunstancias relacionadas con el trabajo que realizan y con sus características personales. El convenio colectivo establecerá los complementos salariales que deberán cobrar los trabajadores.

Los complementos salariales pueden ser:

- **Personales.** Se relacionan con las condiciones personales del trabajador o trabajadora, tales como sus conocimientos, cualidades o nivel de formación; que pueden contribuir a mejorar el contenido y la calidad del trabajo. Los más habituales son el complemento salarial por antigüedad que premia la fidelidad a la empresa, por titulación, por idiomas, etcétera.
- **Del puesto de trabajo.** Son complementos salariales que se cobran por las características especiales del trabajo realizado. Entre los más comunes, destacan:
  - **Nocturnidad.** Retribuye el trabajo de noche.
  - **Toxicidad, peligrosidad y penosidad.**
  - **Turnicidad.** Retribuye la realización del trabajo por turnos.
  - **Responsabilidad**. Retribuye el desempeño de un cargo de especial responsabilidad.
- **Por cantidad o calidad de trabajo.** Se perciben cuando se consiguen mejorar los resultados obtenidos en el trabajo. Entre los más comunes, se encuentran:
  - **Asistencia y puntualidad** al trabajo.
  - **Incentivos y primas** que premian un rendimiento superior al normal o establecido.

Importante

Las percepciones salariales cotizan íntegramente a la Seguridad Social.

Concepto clave

La **cotización** es la aportación económica que, obligatoriamente, deben realizar cada mes las empresas y los trabajadores a la Seguridad Social para contribuir a su financiación.

Concepto clave

Se considera que un **trabajo es tóxico** cuando puede producir enfermedades por trabajar de forma continuada con productos nocivos para la salud. Por ejemplo, los productos químicos.

Se considera que un **trabajo es peligroso** cuando tiene un alto riesgo de accidente. Por ejemplo, los gases explosivos.

Se considera que un **trabajo es penoso** cuando puede producir enfermedades por trabajar en malas condiciones medioambientales o en mala postura. Por ejemplo, la minería.

– **Comisiones.** Se calculan sobre los beneficios generados por el trabajador o trabajadora.
– **Horas extraordinarias.** Son las horas que se realizan por cada persona fuera de su jornada ordinaria de trabajo. Se pagan, como mínimo, igual que una hora ordinaria o bien se compensan con tiempos de descanso retribuidos.

- **De vencimiento superior al mes.** Son aquellas percepciones de carácter periódico que se devengan día a día, aunque su pago no se realiza cada mes, sino en una fecha determinada:
  – **Pagas extraordinarias.** El trabajador o trabajadora tiene derecho a 2 pagas extraordinarias al año, una de ellas en Navidad y la otra en el mes que fije el convenio colectivo o por acuerdo entre la empresa y los trabajadores. Su cuantía se fijará en el convenio colectivo. También se puede acordar recibir mensualmente las pagas extras prorrateadas.
  – **Participación en beneficios.** Generalmente, se trata de una cantidad fija y se considera como una paga extra más que suele cobrarse en el mes de marzo.
- **En especie.** Se trata de retribuciones en bienes o servicios distintas al dinero. Las más habituales suelen ser:
  – La utilización por el trabajador o trabajadora de una vivienda que pone a su disposición la empresa.
  – El uso de vehículos.
  – Los viajes de turismo entregados por la empresa a sus trabajadores como premio o similar.
  – Las prestaciones en concepto de manutención, hospedaje o similares.
  – Becas de estudios al trabajador o trabajadora o a sus familiares.
  – Las aportaciones a planes de pensiones a favor de los trabajadores.
  – Los préstamos con tipos de interés inferiores al de mercado.

2. Percepciones no salariales

Las percepciones no salariales o extrasalariales son las cantidades que la empresa abona al trabajador o trabajadora para compensar los gastos derivados de la realización de su actividad. También tienen esta consideración las indemnizaciones que recibe la persona (despido, traslado, etc.), los pagos por incapacidad temporal y las ayudas asistenciales de la empresa. Las percepciones no salariales más frecuentes son las siguientes:

PERCEPCIONES NO SALARIALES: SUPLIDOS RELACIONADOS CON EL TRABAJO	
Quebranto de moneda	Compensación por posibles desajustes económicos derivados de errores en el manejo de dinero en efectivo por parte del trabajador o trabajadora.
Prendas de trabajo y desgaste de herramientas	Se perciben para compensar la adquisición de prendas de trabajo y herramientas compradas por el propio trabajador o trabajadora.
Gastos de locomoción	Compensan los gastos realizados por la persona en los desplazamientos necesarios por causa de su trabajo y por orden de la empresa.
Dietas de viaje (manutención y estancia)	Es una retribución que compensa a la persona por los gastos que tiene que realizar por dormir o comer en desplazamientos por motivos de trabajo.
Plus de distancia	Cuantía que percibe la persona para desplazamientos del centro de trabajo a su domicilio cuando estos se encuentran en localidades distintas.
Plus de transporte	Dinero que recibe la persona para compensar los desplazamientos del centro de trabajo a su domicilio, cuando estos se encuentren en la misma localidad (transporte urbano).

PERCEPCIONES NO SALARIALES: INDEMNIZACIONES	
Indemnización por traslado	Compensación por los gastos ocasionados al trabajador o trabajadora y a su familia por el traslado a una población distinta de la de su residencia habitual.
Indemnización por despido o cese	Las recibe la persona como consecuencia de su despido o cese en el trabajo.
Indemnización por finalización de contrato temporal	Indemnización de 12 días de salario por año trabajado en aquellos contratos temporales que marca la ley.

Importante

Algunos de los complementos no salariales no cotizan, otros cotizan íntegramente (como el plus de transporte) y otros cotizan en parte.

4.1.3. Pago del salario

La empresa tiene la obligación de hacer frente al pago del salario a cambio de los servicios prestados por el trabajador o trabajadora. El pago deberá realizarse **puntualmente** en la fecha y el lugar convenidos y, a falta de estos, según los usos y las costumbres. El pago del salario deberá documentarse mediante un recibo individual denominado *nómina* o *recibo de salarios.*

El abono del salario no debe exceder de **un mes.** Los retrasos en el pago del salario dan derecho al trabajador o trabajadora a recibir unos intereses del **10 % anual sobre las cantidades adeudadas.**

Los trabajadores podrán solicitar **anticipos a cuenta** de la labor que ya hayan realizado.

Ayuda a Mario

Resuelve las dudas de Mario:

1. ¿Los complementos salariales están recogidos en los convenios colectivos o los adjudica la empresa bajo su criterio?
2. Si Mario consigue un trabajo de representante comercial y la empresa le facilita un vehículo, ¿es considerado este como salario?
3. Explica qué son las percepciones no salariales y pon al menos dos ejemplos.

4.2. ¿Cómo es una nómina?

La nómina es un documento de pago en el que la empresa debe reflejar todas las percepciones que recibe el trabajador o trabajadora y las deducciones que se le deben aplicar. La persona contratada tiene que firmar la nómina por duplicado en el momento del pago y quedarse con una copia. Cuando el pago se haga por transferencia bancaria, la empresa entregará el duplicado sin necesidad de firma, ya que el pago se justifica por el documento bancario.

La firma de la nómina da fe de que el trabajador o trabajadora ha recibido esas cantidades, aunque puede no estar conforme con lo recibido; en ese caso, al firmar, puede añadir la frase *No conforme*.

La empresa debe archivar las nóminas emitidas durante 4 años.

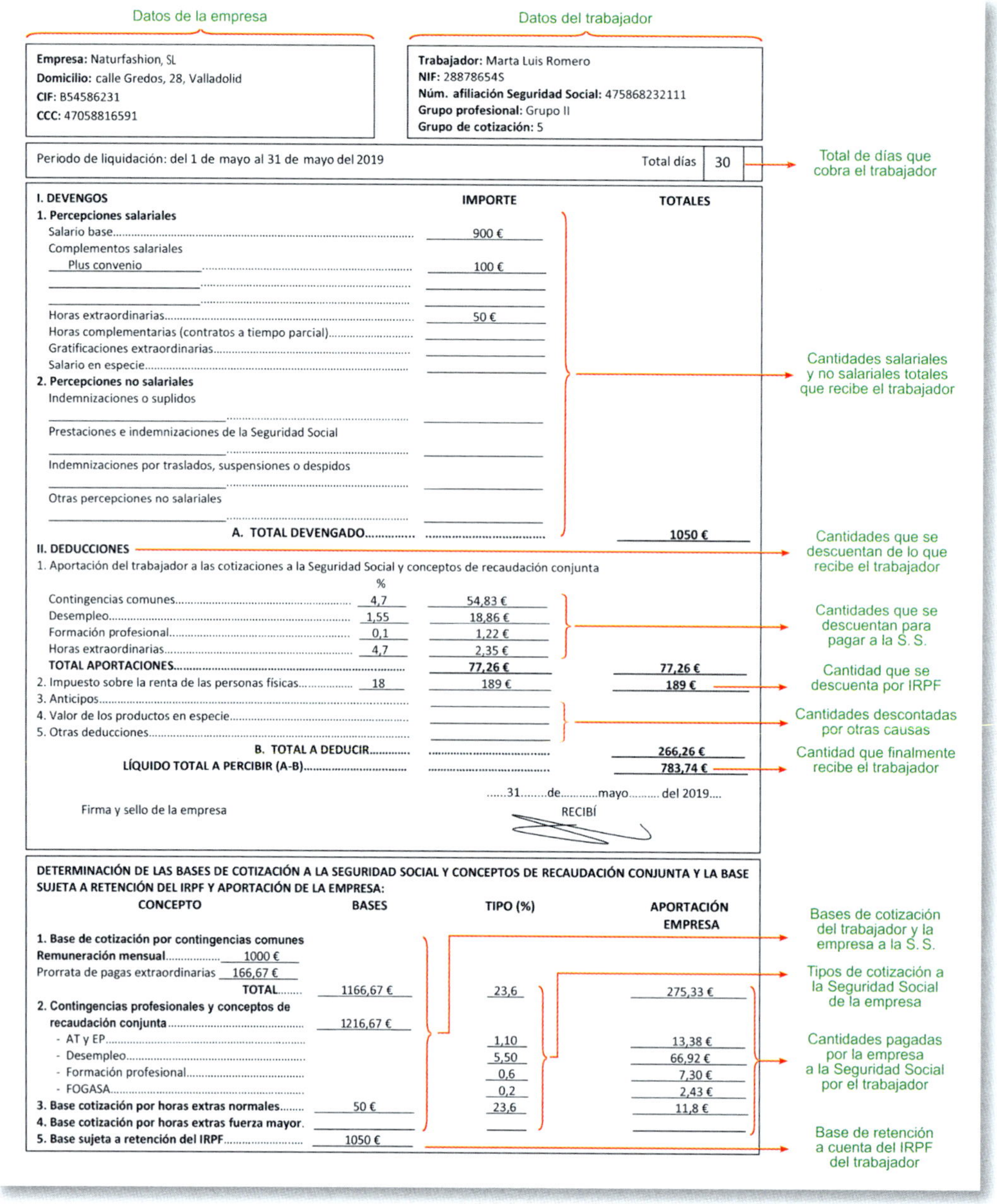

Datos de la empresa

Empresa: Naturfashion, SL
Domicilio: calle Gredos, 28, Valladolid
CIF: B54586231
CCC: 47058816591

Datos del trabajador

Trabajador: Marta Luis Romero
NIF: 28878654S
Núm. afiliación Seguridad Social: 475868232111
Grupo profesional: Grupo II
Grupo de cotización: 5

Periodo de liquidación: del 1 de mayo al 31 de mayo del 2019 — Total días: 30

I. DEVENGOS		**IMPORTE**	**TOTALES**
1. Percepciones salariales			
Salario base		900 €	
Complementos salariales			
Plus convenio		100 €	
Horas extraordinarias		50 €	
Horas complementarias (contratos a tiempo parcial)			
Gratificaciones extraordinarias			
Salario en especie			
2. Percepciones no salariales			
Indemnizaciones o suplidos			
Prestaciones e indemnizaciones de la Seguridad Social			
Indemnizaciones por traslados, suspensiones o despidos			
Otras percepciones no salariales			
A. TOTAL DEVENGADO			**1050 €**
II. DEDUCCIONES			
1. Aportación del trabajador a las cotizaciones a la Seguridad Social y conceptos de recaudación conjunta	%		
Contingencias comunes	4,7	54,83 €	
Desempleo	1,55	18,86 €	
Formación profesional	0,1	1,22 €	
Horas extraordinarias	4,7	2,35 €	
TOTAL APORTACIONES		**77,26 €**	**77,26 €**
2. Impuesto sobre la renta de las personas físicas	18	189 €	**189 €**
3. Anticipos			
4. Valor de los productos en especie			
5. Otras deducciones			
B. TOTAL A DEDUCIR			**266,26 €**
LÍQUIDO TOTAL A PERCIBIR (A-B)			**783,74 €**

......31........de............mayo.......... del 2019....

Firma y sello de la empresa — RECIBÍ

DETERMINACIÓN DE LAS BASES DE COTIZACIÓN A LA SEGURIDAD SOCIAL Y CONCEPTOS DE RECAUDACIÓN CONJUNTA Y LA BASE SUJETA A RETENCIÓN DEL IRPF Y APORTACIÓN DE LA EMPRESA:

CONCEPTO	**BASES**	**TIPO (%)**	**APORTACIÓN EMPRESA**
1. Base de cotización por contingencias comunes			
Remuneración mensual 1000 €			
Prorrata de pagas extraordinarias 166,67 €			
TOTAL	1166,67 €	23,6	275,33 €
2. Contingencias profesionales y conceptos de recaudación conjunta	1216,67 €		
- AT y EP		1,10	13,38 €
- Desempleo		5,50	66,92 €
- Formación profesional		0,6	7,30 €
- FOGASA		0,2	2,43 €
3. Base cotización por horas extras normales	50 €	23,6	11,8 €
4. Base cotización por horas extras fuerza mayor			
5. Base sujeta a retención del IRPF	1050 €		

Figura 4.2. Estructura de la nómina.

4.2.1. Estructura de la nómina

La nómina se estructura en cinco partes claramente diferenciadas.

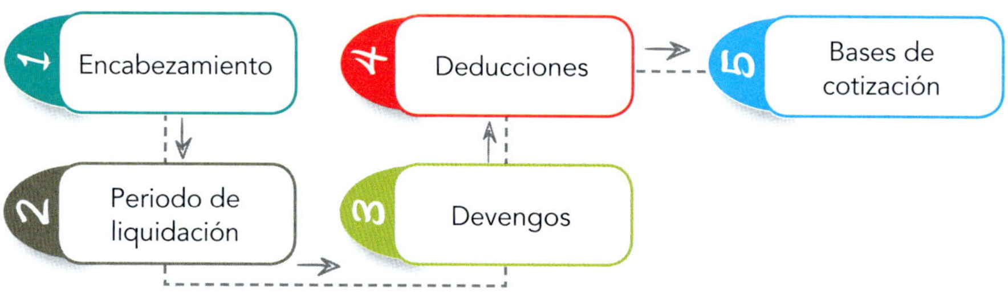

Figura 4.3. Partes de la nómina.

1. Encabezamiento

Se encuentra en la parte superior de la nómina y es el lugar reservado para incluir los datos de identificación de la empresa y del trabajador o trabajadora.

2. Periodo de liquidación

El periodo de liquidación indica las fechas de inicio y final del periodo de tiempo por el que la empresa liquida el salario al trabajador o trabajadora, que no puede ser superior a 1 mes.

Cuando el trabajador o trabajadora cobre el salario mensualmente, el periodo de liquidación será siempre de 30 días independientemente de los días que tenga el mes. Si, por el contrario, la retribución es diaria, el periodo de liquidación indicará el número de días realmente trabajados.

3. Devengos

Los devengos están formados por la suma total de las cantidades que percibe el trabajador o trabajadora: percepciones salariales y percepciones no salariales.

4. Deducciones

Son las cantidades que la empresa debe restar de la nómina del trabajador o trabajadora para ingresarlas en la Seguridad Social y en Hacienda. Las deducciones que la empresa debe realizar en cada una de las nóminas de sus trabajadores son las siguientes:

A. Aportación del trabajador o trabajadora a las cotizaciones de la Seguridad Social

Los trabajadores deben cotizar a la Seguridad Social para tener derecho a recibir prestaciones futuras, como la prestación por desempleo o la pensión de jubilación, entre otras. Son cuatro los conceptos por los que el trabajador o trabajadora deberá cotizar en cada nómina:

1. **Por contingencias comunes.** Esta cuota da derecho a las prestaciones de la Seguridad Social por contingencias comunes, es decir, enfermedad común, accidente no laboral, viudedad, jubilación, orfandad, nacimiento de un hijo o hija, etcétera.
2. **Por la prestación por desempleo.** Esta parte de la cotización proporciona al trabajador o trabajadora el derecho a cobrar el subsidio por desempleo en caso de que lo perdiera.
3. **Por formación profesional.** Estas cuotas dan el derecho a recibir formación y actualización profesional, principalmente a través de cursos.
4. **Por horas extraordinarias.** Solo se incluyen cuando el trabajador o trabajadora haya realizado horas extraordinarias durante el periodo de liquidación de la nómina.

B. Retenciones a cuenta del impuesto de la renta de las personas físicas (IRPF)

La empresa descontará de la nómina del trabajador o trabajadora una cuota a cuenta del impuesto de la renta de las personas físicas (IRPF) y la ingresará en la Hacienda Pública; de este modo, dicha persona va pagando durante todo el año, mes a mes, el IRPF que le corresponda.

C. Anticipos

El trabajador o trabajadora puede solicitar un anticipo a cuenta de la labor ya realizada, que la empresa podrá deducir de su nómina.

D. Valor de los productos recibidos en especie

El valor de los productos en especie (incluidos en la nómina como complemento salarial) se deducirá del total devengado para que el trabajador o trabajadora perciba en dinero efectivo lo que le corresponda.

Caso práctico resuelto 4.1

Calcula el total devengado de la nómina del mes de mayo de Clara Macías, con contrato indefinido a tiempo completo, que recibe las siguientes percepciones durante dicho mes:

- Salario base: 800 €.
- Plus de convenio: 200 €.
- Plus de transporte: 80 €.
- Horas extras normales: 100 €.
- Dietas: 120 € (gastos de manutención por 6 días en España sin pernoctar, recibiendo 20 €/día de la empresa). La trabajadora recibe 2 pagas extras al año en junio y diciembre, iguales al salario base más el plus de convenio.

Solución:

1. Percepciones salariales	
Salario base	800 €
Complementos salariales:	
Plus de convenio	200 €
Horas extraordinarias normales	100 €
Horas complementarias (contratos a tiempo parcial)	
Gratificaciones extraordinarias	
Salario en especie	
2. Percepciones no salariales	
Indemnizaciones o suplidos:	
Plus de transporte	80 €
Dietas	120 €
Prestaciones e indemnizaciones de la Seguridad Social	
Indemnizaciones por traslados, suspensiones o despidos	
Otras percepciones no salariales	
Total devengado	**1300 €**

E. *Otras deducciones*

En este apartado, se pueden incluir las deducciones de las cuotas sindicales que los trabajadores deben aportar al sindicato al que estén afiliados. Esta deducción siempre tiene que autorizarla el empleado o empleada.

5. Determinación de las bases de cotización a la Seguridad Social, los conceptos de recaudación conjunta, la base sujeta a retención del IRPF y la aportación de la empresa

Al final de la nómina, en el lugar indicado para cada una de ellas, se deben consignar las cuantías de las diferentes bases de cotización a la Seguridad Social (base de cotización por contingencias comunes, por contingencias profesionales y por horas extraordinarias), además de la base de retención a cuenta del IRPF y, a título informativo, lo que debe pagar la empresa a la Seguridad Social por cada uno de sus trabajador.

4.2.2. Cálculo de las bases de cotización a la Seguridad Social

En la nómina, es necesario calcular tres bases de cotización:

1. Cálculo de la base de cotización por contingencias comunes (BCCC)

Esta base se obtiene por la suma de los conceptos de la Figura 4.4.

Percepciones salariales:
- Salario base
- Complementos salariales (sin horas extras)

+ Percepciones no salariales que coticen **+** Prorrata de las pagas extraordinarias **=** **BCCC**

Figura 4.4. Obtención de la base de cotización por contingencias comunes.

Para ver las percepciones no salariales que cotizan para el año 2020, hay que consultar la siguiente tabla:

PERCEPCIONES NO SALARIALES			SEGURIDAD SOCIAL	
Conceptos			Exento	Cotiza y debe incluirse en las bases de cotización
Gastos de locomoción	Con factura		Gasto total	Exceso no justificado
	Sin justificación		0,19 €/km	• Exceso sobre 0,19 €/km • Cantidades no justificadas de peaje y aparcamiento
Dietas en municipio distinto del lugar de trabajo habitual	Gastos de estancia (dormir)		Importe justificado	Exceso no justificado
	Gastos manutención	Con pernocta	• España 53,34 €/día • Extranjero 91,35 €/día	Exceso sobre estas cantidades
		Sin pernocta	• España 26,67 €/día • Extranjero 48,08 €/día	Exceso sobre estas cantidades
Plus de transporte y de distancia			—	Importe total
Quebranto de moneda, prendas de trabajo y desgaste de herramientas			—	Importe total
Indemnizaciones por fallecimiento, traslados o suspensiones			Cantidad máxima prevista en convenio colectivo aplicable	Exceso sobre la cantidad máxima
Indemnizaciones por despido			Cantidad máxima establecida en el Estatuto de los Trabajadores	Exceso sobre la cantidad máxima

Para calcular la prorrata de las pagas extraordinarias, debe realizarse el siguiente procedimiento:

CÁLCULO DE LA PRORRATA DE LAS PAGAS EXTRAORDINARIAS	
Remuneración mensual (grupos de cotización del 1 al 7)	**Remuneración diaria (grupos de cotización del 8 al 11)**
$\frac{\text{N.º de pagas extras} \times \text{importe de pagas extras}}{\text{12 meses}}$	$\frac{\text{N.º de pagas extras} \times \text{importe de pagas extras}}{\text{365 días}}$

Una vez calculada la base de cotización por contingencias comunes, debe comprobarse que esta se encuentra comprendida **dentro de las bases máxima y mínima** correspondientes al grupo de cotización del trabajador o trabajadora. Estas bases máximas y mínimas se establecen por el Ministerio de Inclusión, Seguridad Social y Migraciones cada año.

Sabías que...

Al trabajar con euros, el resultado debe redondearse de la siguiente manera:

- **Redondeo por defecto.** Si el tercer decimal es inferior a 5, se dejan los dos primeros decimales y se elimina el resto (por ejemplo, 23,634 € = 23,63 €).
- **Redondeo por exceso.** Si el tercer decimal es igual o superior a 5, se incrementa en una unidad el segundo decimal y se elimina el resto (por ejemplo, 78,887 € = = 78,89 €).

BASES DE COTIZACIÓN MÁXIMAS Y MÍNIMAS POR CONTINGENCIAS COMUNES DEL AÑO 2020 (PRORROGADAS 2019)

Grupo de cotización	Categorías profesionales	Bases mínimas €	Bases máximas €
1	Ingenieros y licenciados	1466,40	4070,10
2	Ingenieros técnicos, peritos y ayudantes titulados	1215,90	4070,10
3	Jefes de administrativos y de taller	1057,80	4070,10
4	Ayudantes no titulados	1050,00	4070,10
5	Oficiales administrativos	1050,00	4070,10
6	Subalternos	1050,00	4070,10
7	Auxiliares administrativos	1050,00	4070,10
		€/día	**€/día**
8	Oficiales de 1.a y 2.a	35	135,67
9	Oficiales de 3.a y especialistas	35	135,67
10	Peones	35	135,67
11	Trabajadores menores de 18 años, cualquiera que sea su categoría profesional	35	135,67

Si la base de cotización de contingencias comunes fuese superior a la base máxima que corresponda al trabajador o trabajadora, se tomará la base máxima. Por otro lado, si la base de cotización de contingencias comunes fuese menor a la base mínima que le corresponda, se tomará en cuenta la base mínima.

2. Cálculo de la base de cotización por contingencias profesionales (BCCP)

Para calcular la base de cotización por contingencias profesionales y conceptos de recaudación conjunta (formación profesional, desempleo y FOGASA), se desarrolla el procedimiento de la Figura 4.5.

Figura 4.5. Obtención de la base de cotización por contingencias profesionales.

La BCCP así calculada no podrá ser superior al tope máximo ni inferior al tope mínimo, cualesquiera que sean el grupo de cotización y el número de horas trabajadas diariamente.

Tope mínimo del 2020	Tope máximo del 2020
1050 €	4070,10 €

Caso práctico resuelto 4.2

Averigua la BCCC del mes de mayo de la trabajadora Clara Macias (Caso práctico resuelto 4.1) o sabiendo que pertenece al grupo 4 de cotización a la Seguridad Social.

Solución:

Para calcular la BCCC, se siguen los pasos explicados en este apartado:

1. Hallar todas las percepciones salariales (salario base + complementos salariales) sin incluir las horas extras ni las pagas extras:

   Percepciones salariales = salario base + complementos salariales = salario base + plus de convenio = = 800 + 200 = 1000 €

2. Señalar las percepciones no salariales que coticen a la Seguridad Social. Se consulta la tabla para ver qué complementos no salariales hay que incluir en la base de cotización.

   La trabajadora percibe los siguientes complementos no salariales:

   - Dietas por 6 días en España sin pernoctar. Las dietas en España sin pernoctación cotizan si las cantidades exceden de 26,67 €/día. La trabajadora ha recibido 120 € por 6 días, es decir, 20 € por día. No supera los 26,67 €/día, por lo tanto, en este caso, las dietas no cotizan y no se incluirán en la BCCC.
   - Plus de transporte. Este complemento no salarial siempre cotiza en su totalidad, por lo tanto, se incluirán en la BCCC los 80 € recibidos este mes.

3. Calcular la prorrata de las pagas extras. Cada paga extra incluye el salario base (800 €) y el plus de convenio (200 €), por lo que cada una será de 1000 €.

   Al cobrar por meses, el cálculo se hace dividiendo el importe de las dos pagas extraordinarias entre 12:

$$\text{PPE} = \frac{1000 \times 2}{12 \text{ meses}} = 166{,}67 \text{ €}$$

4. Determinar la BCCC, que es el resultado de sumar los tres puntos anteriores:

   BCCC = percepciones salariales + complementos no salariales que coticen + prorrata de pagas extras = = 1000 + 80 + 166,67 = 1246,67 €

5. Comprobar si la BCCC calculada se encuentra entre la base máxima y la base mínima correspondiente al grupo 4 de cotización al que pertenece la trabajadora (véase tabla). Para el grupo 4, la base mínima es de 1050 € y la máxima de 4070,10 €. La BCCC calculada es de 1246,67 €, que se encuentra entre la mínima y la máxima, por lo que será la que se tomará como base de cotización de la trabajadora.

Caso práctico resuelto 4.3

Determina la base de cotización por contingencias profesionales de Clara Macías, la misma trabajadora de los Casos prácticos resueltos 4.1 y 4.2.

Solución:

La base de cotización de contingencias profesionales se calcula sumando a la base de cotización por contingencias comunes las horas extraordinarias. La BCCC era de 1246,67 € y la trabajadora había realizado horas extras por valor de 100 €. Así pues, la BCCP será:

$$BCCP = BCCC + \text{horas extras} = 1246{,}67 + 100 = 1346{,}67\ €$$

Esta base está comprendida entre el tope máximo (4070,10 €) y el mínimo (1050 €), por lo que será la BCCP calculada la que se tome como base de cotización de Clara.

3. Base de cotización adicional por horas extraordinarias (BCHE)

La cantidad que constituye la base de cotización adicional de horas extraordinarias es el importe cobrado por ese concepto.

Sabías que...

Se cotiza dos veces por horas extras. Por un lado, se cotiza al incluirlas en la BCCP y, por otro lado, vuelven a cotizar al tener que incluirse en la base BCHE. El objetivo es penalizar el posible abuso por parte de la empresa en la imposición de horas extras a los trabajadores.

Caso práctico resuelto 4.4

Halla la base de cotización de horas extraordinarias del mes de mayo de Clara Macías, con los datos obtenidos en los Casos prácticos resueltos 4.1 y 4.2.

Solución:

La BCHE estará constituida por el valor de las horas extraordinarias realizadas por la trabajadora durante el mes de la nómina que se esté liquidando. Las horas extraordinarias realizadas en el mes de mayo por Clara son horas extraordinarias normales por valor de 100 €.

Por tanto, la base de cotización por horas extraordinarias (BCHE) es de 100 €.

4.2.3. Cálculo de las aportaciones del trabajador a la Seguridad Social

Finalmente, hay que determinar la cuota que los trabajadores deben aportar mensualmente a la Seguridad Social. Se halla multiplicando las bases de cotización antes calculadas por los tipos de cotización que le correspondan a cada una de ellas.

Base de cotización (BCCC o BCCP) × Tipo de cotización del trabajador (%) = Cuota aportada por el trabajador/a a la Seguridad Social (a descontar en la nómina)

Figura 4.6. Cálculo de la cuota laboral a la Seguridad Social.

Los tipos de cotización del año 2020 son:

TIPOS GENERALES DE COTIZACIÓN DEL AÑO 2020					
Conceptos		Porcentajes (%)			Bases de cotización
		Empresa	Trabajador/a	Total	
Contingencias comunes		23,60	4,70	28,30	BCC comunes
Horas extraordinarias	Fuerza mayor	12,00	2,00	14,00	BC horas extras
	Resto	23,60	4,70	28,30	BC horas extras
Desempleo	Tipo general	5,50	1,55	7,05	BCC profesionales
	Contrato de duración determinada a tiempo completo	6,70	1,60	8,30	BCC profesionales
	Contrato de duración determinada a tiempo parcial	6,70	1,60	8,30	BCC profesionales
Formación profesional		0,60	0,10	0,70	BCC profesionales
Fondo de Garantía Salarial (FOGASA)		0,20	No cotiza por este concepto	0,20	BCC profesionales

Caso práctico resuelto 4.5

Establece las cuotas a la Seguridad Social que se deben descontar de la nómina del mes de mayo de Clara Macías, sabiendo que la trabajadora tiene firmado con la empresa un contrato indefinido y cuyas bases de cotización se han calculado en los Casos prácticos resueltos 4.2, 4.3 y 4.4 y que son las siguientes:

- Base de cotización por contingencias comunes (BCCC) = 1246,67 €.
- Base de cotización de contingencias profesionales (BCCP) = 1346,67 €.
- Base de cotización de horas extras (BCHE) = 100 €.

Solución:

Las cuotas de los trabajadores a la Seguridad Social se calculan multiplicando las bases de cotización por los tipos de cotización que le correspondan a cada una de ellas (véase la tabla).

- Cuota por contingencias comunes =
  = BCCC × tipo de cotización por contingencias comunes (4,7 %) = 1246,67 × 4,7 % = 58,59 €.
- Cuota por desempleo = BCCP × tipo de cotización por desempleo (1,55 %) = 1346,67 × 1,55 % = 20,87 €.
- Cuota por formación profesional =
  = BCCP × tipo de cotización por formación profesional (0,1 %) = 1346,67 × 0,1 % = 1,35 €.
- Cuota por horas extraordinarias = BCHE × tipo de cotización por horas extras (4,7 %) = 100 × 4,7 % = 4,70 €.

4.2.4. Retenciones a cuenta del impuesto de la renta de las personas físicas (IRPF)

La empresa deduce en la nómina del trabajador o trabajadora la cuota de retención a cuenta del IRPF que le corresponde.

La cuota que ha de pagar el trabajador o trabajadora en concepto de IRPF se obtiene aplicando la fórmula de la Figura 4.7.

Figura 4.7. Cálculo de la cuota por IRPF.

El tipo de retención por IRPF que se aplica va a depender de la retribución bruta anual y de las circunstancias personales y familiares del trabajador o trabajadora (este dato es complejo de obtener, por lo que siempre se proporcionará en las actividades cuando sea necesario, así como la base de retención).

Caso práctico resuelto 4.6

Indica la retención a cuenta del IRPF de Clara Macías sabiendo que el tipo de retención del IRPF aplicado es del 18 % y su base de retención de 1180 €.

Solución:

La cuota que ha de pagar Clara en concepto de IRPF se obtendría aplicando la siguiente fórmula:

Retención IRPF = base de retención del IRPF × tipo de retención del IRPF = 1180 € × 18 % = 212,40 €.

4.2.5. Cuotas que ha de pagar la empresa a la Seguridad Social

Al final de la nómina, a título informativo, se reflejan las aportaciones que la empresa deberá realizar a la Seguridad Social por cada trabajador o trabajadora y por los siguientes conceptos:

- Contingencias comunes.
- Desempleo.

- Fondo de Garantía Salarial (FOGASA).
- Formación profesional.
- Horas extraordinarias que realicen sus trabajadores.
- Por accidente de trabajo y enfermedad profesional (AT y EP).

Las cuotas que la empresa debe pagar a la Seguridad Social por cada trabajador o trabajadora se calculan siguiendo el mismo procedimiento que el realizado con los trabajadores; la única diferencia es que los tipos de cotización son diferentes (observa la tabla de tipos de cotización).

Concepto clave

El **Fondo de Garantía Salarial (FOGASA)** es un organismo autónomo adscrito al Ministerio de Trabajo, Migraciones y Seguridad Social que garantiza a los trabajadores la percepción de sus salarios, así como las indemnizaciones por despido o extinción de la relación laboral, pendientes de pago por causa de insolvencia o procedimiento concursal de la empresa.

Caso práctico 4.1

Realiza la nómina correspondiente al mes de mayo de Clara Macías con los datos obtenidos de dicha trabajadora en los Casos prácticos resueltos 4.1-4.6 y sabiendo que las cuotas que ha de pagar la empresa son las siguientes:

- Cuota por contingecias comunes: 294,21 €.
- Cuota por desempleo: 74,06 €.
- Cuota por FOGASA: 2,69 €.
- Cuota por formación profesional: 8,08 €.
- Cuota por horas extras: 23,60 €.
- Cuota por AT y EP (2,6 %): 35,01 €.

4.3. ¿Qué tipo de prestaciones se reciben de la Seguridad Social?

Como hemos visto a través del estudio del salario en los apartados anteriores, el trabajador debe pagar a la Seguridad Social una cantidad que se deduce de su nómina por diferentes conceptos, pero ¿qué es la Seguridad Social?, ¿cuál es su finalidad? y ¿qué prestaciones y beneficios concede?

La Seguridad Social ofrece a las personas diferentes tipos de compensaciones económicas o asistenciales, denominadas *prestaciones*, cuando se produce una **contingencia** (profesional o común) que origina una situación de **necesidad social.** Para acceder a estas prestaciones, es necesario que la persona **cumpla los requisitos** establecidos legal y reglamentariamente en cada caso. Estas prestaciones pueden ser de dos tipos: **contributivas** y **no contributivas.**

Concepto clave

Las **prestaciones contributivas** son aquellas que recibe una persona trabajadora por haber cotizado durante un tiempo determinado en su vida laboral y siempre que cumpla los requisitos legales exigidos.

Las **prestaciones no contributivas** son aquellas que se entregan a los ciudadanos que no han cotizado nunca o no lo suficiente para acceder a una prestación de nivel contributivo y que carecen de recursos económicos.

4.3.1. Asistencia sanitaria

La asistencia sanitaria está constituida por el derecho a recibir los servicios médicos y farmacéuticos necesarios para conservar o restablecer la salud de sus beneficiarios, así como su aptitud para el trabajo. Tiene derecho a ella cualquier persona que resida en territorio español y no tenga ingresos superiores a 100 000 €.

4.3.2. Incapacidad temporal

La incapacidad temporal (IT) es una prestación económica que recibe el trabajador o trabajadora durante el tiempo que esté de baja laboral por una enfermedad o un accidente. Para tener derecho a esta prestación, la persona debe estar **afiliada** a la Seguridad Social, en situación de **alta** o **alta asimilada** en la fecha en que se produce el accidente o se contrae la enfermedad.

Si la causa de la incapacidad temporal es por una enfermedad común, la persona deberá tener cotizados al menos 180 días dentro de los 5 años inmediatamente anteriores a la baja. Si la causa es por una enfermedad profesional, un accidente laboral o no laboral, no se exigirá periodo previo de cotización.

La duración máxima de la prestación, en cualquier caso, debe ser de 12 meses prorrogables en 6 meses más cuando se espere una posible recuperación del trabajador o trabajadora durante ese tiempo y, posteriormente, reciba el alta médica por curación.

Para calcular la cuantía de la prestación, en primer lugar, hay que calcular la base reguladora:

INCAPACIDAD TEMPORAL
Base reguladora por enfermedad común o accidente no laboral
$BR = \frac{\text{BCCC del mes anterior a la baja}}{\text{N.° de días cotizados (30 si el salario es mensual, 31, 30, 29 o 28 si el salario es diario)}}$
Cuantía de la prestación por enfermedad común y accidente no laboral
Del 1.° al 3.° día → No se cobra nada.
Del 4.° al 20.° día → El 60 % de la base reguladora.
Del 21.° día en adelante → El 75 % de la base reguladora.
La empresa paga hasta el día 15.° y del 16.° en adelante lo hará la entidad gestora.
Base reguladora por enfermedad profesional o accidente laboral
$BR = \frac{\text{BCCP del mes anterior a la baja sin horas extras}}{\text{N.° de días cotizados (30 si el salario es mensual, 31, 30, 29 o 28 si el salario es diario)}} + \frac{\text{Horas extras del año natural anterior}}{365}$
Cuantía de la prestación por enfermedad profesional y accidente laboral
Día de la baja → Salario del día pagado por la empresa.
Desde el día siguiente a la baja → El 75 % de la base reguladora.
El pago deberá hacerlo la entidad gestora o la mutua colaboradora con la Seguridad Social.

Importante

La **afiliación** es un acto administrativo por el que se incluye al trabajador o trabajadora en el sistema de la Seguridad Social. La empresa debe afiliar a los trabajadores que vaya a contratar y que desarrollen su primer empleo.

El **alta** es un acto administrativo que realiza la empresa ante la Tesorería General de la Seguridad Social cada vez que un trabajador o trabajadora reanuda su actividad laboral.

La empresa deberá dar de **baja** en la Seguridad Social al trabajador o trabajadora cuando finalice la relación laboral, en los 3 días naturales siguientes al cese de la actividad.

Concepto clave

El **alta asimilada** es la relación que un ciudadano mantiene con la Seguridad Social cuando cesa en su actividad laboral y, por tanto, no está dado de alta, pero por su circunstancia particular hace que tampoco cause baja. Por ejemplo, un trabajador despedido que accede a la prestación por desempleo (cobrar el paro) se encuentra en esta situación de alta asimilada.

Caso práctico resuelto 4.7

Juan José ha sufrido un accidente laboral. El médico le da el parte de baja el día 1 de marzo del 2020 y el alta el 20 de marzo del 2020. Hace solo 8 meses que trabaja en la empresa y su base de cotización por contingencias profesionales del mes de febrero fue de 1430 € mensuales. El trabajador no realizó horas extras en febrero ni en el año natural anterior.

a) ¿Qué requisitos debe cumplir para acceder a la prestación por incapacidad temporal?

b) ¿Cuál es la cuantía que deberá percibir Juan José?

c) ¿Qué día comenzará el cobro de la prestación?

Solución:

a) Juan José tiene derecho a cobrar la prestación por IT, ya que está afiliado y en alta. Por tratarse de un accidente laboral, no necesita tener periodo previo de cotización.

b) Para hallar la cuantía de la prestación, en primer lugar, debe calcularse la base reguladora diaria (BR) en caso de IT por accidente de trabajo:

$$BR = \frac{\text{BCCP del mes anterior a la baja sin horas extras}}{\text{N.° de días (salario mensual o diario)}} + \frac{\text{Horas extras del año natural}}{365}$$

$$BR = \frac{1430 - 0}{30} + \frac{0}{365} = 47{,}67 \text{ €/día}$$

En segundo lugar, hay que determinar los días de prestación: desde el día siguiente a la baja (2/3/2020) hasta el día del alta (20/3/2020): 19 días.

En tercer lugar, se establece el importe del subsidio:

BASE REGULADORA DIARIA	PORCENTAJE	IMPORTE
47,67 €	75 %	35,75 €

Por tanto, el importe total de la prestación es de:

19 días × 35,75 = 679,25 €

c) La empresa pagará el salario íntegro correspondiente al día de la baja. A partir del día siguiente, la prestación la abonará la entidad gestora o la mutua correspondiente.

Caso práctico 4.2

Agustín González, afiliado y de alta en la Seguridad Social, recibe la baja médica por un contagio de coronavirus el 10 de septiembre del 2020, permaneciendo de baja hasta el 28 de octubre. La BCCC del mes de agosto fue de 1278 €. Además, lleva 12 años trabajando en la empresa.

a) ¿Tiene derecho el trabajador a la prestación por IT?

b) Calcula la base reguladora, el periodo de cobro y el importe del subsidio.

4.3.3. Incapacidad permanente

La incapacidad permanente (IP) es la situación del trabajador o trabajadora que, como consecuencia de una enfermedad o accidente, presenta reducciones anatómicas o funcionales graves, previsiblemente definitivas, que reducen o anulan su capacidad para trabajar. Existen cuatro grados de incapacidad permanente con sus características propias:

INCAPACIDAD PERMANENTE			
Grados de incapacidad permanente			
Parcial (IPP) Produce una disminución de al menos el 33 % (el 50 % en autónomos) en el rendimiento normal para la profesión habitual.	**Total (IPT)** Inhabilita para realizar las tareas fundamentales de la profesión habitual, pero puede realizar otra.	**Absoluta (IPA)** Inhabilita para toda profesión u oficio.	**Gran invalidez (GI)** Existen pérdidas anatómicas o funcionales graves y necesita la asistencia de otra persona para los actos más esenciales de la vida, como vestirse, comer, etcétera.
Cuantía por percibir			
Parcial Indemnización, en un solo pago, de 24 mensualidades de la base reguladora, que es la misma que en la IT.	**Total** Pensión vitalicia del 55 % de la base reguladora, compatible con la realización de otro trabajo. Puede incrementarse un 20 % en personas mayores de 55 años que no encuentren trabajo.	**Absoluta** Se cobrará una pensión vitalicia del 100 % de la base reguladora.	**Gran invalidez** Se cobrará una pensión vitalicia del 100 % de la base reguladora, que se incrementará entre un 30 % y un 50 % según la gravedad.

4.3.4. Jubilación

La jubilación se produce cuando una persona laboralmente activa cesa en su actividad al alcanzar la edad establecida. Los requisitos para percibirla son los siguientes:

- Tener cumplida la edad mínima para acceder a la jubilación. En el año 2020, está en 65 años y 10 meses, pero se irá aumentando paulatinamente hasta los 67 años en el 2027.
- Tener un mínimo de 15 años de cotización, de los cuales 2 años deben estar comprendidos en los quince años anteriores a la fecha de jubilación.

Para calcular la cuantía de la pensión, se aumentará cada año 1 año más, para pasar de tomar como referencia los últimos 15 años cotizados en el año 2012 a los últimos 25 años cotizados en el año 2022.

4.3.5. Muerte y supervivencia

Las prestaciones por muerte y supervivencia tratan de compensar la situación de necesidad económica que puedan sufrir las personas que convivían y dependían de la persona fallecida.

MUERTE Y SUPERVIVENCIA	
Pensión de viudedad	
La pensión de viudedad es una prestación económica de carácter vitalicio que se concede a quienes han tenido un vínculo matrimonial o fueron pareja de hecho de la persona fallecida y reúnan los requisitos que establece la ley.	
Requisitos del fallecido	1. Estar afiliados y dados de alta en el Régimen General de la Seguridad Social y tener 5 años como mínimo cotizados. 2. Si el fallecimiento es debido a una enfermedad común, hay que tener cotizados 500 días dentro de un periodo ininterrumpido de 5 años inmediatamente anterior a la fecha de la muerte. 3. Si el fallecimiento se produce por un accidente, sea o no de trabajo, o por una enfermedad profesional, no se exige periodo mínimo de cotización. 4. Si, en el momento de la muerte, las personas no están dadas de alta o en situación asimilada de alta en la Seguridad Social, tendrán que haber cotizado a lo largo de su vida un mínimo de 15 años.
Requisitos del cónyuge	1. Tener hijos en común. 2. Haber celebrado el matrimonio, al menos, un año antes del fallecimiento, salvo que acrediten dos años de convivencia.
Cuantía	• El 52 % de la base reguladora, con carácter general. • El 70 % de la base reguladora correspondiente cuando se tengan cargas familiares, la pensión de viudedad sea la principal o única fuente de ingresos y el beneficiario no sobrepase un determinado nivel de ingresos anuales.
Pensión de orfandad	
Podrán ser beneficiarios de la pensión de orfandad los hijos del fallecido y los hijos del cónyuge sobreviviente aportados al matrimonio, siempre que este se hubiera celebrado 2 años antes del fallecimiento, que hayan convivido a expensas del fallecido y, además, no tengan derecho a otra pensión de la Seguridad Social, ni queden familiares con obligación y posibilidad de prestarles alimentos. En la fecha del fallecimiento, los hijos anteriormente indicados deben cumplir unos requisitos: • Tener menos de 21 años o más de esa edad que tengan reconocida una incapacidad permanente absoluta o gran invalidez. • La edad se amplía hasta los 25 años cuando el huérfano no realice ningún trabajo por cuenta ajena o propia o cuando, realizándolo, los ingresos que obtenga sean menores al SMI anual.	
Cuantía	La cuantía será del 20 % de la BR aplicable para la pensión de viudedad para cada huérfano.

4.3.6. Prestación por nacimiento y cuidado de un menor

Las prestaciones económicas por nacimiento, adopción o acogimiento las reciben los trabajadores, tanto por cuenta ajena o como por cuenta propia, cuando se suspende su actividad laboral para disfrutar de los periodos de descanso por nacimiento, adopción o acogimiento legalmente establecidos.

Importante

El auxilio por defunción es una prestación económica única destinada a pagar los gastos del sepelio. Su importe es de 46,50 € y, normalmente, lo cobra la pareja que sobrevive o los hijos.

Concepto clave

El **sepelio** es el entierro de un cadáver y los ritos y ceremonias religiosos o civiles correspondientes.

Importante

La **prestación por riesgos durante el embarazo y la lactancia natural de un menor de 9 meses** se genera cuando no es posible cambiar a la trabajadora a otro puesto que sea compatible con su estado. Para acceder a esta prestación, la trabajadora debe estar afiliada a la Seguridad Social. La cuantía de la prestación es del 100 % de la BCCP y su duración, en el caso de riesgo por embarazo, será hasta que se inicie el permiso por nacimiento y, en el caso de la lactancia natural, será hasta que el menor cumpla 9 meses.

Caso práctico 4.3

Esperanza, de 30 años de edad, trabaja en la empresa Optical, SL, desde hace 7 años. Está embarazada y se encuentra ya en su octavo mes de embarazo. El 10 de abril del 2020 nace su primera hija e inicia su descanso por nacimiento. La BCCC del mes anterior a la fecha de comienzo del descanso, marzo, es de 1220 €.

a) ¿Tiene derecho Esperanza a percibir la prestación por nacimiento? ¿Por qué?

b) De corresponderle, ¿durante cuánto tiempo cobraría la prestación por nacimiento?

c) Calcula el importe de la prestación.

NACIMIENTO Y CUIDADO DEL MENOR		
Base reguladora	Se utiliza la base por contingencias comunes (BCCC) tomando como referencia la fecha de inicio del descanso por nacimiento, adopción o acogimiento.	
Cuantía	Un subsidio equivalente al 100 % de la base reguladora correspondiente.	
Duración	Observa la tabla de la página 55 sobre causas de suspensión que establece el Estatuto de los Trabajadores en la Unidad 3.	
Requisitos	Serán beneficiarios los trabajadores por cuenta ajena o propia, cualquiera que sea su sexo, que se encuentren en situación de alta o asimilada al alta y acrediten, según su edad, los siguientes periodos mínimos de cotización:	
	Edad exigida al trabajador/a	**Cotización**
	Menos de 21 años en la fecha de nacimiento, adopción o acogida.	No se exige cotización mínima.
	Entre 21 y 26 años en la fecha de nacimiento, adopción o acogida.	90 días cotizados en los 7 años anteriores al momento de inicio del descanso, adopción o acogida o 180 días a lo largo de toda la vida laboral.
	Más de 26 años en la fecha de nacimiento, adopción o acogida.	180 días cotizados en los 7 años anteriores al momento de inicio del descanso, adopción o acogida o 360 días cotizados en toda su vida laboral.

4.4. ¿Cómo se accede a la protección por desempleo?

Pueden acceder a estas prestaciones las personas que, pudiendo y queriendo trabajar, han perdido su empleo o han visto reducida su jornada laboral en, al menos, una tercera parte. La protección por desempleo trata de compensar la falta de rentas como consecuencia de la pérdida del trabajo y ayudar a la persona a volver a su actividad laboral. Puede ser de dos tipos: prestación por desempleo y subsidio por desempleo.

4.4.1. Prestación por desempleo

La prestación por desempleo es una prestación económica de **nivel contributivo,** que recibe la persona que se encuentre en **situación legal de desempleo,** esté **buscando activamente** un empleo, suscriba un **compromiso de actividad,** esté inscrita como **demandante de empleo** y tenga **cotizados 360 días** en los 6 años anteriores a producirse la pérdida del empleo o la reducción de jornada y no tenga la edad para jubilarse.

El tiempo de duración de la prestación por desempleo en función del tiempo cotizado, así como el procedimiento para calcular su cuantía, son:

Importante

Para poder cobrar la prestación por desempleo, la persona debe estar afiliada y en situación de alta o asimilada al alta en la Seguridad Social en un régimen que contemple la contingencia por desempleo.

BASE REGULADORA

$$BR = \frac{\sum BCCP \text{ 180 últimos días sin horas extras}}{180}$$

CUANTÍA

El 70 % de la BR durante los 180 primeros días.

El 50 % de la BR a partir del día 181.

LÍMITES

Importe máximo mensual de la prestación en el 2020:

- Si no tiene hijos a su cargo: 1098,09 €.
- Si tiene un hijo a su cargo: 1254,96 €.
- Si tiene dos o más hijos a su cargo: 1411,83 €.

Importe mínimo mensual de la prestación en el 2020:

- Si no tiene hijos a su cargo: 501,98 €.
- Si tiene al menos un hijo a su cargo: 671,40 €.

DURACIÓN

Tiempo cotizado (6 años anteriores)	Días de prestación
De 360 a 539 días	120
De 540 a 719 días	180
De 720 a 899 días	240
De 900 a 1079 días	300
De 1080 a 1259 días	360
De 1260 a 1439 días	420
De 1440 a 1619 días	480
De 1620 a 1799 días	540
De 1800 a 1979 días	600
De 1980 a 2159 días	660
De 2160 días en adelante	720

A efectos de los límites máximo y mínimo de la prestación, se consideran hijos a cargo los menores de 26 años o mayores con discapacidad que convivan con el beneficiario en su domicilio y no tengan rentas superiores al SMI mensual vigente.

La prestación por desempleo se puede solicitar telemáticamente a través de la página web del SEPE (Servicio Público de Empleo) o personalmente en una de sus oficinas. La solicitud se presentará en los 15 días hábiles siguientes al último día trabajado.

4.4.2. Subsidio por desempleo

El subsidio por desempleo es una prestación de nivel asistencial que se concede a demandantes de empleo, que no hayan rechazado una oferta de empleo, que participen en acciones formativas que mejoren su empleabilidad y cuyas rentas mensuales no superen el 75 % del SMI.

Las personas que soliciten esta prestación deben cumplir los siguientes requisitos:

- Estar desempleadas.
- No tener derecho a la prestación contributiva por desempleo.
- Estar inscritas como demandantes de empleo, mantener dicha inscripción durante todo el periodo de percepción y suscribir el compromiso de actividad.

Sabías que...

Se consideran **situaciones legales de desempleo** las siguientes:

- Por cualquier tipo de despido de la empresa.
- Por finalización de la duración del contrato.
- Por jubilación, incapacidad o muerte de la persona propietaria de la empresa.
- Por extinción del contrato por voluntad del trabajador o trabajadora basada en una causa justa.
- Por extinción del contrato por parte de la empresa durante el periodo de prueba.
- Los trabajadores con contratos fijos discontinuos en los periodos en los que no trabajan.
- El retorno a España de trabajadores españoles que finalicen su contrato en el extranjero.
- Por extinción o suspensión de la relación laboral de víctimas de violencia de género.
- La liberación de prisión por cumplimiento de condena o libertad condicional.
- Por el cese involuntario en cargo público o sindical.

Concepto clave

El **IPREM,** el indicador público de renta de efectos múltiples, es un índice empleado en España como referencia para la concesión de ayudas, subvenciones o el subsidio de desempleo.

La cuantía del subsidio será del 80 % del IPREM (430,27 € en 2020) y su duración será de 6 meses prorrogables, por periodos semestrales, hasta un máximo de 18 meses. Excepcionalmente, para desempleados que hubiesen agotado la prestación por desempleo y tengan responsabilidades familiares, se puede prorrogar entre 24 meses y 30 meses.

Caso práctico resuelto 4.8

A Julio, 25 años de edad, soltero y sin hijos, lo han despedido y el 15 de octubre del 2020 será su último día de trabajo. Ha cotizado ininterrumpidamente 1830 días en los últimos 6 años. La suma de las BCCP de los últimos 180 días es de 8467 € (sin incluir horas extras).

a) ¿Tiene derecho a la prestación por desempleo? ¿Por qué?

b) Calcula la cuantía y la duración de esta.

Solución:

a) Julio se encuentra en situación legal de desempleo, no ha cumplido la edad ordinaria para acceder a la jubilación, está afiliado y de alta en la Seguridad Social y tiene acreditado un periodo mínimo de cotización de 360 días dentro de los 6 años anteriores. Además, acredita su inscripción como demandante de empleo y el compromiso de actividad. Por lo tanto, el trabajador reúne los requisitos exigidos y tendrá derecho a la correspondiente prestación por desempleo.

b) Julio acredita 1830 días de cotización ininterrumpidos en los últimos 6 años, por lo tanto, según la escala establecida, le corresponden 600 días de prestación.

La base reguladora se calculará dividiendo entre 180 la suma de las BCCP, menos las cantidades por horas extraordinarias recibidas los últimos 180 días cotizados.

$$BR = \frac{8467\ €}{180\ \text{días}} = 47{,}04\ €/\text{día}$$

La cuantía de la prestación durante los 180 primeros días será:

El 70 % de 47,04 €/día = 32,93 €/día × 30 días = 987,90 €/mes

Desde el día 181 al 600, la prestación será:

El 50 % × 47,04 € = 23,52 €/día × 30 días = 705,60 €/mes

Los topes máximos y mínimos durante el 2020 para personas sin hijos a cargo son:

- Tope máximo: 1098,09 €/mes.
- Tope mínimo: 501,98 €/mes.

La cuantía de la prestación por desempleo no es superior al tope máximo ni es inferior al tope mínimo, por lo que, definitivamente, el trabajador recibirá 987,90 €/mes durante los primeros 180 días y 705,60 €/mes durante el resto.

Caso práctico 4.4

Lidia, de 30 años, ha finalizado su contrato temporal y se va a inscribir en el SEPE como demandante de empleo. Acredita 4 años de cotización en los últimos 6 años. La suma de las bases de cotización por contingencias profesionales (sin horas extras) de los últimos 180 días asciende a 11 500 €. Tiene un hijo a su cargo de 2 años. ¿Goza del derecho a la prestación por desempleo? En caso afirmativo, indica cuánto duraría y cuánto cobraría.

Comprueba lo que has aprendido

Beatriz y Mario están repasando algunos detalles de la unidad después de haberla estudiado. Deciden poner a prueba todo lo que han aprendido sobre el salario intentando resolver los siguientes ejercicios. Es probable que duden sobre algunas cuestiones, quizá puedas tú asesorarlos de manera directa y que puedan solucionarlos sin errores.

1. Raquel Martínez tiene 24 años y es técnica en gestión administrativa. Trabaja en una financiera con un contrato en prácticas desde hace un año. Pertenece al grupo 6 de cotización a la Seguridad Social, con NIF 34567223V y número de la Seguridad Social 41/0100121/21 y, durante el mes de enero, ha cobrado las siguientes percepciones:

   - Salario base: 900 €.
   - Plus de antigüedad: 30,50 €.

   La trabajadora tiene derecho a dos pagas extraordinarias, en julio y diciembre, iguales al salario base.

   La retención a cuenta del IRPF practicada por la empresa es del 17 %, siendo su base de retención por IRPF de 930,50 €.

   Calcula la nómina del mes de enero de Raquel sin incluir la cotización a la Seguridad Social de la empresa.

2. El 4 de febrero de este año, ha tropezado en su casa y se ha hecho un esguince en el pie, permaneciendo de baja hasta el 27 de febrero del mismo año. Su base de cotización por contingencias comunes (BCCC) de enero de este año fue de 1230,50 €. ¿Tiene derecho Raquel a la prestación por IT?

3. Suponiendo que tuviera derecho a la prestación por IT, indica cuánto tiempo la cobraría, el importe total del subsidio y quién debe pagarlo.

4. Raquel estaba embarazada y, en abril del 2021 de este año, ha dado a luz a su primer hijo y piensa disfrutar íntegramente el permiso por nacimiento y cuidado de menor. La BCCC es la misma que para la IT.

   Manuel, su marido, de 28 años, que trabaja desde hace 5 años en una empresa dedicada a la producción de componentes informáticos, también ha informado a la empresa de que va a disfrutar del permiso por nacimiento y cuidado de menor que le corresponde. La BCCC del mes anterior a la fecha del nacimiento de su hijo fue de 1825 €.

   ¿Tienen derecho Raquel y Manuel a la prestación por nacimiento y cuidado de menor? En caso afirmativo, establece su duración y cuantía. ¿Deben preavisar a la empresa de que van a disfrutar de dichos permisos?

5. Cuando se cumplen los dos años de contrato, la empresa decide prescindir de Raquel, esta se inscribe como demandante de empleo en su oficina de empleo y suscribe el compromiso de actividad. Sabiendo que ha cotizado 730 días ininterrumpidos en los últimos 6 años, que tiene un hijo a su cargo de 24 meses de edad y que las bases de cotización por contingencias profesionales de los últimos 180 días han sido de 7383 € (sin incluir horas extras), ¿tiene derecho Raquel a cobrar la prestación o el subsidio por desempleo? En caso afirmativo, ¿cuánto duraría y cuál sería su cuantía?

Actividades finales

1. El salario

4.1. Alicia trabaja como animadora en un hotel de la costa almeriense. Cobra una nómina de 1100 €. De esta cantidad, cobra cada mes 600 € en metálico, una habitación que le cede el hotel por un valor de 300 € y 200 € en concepto de manutención. ¿Es correcto este salario? ¿Por qué?

2. La nómina

4.2. Ernesto es técnico en jardinería y floristería y trabaja como encargado en un vivero. Pertenece al grupo de cotización 3 (GC3). Su contrato es indefinido a jornada completa y cobra mensualmente lo siguiente: salario base de 950 € y un plus de toxicidad de 150 €. La retención a cuenta del IRPF es del 15 % y su base de retención de 1100 €. Tiene dos pagas extras, una en junio y otra en diciembre, por un importe igual al salario base. Calcula la nómina de abril sin incluir las cotizaciones de la empresa a la Seguridad Social.

4.3. Alba es técnica ecuestre y trabaja con un contrato en prácticas como guía de itinerarios a caballo. Pertenece al GC3. Mensualmente, cobra lo siguiente: salario base 1000 €, plus de peligrosidad 200 €, plus de idioma 50 € y plus de transporte 20 €. Además, recibe 2 pagas extras al año, una en junio y otra en diciembre, por un importe igual al salario base. La retención por IRPF es del 17 % y su base de retención de 1270 €. Realiza su nómina de mayo sin incluir las cotizaciones de la empresa a la Seguridad Social.

4.4. Fran tiene 17 años y trabaja como reponedor en un supermercado a jornada completa con un contrato eventual por circunstancias de la producción. Pertenece al GC11. Tiene reconocidas las siguientes retribuciones: salario base (25 €/día), plus de productividad (5 €/día) y dos pagas extraordinarias de 30 días de salario base más el plus de productividad cada una de ellas en los meses de julio y diciembre. Tiene un tipo de IRPF del 10 % y su base de retención en junio de 660 €. Elabora su nómina del mes de junio, si trabaja 22 días del mes, sin incluir las cotizaciones de la empresa a la Seguridad Social.

4.5. Inmaculada Beltrán, con NIF 38768900P y número de la Seguridad Social 41/0122270/81, acaba de empezar a trabajar en una empresa con un contrato temporal a tiempo completo GC6. Las percepciones económicas que recibe durante el mes de mayo han sido las siguientes: salario base (901,52 €), incentivo (68,90 €) y por antigüedad (90,15 €). Tiene derecho a 2 pagas extras iguales al salario base más la antigüedad cada una, que percibe prorrateadas cada mes. Además, Inmaculada ha realizado horas extraordinarias normales por valor de 72,12 €. La empresa le retiene un 18 % a cuenta del IRPF y una base de retención de 1297,97 €. Establece la nómina de Inmaculada del mes de mayo sin incluir las cotizaciones de la empresa a la Seguridad Social.

3. Prestaciones de la Seguridad Social

4.6. Rafael está afiliado y en situación de alta en la Seguridad Social, trabaja en una empresa desde el 1 de enero del año 2001. Sufre una gripe el 4 de septiembre de este año y permanece de baja hasta el 28 de septiembre. Su BCCC del mes anterior, agosto, es de 1350 €. ¿Tiene derecho el trabajador a la prestación por IT? En caso afirmativo, indica su base reguladora, el periodo de cobro, el importe del subsidio y quién debe pagar la prestación.

4.7. Raquel trabaja en una empresa como como auxiliar administrativa, GC7. El 10 de octubre de este año sufre un accidente laboral y permanece de baja hasta el 15 de noviembre del mismo año. La BCCP del mes de septiembre fue de 1550 €, de los cuales 250 € corresponden a horas extraordinarias. Durante el año natural anterior a la baja, cobró por horas extras 340 €. ¿Tiene derecho Raquel a la prestación por IT? En caso afirmativo, indica su base reguladora, periodo de cobro, el importe del subsidio y quién debe pagar la prestación.

4.8. Isabel Ramos presta sus servicios en la empresa Lifos, SL, desde hace 20 años. El 2 de febrero de este año, causa baja por enfermedad común. Tras el informe del equipo de valoración de incapacidades, se le dictamina una incapacidad permanente parcial (IPP) para su profesión habitual el 14 de diciembre. Isabel cumple con los requisitos de cotización para acceder a la IPP. La BCCC de enero es de 1537,87 €. Calcula la base reguladora y el importe del subsidio.

4.9. David y Rocío, de 23 años y 25 años respectivamente, han sido padres de su tercer hijo el día 16 de octubre del 2021. Ambos cumplen con los requisitos de cotización exigidos para solicitar las prestaciones por nacimiento y cuidado de menor. La BCCC de David del mes anterior al parto es de 1787 € y la de Rocío, de 1128 €. ¿Durante cuánto tiempo cobrarán David y Rocío la prestación por nacimiento? ¿Cuál será su cuantía?

4.10. Carlos falleció el 30 de junio de este año por una enfermedad común. Su viuda, de 56 años de edad, con la que estaba casado hace 20 años, tiene a su cargo a una hija de ambos, de 16 años, y carece de cualquier tipo de renta, por lo que su única fuente de ingresos será la pensión de viudedad que le pueda corresponder.

Sabiendo que el fallecido cumple con los requisitos de cotización y alta exigidos, indica las prestaciones que pueden solicitar la viuda y su hija y cuál será su cuantía si la base reguladora para calcular las prestaciones por muerte y supervivencia es de 1066,07 €.

4. Protección por desempleo

4.11. Víctor, de 32 años, tras finalizar su contrato de interinidad de 16 meses con fecha 12 de abril de este año e inscribirse en su oficina de empleo y suscribir el compromiso de actividad, solicita la prestación por desempleo el día 16 de abril de este año. Acredita una cotización ininterrumpida de 884 días en los 6 años anteriores. El importe de las BCCP de los 180 últimos días es de 12 900 € (sin incluir horas extras).

Víctor tiene 2 hijos a su cargo, de 5 años y 7 años, y las vacaciones que le correspondían hasta la extinción ya las había disfrutado. ¿Tiene derecho a la prestación por desempleo? En caso afirmativo, ¿cuál sería su duración y su cuantía?

4.12. Marta Luisa Romero, de 20 años de edad, tras finalizar su contrato temporal de 18 meses, con fecha de 20 de mayo de este año, se inscribe en su oficina de empleo y suscribe el correspondiente compromiso de actividad al solicitar la prestación por desempleo el día 30 de mayo del mismo año. Cotizó ininterrumpidamente 731 días en los 6 años anteriores y la BCCP de los últimos 180 días es de 9000 € (sin incluir horas extra).

Marta no tiene hijos a su cargo y la empresa le abona el salario correspondiente a los 5 días de vacaciones no disfrutadas que le pertenecían en la fecha de finalización del contrato. ¿Tiene derecho Marta a la prestación por desempleo? ¿Cuál será su duración y su cuantía?

4.13. Mediante esta actividad, podrás calcular la cuantía de una prestación por desempleo. Para ello, deberás dirigirte a la página del Servicio Público de Empleo Estatal (www.sepe.es). Una vez en ella, haz clic sobre «Prestaciones por desempleo» y seguidamente en «Quiero cobrar el paro», en el menú de opciones encontrarás, dentro de «Herramientas e impresos», la opción «Calcula tu prestación» y, al hacer clic, te llevará al programa de autocálculo de la prestación.

Accederás entonces a los simuladores de la prestación por desempleo y del subsidio por desempleo (prestación no contributiva).

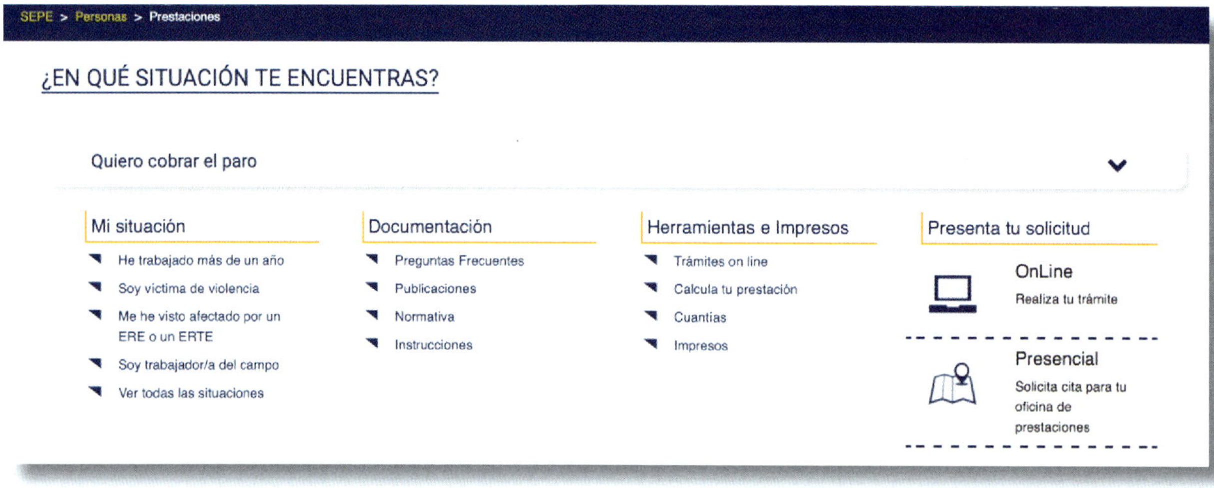

Utiliza el simulador adecuado para calcular la prestación por desempleo de una trabajadora con los siguientes datos:

- Acaba de finalizar su contrato por obra y servicio, de 9 meses de duración, por finalización de la obra objeto del contrato, con fecha 12 de enero del 2020, a jornada completa.
- Había disfrutado de todas las vacaciones que le correspondían.
- No ha percibido ninguna prestación por desempleo en los últimos 6 años.
- En los 6 años anteriores al 12/1/2020, ha trabajado durante 4 años y 3 meses.
- El salario percibido durante los últimos 9 meses ha sido de 1460 €/mes.
- La base de cotización de contingencias profesionales es de 1460 €/mes.
- Tiene una 1 hija de 7 años y 3 meses.

a) ¿Cuál será la duración de la prestación?

b) ¿Qué cuantía bruta mensual recibirá durante toda la duración de la prestación? ¿Qué cuantía líquida percibirá?

c) ¿Qué días le abonarán la prestación?

d) ¿Hasta qué día podrá solicitar la prestación?

Notas de prensa

Cuando la salud se convierte en excusa

Esquelas falsas por fallecimientos de familiares, empleados deprimidos que, sin embargo, son descubiertos bailando en discotecas o enfermos de lumbalgia que se dedican a cargar cajas durante su baja cuestan a las empresas y a la Seguridad Social alrededor de 800 millones.

Faltar al trabajo por enfermedad es un derecho innegable para cualquier trabajador. El problema es cuando esta falta no está lo suficientemente justificada o es sospechosa. En este caso, se estaría hablando de absentismo fraudulento, que es el que se produce cuando el trabajador simula una enfermedad, o la gravedad de esta, de forma que dicha ausencia se prolonga más de lo debido con las consecuencias del incremento de costes para el empleador.

Si bien es cierto que con la crisis cada vez hay menos gente que se queda los lunes en la cama, también hay más gente que simula una enfermedad para hacer otro trabajo. Y, normalmente son las causas de carácter psicológico, como ansiedad y depresión, las más difíciles de detectar y las que en mayor medida están vinculadas al entorno fraudulento.

La indiscreción de Facebook y el baile como cura

«La imaginación del absentista es ilimitada», según Fremap. La mutua asegura que se ha encontrado «desde falsificaciones de esquelas por fallecimiento de sus abuelos hasta partes médicos falsos, invención de accidentes de tráfico y altas fraudulentas en la Seguridad Social, entre otras». Sin embargo, hoy las nuevas tecnologías están sirviendo a las empresas para descubrir estas situaciones. «La compañía es capaz de ver a través de las redes sociales cómo algún trabajador que está de baja médica o que ha pedido un permiso está disfrutando en las fiestas de su pueblo o realizando actividades incompatibles con su enfermedad. El quid de la cuestión está ahí, en la incompatibilidad con la baja. Algunos expertos consultados afirman que hay casos de ausencia por ansiedad o depresión en los que, tras días de seguimiento por parte de algún detective privado, se ha demostrado que el empleado en cuestión ha estado en alguna fiesta bailando. Para la justicia esto no supondría motivo de baja fraudulenta, pues la actividad que estaba realizando no impide su recuperación, sino todo lo contrario.

Hay otros casos, como el de un trabajador expatriado que, tras varios meses exigiendo a su empresa volver a España para trabajar en alguna obra, dice estar deprimido porque la ciudad donde tiene que realizar su tarea se encuentra lejos de la localidad donde está afincado sin que la compañía pueda obligarlo a reincorporarse a su puesto.

Fuente: Expansion.com, Arancha Bustillo (18 de abril del 2011).

a) **¿Qué causas dan derecho a recibir una prestación por incapacidad temporal (IT)?**

b) **¿Cuál es la cuantía que se tiene derecho a percibir por IT?**

c) **¿Cuándo puede ser considerada una baja como fraudulenta?**

Videoteca laboral

Visualizad en el aula el vídeo *Salario mínimo interprofesional. Inembargabilidad.*

https://www.youtube.com/watch?v=tayMtuz2Dmg&list=PL9nvo3kJHIvYnOXUg8qFdteMB5vuRp_-8&index=31&t=3s

Realiza, a continuación, las siguientes actividades.

- ¿Qué es el SMI? ¿Quién lo establece? ¿Cómo debe pagarse?
- ¿Para qué sirve el IPREM? ¿Su cuantía es igual que la del SMI?
- ¿Se puede embargar el SMI? ¿Qué cantidad se puede embargar de un salario de 1500 € mensuales?

Unidad 5

La participación de los trabajadores en la empresa. El trabajo en equipo y los conflictos laborales

Unidad 5

La participación de los trabajadores en la empresa. El trabajo en equipo y los conflictos laborales

¿De qué formas pueden los trabajadores implicarse en el funcionamiento de la empresa?

Contenidos

Objetivos

- Identificar las distintas formas de representación de los trabajadores en la empresa.
- Conocer las garantías y competencias de los representantes de los trabajadores.
- Analizar los principales aspectos de los convenios colectivos.
- Comprender las medidas de un conflicto colectivo y sus consecuencias.
- Valorar las ventajas del trabajo en equipo.
- Distinguir las características de un equipo de trabajo eficaz.
- Entender los conflictos laborales y aplicar los métodos más adecuados para su resolución.
- Aplicar estrategias de negociación.

5.1. ¿Cómo ejercen los trabajadores su derecho a participar en la empresa?

Los trabajadores pueden ejercer su derecho a participar en la empresa a través de los representantes que ellos mismos han elegido. Esta representación colectiva se ejerce de dos formas, como puede verse en la Figura 5.1.

Figura 5.1. Representación colectiva de los trabajadores.

El **derecho de participación** de los trabajadores en la empresa está reconocido en la Constitución española y en el Estatuto de los Trabajadores. Este derecho se complementa con el **derecho de reunión,** que permite a los trabajadores de una misma empresa o centro de trabajo reunirse en asamblea. El lugar de reunión será el centro de trabajo, si las condiciones de este lo permiten, y fuera de las horas de trabajo, salvo acuerdo con la empresa. La convocatoria de dicha asamblea se comunicará a la empresa con **48 horas** de antelación.

5.1.1. La representación colectiva sindical

La representación sindical se ejerce a través de los **sindicatos,** que son asociaciones de trabajadores por cuenta ajena cuyo objetivo es la defensa de los intereses profesionales, económicos y laborales de sus asociados.

La Constitución proclama la libertad sindical como un derecho fundamental, desarrollado por la Ley Orgánica 11/1985, de 2 de agosto, de Libertad Sindical, de la que se destacan las siguientes características:

LEY ORGÁNICA DE LIBERTAD SINDICAL	
¿Qué derechos establece?	• Derecho a fundar sindicatos. • Derecho a afiliarse o no a un sindicato, a darse de baja del sindicato al que pertenezca y a elegir libremente el sindicato al que afiliarse. • Derecho a elegir libremente a sus representantes por parte de cada afiliado dentro de cada sindicato. • Derecho a ejercer la actividad sindical.
¿Quién puede afiliarse a un sindicato?	• Los trabajadores por cuenta ajena. • Los trabajadores por cuenta propia que no tengan trabajadores a su servicio. • Los trabajadores en paro. • Los trabajadores que hayan cesado en su actividad laboral por incapacidad o por jubilación. • Trabajadores de la Administración Pública.
¿Quién no puede afiliarse a un sindicato?	• Miembros de las Fuerzas Armadas (Ejército) y otras de carácter militar (Guardia Civil). • Jueces, magistrados y fiscales mientras se hallen en activo. • Los miembros de los cuerpos y fuerzas de seguridad del Estado no militares (Policía), que tendrán su normativa específica.

Los trabajadores de una empresa afiliados al mismo sindicato pueden constituir una **sección sindical** en su centro de trabajo. Pueden existir tantas secciones sindicales como sindicatos estén representados en la empresa y tienen derecho a realizar reuniones fuera del horario laboral y a recibir y distribuir información del sindicato en la empresa.

Estas secciones sindicales pueden elegir **delegados sindicales** dentro de la empresa siempre que la empresa o el centro de trabajo tenga 250 o más trabajadores y que la sección sindical pertenezca a un sindicato que tenga al menos un representante dentro del comité de empresa.

Los delegados sindicales son trabajadores que **representan a un determinado sindicato** en la empresa, **coordinan la sección sindical** y **sirven de conexión con el sindicato** al que pertenece.

Caso práctico resuelto 5.1

Leonor, Jorge, Pedro, Roberto y María son amigos, tienen profesiones diferentes y quieren averiguar si pueden o no afiliarse a un sindicato. ¿Puedes ayudarlos? María es autónoma y propietaria de una tienda de ropa, en ella trabaja Leonor como dependienta. Roberto es guardia civil, Pedro es funcionario de prisiones y Jorge está cobrando el paro.

Solución:

a) Leonor sí puede afiliarse, pues es trabajadora por cuenta ajena.
b) Jorge sí se puede afiliar porque es trabajador en paro.
c) Pedro sí puede afiliarse porque es funcionario del Estado.
d) Roberto no puede afiliarse porque pertenece a la Guardia Civil, un cuerpo de carácter militar.
e) María no puede afiliarse porque es autónoma y tiene trabajadores a su servicio.

Los delegados sindicales tienen acceso a la **misma información** que la empresa ponga a disposición del comité de empresa. Además, puede **asistir a las reuniones del comité,** con voz, pero sin voto, cuando se traten temas relacionados con la prevención de riesgos laborales.

La designación del delegado sindical debe ser comunicada por la sección sindical a la empresa, para que esta le reconozca sus derechos y competencias.

5.1.2. La representación colectiva unitaria

La representación de los trabajadores en la empresa se ejerce a través de los órganos de representación unitaria: los **delegados de personal** y los **comités de empresa.** Sus miembros son elegidos directamente por los trabajadores, a través de unas elecciones, y van a representar a todas las personas empleadas en la empresa o centro de trabajo, independientemente de su afiliación o no a un sindicato, de su antigüedad o cualquier otra característica.

Sabías que...

Los delegados sindicales tienen las mismas garantías que las establecidas para los delegados de personal y, además, tienen acceso a la misma información y documentación que la empresa ponga a disposición del comité de empresa. Pueden asistir a las reuniones de los comités de empresa con voz, pero sin voto, y tienen que escucharlos cuando la empresa adopte medidas que afecten a los trabajadores en general y a los afiliados a su sindicato en particular, especialmente si son despedidos o sancionados.

Caso práctico 5.1

En la empresa Loft, SL, de 760 empleados, 10 de sus trabajadores pertenecientes a un mismo sindicato deciden constituir una sección sindical. Indica si es posible formar secciones sindicales y elegir delegados sindicales.

Importante

Puede ser elegido delegado de personal cualquier trabajador o trabajadora que tenga dieciocho años cumplidos y una antigüedad en la empresa de seis meses.

<table>
<tr><th colspan="6">REPRESENTACIÓN COLECTIVA UNITARIA</th></tr>
<tr><th colspan="3">Delegados de personal</th><th colspan="3">Comité de empresa</th></tr>
<tr><td colspan="3">Empresas con menos de 50 trabajadores</td><td colspan="3">Obligatorio en empresas con 50 o más trabajadores</td></tr>
<tr><th>Número de trabajadores en la empresa</th><th>Número de delegados de personal</th><th>Toma de decisiones</th><th>Número de trabajadores en la empresa</th><th>Número de miembros del comité</th><th>Toma de decisiones</th></tr>
<tr><td rowspan="4">De 6 a 10</td><td rowspan="4">1 delegado. Su elección es voluntaria, lo deciden los trabajadores por mayoría</td><td rowspan="6">Cuando exista más de 1 delegado de personal, las decisiones se adoptarán de forma mancomunada, es decir, de común acuerdo</td><td>De 50 a 100</td><td>5</td><td rowspan="6">Las decisiones se adoptan de manera colegiada, es decir, por mayoría</td></tr>
<tr><td>De 101 a 250</td><td>9</td></tr>
<tr><td>De 251 a 500</td><td>13</td></tr>
<tr><td>De 501 a 750</td><td>17</td></tr>
<tr><td>De 11 a 30</td><td>1 delegado de personal. Es obligatorio</td><td>De 751 a 1000</td><td>21</td></tr>
<tr><td>De 31 a 49</td><td>3 delegados de personal</td><td>1001 o más</td><td>2 por cada 1000 trabajadores o fracción. Máximo 75</td></tr>
<tr><td colspan="6">Duración del mandato: 4 años y se puede prorrogar si no se celebran elecciones</td></tr>
</table>

Principales competencias de los representantes de los trabajadores

- Recibir información sobre la situación económica de la empresa, las nuevas contrataciones, el absentismo laboral, los índices de accidentes de trabajo y enfermedades profesionales, las sanciones impuestas por faltas graves o muy graves, etcétera.
- Ser consultados en temas como reestructuraciones de plantilla, reducciones de jornada, traslados, suspensiones de contratos, planes de formación profesional, etcétera.
- Vigilar el cumplimiento de la normativa laboral y de seguridad e higiene.
- Informar a sus representados de aquellos asuntos que puedan ser de su interés.
- Participar en la gestión de obras sociales establecidas por la empresa a favor de los trabajadores o de sus familiares.
- Colaborar con la empresa en la aplicación de medidas para la mejora de la productividad.
- Recibir información sobre la aplicación de planes de igualdad.

Garantías para el ejercicio de sus competencias

- En caso de ser sancionados por faltas graves o muy graves, deberá abrirse un expediente contradictorio, que consiste en una confrontación con la empresa en la que serán oídos, además de la persona interesada, el comité de empresa o los restantes delegados de personal.
- Prioridad para permanecer en la empresa en casos de extinción o suspensión del contrato por causas tecnológicas o económicas y en los traslados.
- No ser despedidos ni sancionados por el ejercicio de sus funciones durante su mandato ni dentro del año siguiente a la finalización de este.
- No sufrir discriminación en lo que a promoción económica o profesional se refiere.
- Derecho a un crédito horario para ejercer sus funciones de representación.
- En caso de despido improcedente, deciden entre cobrar la indemnización o ser readmitidos.
- Expresar libremente su opinión y transmitir información sobre temas de su competencia.

Las empresas que tengan en la misma provincia o en municipios limítrofes varios centros de trabajo con menos de 50 trabajadores en cada uno, pero la suma de todos sus trabajadores es igual o superior a 50, podrán constituir un **comité de empresa conjunto.**

En las empresas o centros de trabajo, siempre que sea posible, los delegados de personal o del comité dispondrán de un **local adecuado** en el que puedan desarrollar sus actividades y comunicarse con los trabajadores, así como uno o varios **tablones de anuncios.**

Importante

Los representantes de los trabajadores tienen el deber de **sigilo profesional** sobre la información facilitada por la empresa en el ejercicio de sus funciones, incluso después de haber dejado el cargo.

Caso práctico resuelto 5.2

Una empresa que fabrica y vende prendas de vestir dispone de una fábrica con 1900 trabajadores. Además, tiene 3 tiendas de venta al público en España, con 55 trabajadores en cada una. ¿Cómo se organiza la representación de los trabajadores en esta empresa?

Solución:

En la fábrica, donde trabajan 1900 trabajadores, habrá un comité de empresa, formado por 21 miembros y 2 más por la fracción de 1000 (900 trabajadores), 23 en total. Se constituirá un comité de empresa en cada una de las tres tiendas y cada comité tendrá 5 miembros.

Caso práctico 5.2

Una empresa tiene 4 centros de trabajo en Barcelona, con 25, 42, 38 y 70 trabajadores respectivamente, ¿cómo pueden organizar la participación de los trabajadores en la empresa?

5.2. ¿Participan los trabajadores en la elaboración de los convenios colectivos?

La participación de los trabajadores es imprescindible para la elaboración del convenio colectivo, puesto que un convenio no es más que un documento escrito que recoge los acuerdos alcanzados por los trabajadores (a través de sus representantes) y las empresas respecto a las condiciones de trabajo, productividad y paz laboral.

La Constitución española reconoce la **fuerza vinculante** del convenio colectivo, lo que significa que es de obligado cumplimiento por parte de todos los trabajadores y empresas incluidas dentro de su ámbito de aplicación y durante todo el tiempo de su vigencia.

Importante

Una empresa, por causas económicas, técnicas, organizativas o de producción, puede acordar con los representantes de los trabajadores legitimados para negociar un convenio colectivo, **no aplicar las condiciones de trabajo previstas** en el convenio colectivo que afecten a la jornada laboral, horario, turnos, salario, productividad, movilidad extraordinaria de funciones y mejoras voluntarias de la acción protectora de la Seguridad Social.

Las **condiciones de trabajo** que regulan los convenios colectivos son fundamentalmente las que afectan al salario, al tiempo de trabajo y al régimen disciplinario. El convenio puede mejorar, pero nunca empeorar, las condiciones laborales establecidas en el Estatuto de los Trabajadores.

El convenio colectivo debe tener el **contenido mínimo** que se muestra en la Figura 5.2.

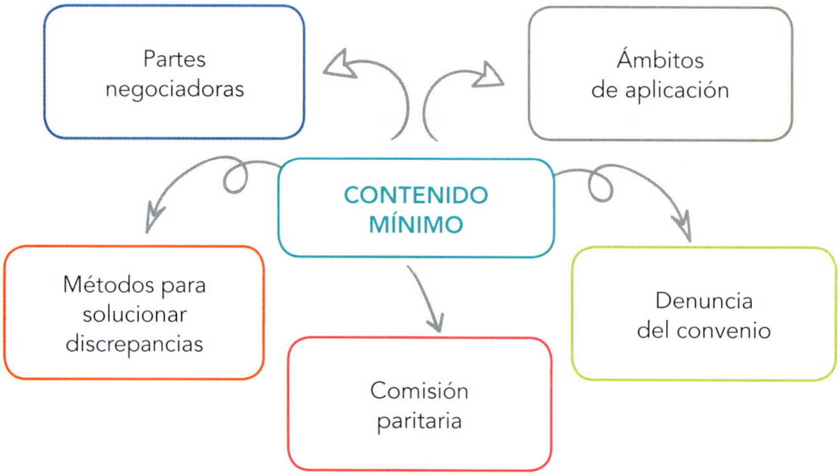

Figura 5.2. Contenido mínimo de un convenio colectivo.

Todo convenio colectivo debe indicar cuáles son sus diferentes ámbitos de aplicación.

ÁMBITOS DE APLICACIÓN DE UN CONVENIO
• **Personal.** Hace referencia a los trabajadores a los que se destina el convenio colectivo.
• **Funcional.** Se refiere al sector de actividad económica (hostelería, seguros, banca, etc.) o a la empresa o al centro de trabajo al que se aplica el convenio. En el primer caso, se denominan *convenios sectoriales* y, en el segundo, *convenios de empresa*.
• **Territorial.** Indica el espacio geográfico en el que se aplica el convenio colectivo: estatal, autonómico, provincial o local.
• **Temporal.** Determina el tiempo que el convenio estará vigente. Cuando finalice el plazo de tiempo establecido en el convenio, si las partes no solicitan su renovación, el convenio se **prorrogará de año en año,** excepto si el convenio establece otros plazos. Pero si las partes solicitan su renovación y transcurre 1 año sin que se haya acordado un nuevo convenio, el antiguo desaparecerá (salvo pacto en contra) y se aplicará el convenio de ámbito superior.

5.3. ¿El trabajo en equipo es una forma activa de participación de los trabajadores en la empresa?

Sí, es una forma activa de participación. Muchas empresas han abandonado los modelos de gestión tradicional de estructuras jerarquizadas y con poca participación del trabajador y han adoptado modelos de gestión basados en el trabajo en equipo que dan una mayor participación a las personas empleadas. Pero **no todos los grupos de trabajo que se forman en una organización pueden ser considerados como equipos de trabajo.** Existen importantes diferencias entre equipos y grupos de trabajo.

EQUIPOS DE TRABAJO	GRUPOS DE TRABAJO
Equipo de trabajo / Trabaja para lograr un objetivo común	Grupo de trabajo / Trabaja para conseguir objetivos individuales
La responsabilidad es compartida por todos.	La responsabilidad es individual.
Trabajan conjuntamente.	Trabajan individualmente.
Reparto flexible según las habilidades, motivación, capacidades, etcétera.	Reparto de tareas a partes iguales.
Liderazgo compartido.	Existe un líder fuerte.
Su gran logro se encuentra en la sinergia producida, obteniendo un mayor beneficio que el obtenido con la suma de las contribuciones individuales (1 + 1 = 3).	Los resultados conseguidos se consideran la suma del trabajo individual (1 + 1 = 2).
La toma de decisiones y los conflictos se resuelven de manera consensuada.	La toma de decisiones y los conflictos se solucionan de manera impuesta.
La comunicación entre los componentes del equipo es constante, flexible y variada. El intercambio de opiniones es continuo.	La comunicación entre los miembros del grupo es prácticamente inexistente. Todos opinan, pero no se escuchan entre sí.

El trabajo en equipo tiene **múltiples ventajas** para la organización frente al trabajo individual.

VENTAJAS DEL TRABAJO EN EQUIPO
• Mayor productividad al existir directrices y objetivos claros.
• Comunicación más eficaz, abierta y participativa.
• Mejora el clima laboral y las relaciones interpersonales al aumentar el grado de conocimiento entre sus miembros.
• Mayor compromiso y responsabilidad, que consiguen aumentar la autoestima y la satisfacción de los trabajadores.
• Mejora la creatividad por la aportación de un mayor número de propuestas.
• Mejora la resolución de problemas al adoptarse soluciones de forma conjunta.

Concepto clave

La **sinergia** es la unión de varias fuerzas para lograr una mayor efectividad.

Los equipos de trabajo se pueden clasificar en dos tipos:

1. **Equipos funcionales:** son aquellos que se forman para realizar tareas permanentes de la empresa. Por ejemplo, el equipo directivo.
2. **Grupos de tarea:** son aquellos que se forman para abordar un problema específico, permanecen mientras está el problema y, una vez resuelto, desaparecen. Por ejemplo, un equipo de información sobre la enfermedad COVID-19.

Un **equipo de trabajo eficaz** es aquel que consigue coordinar de manera óptima el esfuerzo de sus componentes obteniendo el máximo rendimiento. Tiene las siguientes características:

Importante

Técnicas de comunicación en los equipos de trabajo:

- **Escucha activa:** escuchar no solo lo que se dice directamente, sino también los sentimientos y las ideas que subyacen a lo que se está diciendo.
- **Asertividad:** defender los intereses propios respetando la forma de pensar y sentir de la otra persona. Por ejemplo, la técnica del disco rayado, banco de niebla, aplazamiento asertivo, etcétera.
- **Eliminar barreras en la comunicación:** personales, físicas y semánticas.
- **Inteligencia emocional:** se refiere a la capacidad humana de sentir, entender, controlar y modificar estados emocionales en uno mismo y en los demás.
- **Empatizar:** es la capacidad de ponerse en el lugar de otra persona para intentar entender lo que siente, pero sin perder la propia identidad.

CARACTERÍSTICAS DE UN EQUIPO DE TRABAJO EFICAZ

- **Objetivos comunes:** deben ser específicos (S), medibles (M), alcanzables (A), realistas (R) y delimitados en el tiempo (T) (SMART). Se consiguen uniendo los esfuerzos individuales.
- **Pensamiento positivo:** los errores son considerados como oportunidades de crecimiento y aprendizaje.
- **Medios humanos y técnicos suficientes.**
- **Comunicación abierta:** libertad para expresar opiniones, pensamientos y sentimientos sin temor.
- **Flexibilidad:** capacidad de sus miembros para asumir diferentes funciones según las demandas del entorno.
- **Normas de funcionamiento claras y aceptadas por todos.**
- **Líder capaz de resolver conflictos.**
- **Colaboración constante entre sus miembros.**
- **Reconocimiento por sus esfuerzos y resultados.**
- **Evaluación periódica.**

Figura 5.3. Características de un equipo de trabajo eficaz.

Cada integrante de un equipo asume un rol dentro de este según su personalidad. Los más usuales son:

- **El moderador.** Dirige y coordina a los otros integrantes, dependiendo de quien asuma este rol, puede ejercerlo de forma autocrática, democrática o anárquica.
- **El colaborador.** Respalda la labor de todo el equipo, especialmente del moderador.
- **El creativo.** Innova, crea y propone nuevas cosas y nuevas formas de hacerlas.
- **El relacionista.** Cuida de que exista armonía tanto entre los integrantes del equipo como con las personas ajenas a él.
- **El evaluador.** Es el crítico, el que vuelve a centrar al equipo cuando este se dispersa.

5.4. ¿Cómo se producen los conflictos en la empresa?

En todo equipo de trabajo surgen conflictos, incluso en los que son muy eficaces.

El conflicto se produce en la empresa cuando dos o más personas se enfrentan por intereses o valores contrapuestos e incompatibles y sus consecuencias no tienen por qué ser siempre negativas para la organización. La aparición de un conflicto en la empresa se puede deber a múltiples causas, estas son las más frecuentes:

CAUSAS DE LOS CONFLICTOS LABORALES	
Diferencias de objetivos entre los departamentos de una organización.	Diferencias en la interpretación de la información recibida.
Fechas tope para entregar tareas.	Reparto desigual de tareas.
Rivalidad personal o profesional.	Cambios en la estructura organizativa.
Falta de coordinación entre grupos o personas interdependientes.	Choques de intereses entre trabajadores o entre estos y la empresa.
Recursos insuficientes para el trabajo.	Incapacidad para llegar a acuerdos.
Fallos en la comunicación y desconfianza.	Liderazgo poco eficaz.

Todos los conflictos no son iguales, por eso existen diferentes maneras de clasificarlos:

- Según el grado de **apreciación:**
  - **Latente:** el conflicto está oculto, pero se percibe que algo no funciona.
  - **Manifiesto:** el conflicto se muestra y se percibe claramente.
- Según sus **efectos sobre la organización:**
  - **Funcional:** es positivo para el rendimiento de la organización.
  - **Disfuncional:** perjudica a la organización o impide que esta alcance sus objetivos.
- Desde un punto de vista **jurídico:**
  - **Individual:** hay desacuerdo entre el trabajador o trabajadora y la empresa por la reclamación de un derecho individual.
  - **Colectivo:** hay desacuerdo entre varios trabajadores y la empresa por la reclamación de derechos colectivos.
- Según los **recursos utilizados** para su resolución:
  - **Pacíficos:** se utilizan medios no violentos de resolución, como la negociación.
  - **Agresivos:** se utilizan medios violentos para su resolución, como los piquetes, que impiden por la fuerza el acceso al trabajo.

5.4.1. El conflicto colectivo

La relación entre empresas y trabajadores se encuentra regulada legalmente; no obstante, los intereses de ambas partes no siempre coinciden y pueden surgir conflictos que afecten a todo el colectivo de trabajadores, originando así un conflicto colectivo. Este tipo de conflictos solo están **legitimados para iniciarlos los representantes de los trabajadores.**

Cuando surge un conflicto colectivo, las partes pueden utilizar **medidas de presión** con el fin de reivindicar sus objetivos. Hay medidas en las que no se suspende el trabajo —como encierros, manifestaciones, poner pancartas, etc.— y otras en las que sí se suspende el trabajo —como la huelga y el cierre patronal—.

Caso práctico resuelto 5.3

Clasifica los siguientes conflictos planteados:

a) El comité de empresa convoca una huelga para negociar un nuevo convenio y emplean piquetes para evitar que trabajen los que no quieren ir a la huelga.

b) Un jefe de sección se enfrenta a un auxiliar de su departamento porque ha bajado su rendimiento en los últimos meses. Han llegado a un acuerdo: si mejora el rendimiento, obtendrá un plus.

Solución:

a) Es un conflicto manifiesto, colectivo, disfuncional y agresivo.

b) Es un conflicto manifiesto, individual, funcional y pacífico.

Concepto clave

La **huelga ilegal** es aquella en la que se produce un daño grave e intencionado de tal naturaleza que sobrepasa la mera presión en que consiste la huelga.

Importante

Las **huelgas abusivas** provocan la absoluta descoordinación de la producción empresarial. Son abusivas las huelgas siguientes:

- **Huelga rotatoria:** se produce sucesivamente en diferentes departamentos de una misma empresa. La presión ejercida sobre la empresa es constante, pero el coste salarial para cada trabajador es mínimo.
- **Huelga de celo:** los trabajadores cumplen sus funciones con extrema minuciosidad, lo cual puede ralentizar o colapsar la producción o el servicio.
- **Huelga tapón:** la realizan trabajadores pertenecientes a sectores estratégicos, con lo que se paraliza la actividad en otros sectores que dependen de ellos.

5.4.2. La huelga

La huelga es un derecho fundamental de los trabajadores, recogido en la Constitución. Consiste en el cese temporal de la prestación de servicios, acordada por los trabajadores afectados por el conflicto laboral, con el consiguiente abandono del centro de trabajo.

El ejercicio del derecho a la huelga **se reconoce de forma individual,** pero **se ejerce de forma colectiva,** es decir, ningún trabajador o trabajadora puede ser privada de este derecho, aunque no puede declararse en huelga de forma individual.

Por lo tanto, el ejercicio de este derecho conlleva las siguientes **consecuencias para los trabajadores y las trabajadoras:**

- No cobrarán el salario correspondiente a los días de huelga, ni la parte proporcional de las pagas extras, de los descansos semanales y de los festivos.
- Se suspende la obligación de cotizar a la Seguridad Social.
- No tienen derecho a la prestación económica por incapacidad temporal que se inicie durante la huelga, ni a la prestación por desempleo, pues el contrato está suspendido.
- La empresa no puede sancionar ni sustituir a los trabajadores en huelga.
- Los días de huelga no pueden ser descontados de las vacaciones.
- Debe respetarse la libertad de trabajo de quienes no quieran sumarse a la huelga.
- Cuando la huelga sea **ilegal,** su ejercicio puede ocasionar graves sanciones para los trabajadores, desde la indemnización por daños y perjuicios hasta el despido.

Para que una huelga sea legal, debe ser **laboral, directa,** que **no altere el convenio en vigor** y que **no sea abusiva.**

Por eso, se consideran huelgas ilegales las siguientes:

HUELGAS ILEGALES
• **Huelgas políticas:** se inician por motivos políticos o con cualquier otra finalidad ajena al interés profesional de los trabajadores afectados.
• **Huelgas de solidaridad o apoyo:** salvo que afecte al interés profesional de los promotores.
• **Huelgas novatorias:** cuando tienen por objeto alterar, dentro de su periodo de vigencia, lo pactado en un convenio colectivo.
• **Huelgas con ocupación de lugares de trabajo:** suponen un ingreso ilegal en los locales.

Para iniciar una huelga, se debe llevar a cabo el procedimiento que se describe en la Figura 5.4.

1 DECLARACIÓN DE LA HUELGA

Pueden acordarla:

- Los representantes de los trabajadores.
- Los sindicatos implantados en ese ámbito.
- Los trabajadores, si lo solicita el 25 % de la plantilla y se aprueba por mayoría simple.

2 COMUNICACIÓN POR ESCRITO

- La declaración de huelga se comunica a las empresas afectadas y a la autoridad laboral con 5 días naturales de antelación y 10 días naturales si se trata de servicios públicos.
- Hay que indicar la fecha de inicio, la composición del comité de huelga y el objetivo de esta.

3 CONSTITUCIÓN DEL COMITÉ DE HUELGA

- Representa a los trabajadores en huelga.
- Se encuentra compuesto por 12 trabajadores como máximo, elegidos por sus compañeros y compañeras.
- Sus funciones son intentar conseguir un acuerdo y garantizar los servicios mínimos.

Figura 5.4. Procedimiento para el inicio de la huelga.

5.4.3. El cierre patronal

El cierre patronal es una decisión unilateral de la empresa que consiste en el cierre temporal del centro de trabajo. El cierre debe estar motivado por alguna de las siguientes causas:

- Peligro de violencia para las personas o graves daños para los recursos materiales.
- Ocupación ilegal del centro de trabajo o de sus dependencias, o peligro cierto de que se produzca.
- Inasistencia o irregularidades en el trabajo de tal magnitud que impidan gravemente el proceso normal de producción.

Durante el cierre patronal, el contrato de trabajo estará suspendido, por lo que las consecuencias para los trabajadores serán las mismas que las indicadas para la huelga.

Importante

- La empresa que proceda al cierre de su centro de trabajo deberá comunicarlo a la autoridad laboral en las 12 horas siguientes a haberlo realizado.
- La reapertura del centro de trabajo se efectuará una vez extinguidas las causas que lo motivaron.

Caso práctico resuelto 5.4

La empresa Sistel, SA, cuenta con 100 trabajadores en plantilla que quieren convocar una huelga el 21 de enero del 2020. Para la convocatoria, han seguido estos pasos:

1. Realizan una asamblea donde informan del problema y recogen en un acta las acciones que van a llevar a cabo. A la asamblea acuden 80 trabajadores. Los votos a favor de la huelga han sido 41, en contra 9 y 30 abstenciones.
2. El día 16 de enero del 2020 entregan el documento de información de la convocatoria de huelga en la Dirección General de Trabajo, adjuntando la copia del acta de la asamblea, las hojas de asistencias y el documento de los eventos realizados para evitar la huelga.
3. Constituyen un comité de huelga, formado por 14 personas.

¿Está bien convocada esta huelga?

Solución:

1. La huelga puede ser convocada directamente por los trabajadores afectados, siempre que la solicite el 25 % de la plantilla y se apruebe por mayoría simple en votación secreta. En este caso, se cumplen estos requisitos.
2. Es correcto el plazo de presentación de la convocatoria ante la autoridad laboral, pues, al ser una huelga en el sector privado, se puede hacer con 5 días naturales de antelación; también se adjunta el documento de los eventos realizados para evitar la huelga.
3. El comité de huelga no es correcto, ya que supera el número máximo permitido de miembros, que debe ser de 12 personas.

Caso práctico 5.3

En la empresa de Alberto, han decidido ir a la huelga porque no están de acuerdo con el nuevo convenio que se ha firmado. La empresa, como represalia, ha decidido cerrar el centro de trabajo. ¿Es legal esta huelga? ¿Qué consecuencias puede tener para los trabajadores si la llevan a cabo? ¿Puede la empresa decretar el cierre del centro de trabajo? ¿Por qué?

5.5. ¿De qué modos se pueden resolver los conflictos laborales?

Los conflictos están presentes en cualquier organización y no se pueden evitar, pero es posible minimizarlos utilizando el procedimiento más adecuado a cada caso. Estos procedimientos son los que se recogen en la Figura 5.5.

NEGOCIACIÓN

Procedimiento basado en el diálogo entre las partes en conflicto con el fin de conseguir llegar a un acuerdo que solucione el problema.

CONCILIACIÓN

- Procedimiento que tiende a que las partes implicadas lleguen a un acuerdo; el conciliador es una persona neutral que no aporta soluciones, solo facilita la negociación.
- La conciliación es obligatoria en determinados procesos y se realiza ante el SMAC (Servicio de Mediación, Arbitraje y Conciliación).

MEDIACIÓN

- Procedimiento en el que las partes nombran a un mediador, persona imparcial que no tiene poderes decisorios, pero ofrece propuestas de acuerdo razonables para solucionar las diferencias. Cualquier acuerdo al que lleguen las partes se formaliza en un contrato o convenio.
- En un conflicto colectivo, este servicio lo realiza el SIMA (Servicio Interconfederal de Mediación y Arbitraje).

ARBITRAJE

Procedimiento en el que las partes designan a una tercera persona imparcial, árbitro, y se someten, de mutuo acuerdo, a aceptar la solución que este proponga (laudo arbitral), que será de obligado cumplimiento para ambas partes.

Figura 5.5. Procedimientos de resolución de conflictos.

Un conflicto bien gestionado es un motor para el cambio, el crecimiento y el aprendizaje de las personas y de las empresas. Sin embargo, cuando los conflictos se alargan, terminan por polarizar a las personas y a los grupos, destruyendo la cooperación y el trabajo del grupo.

5.5.1. La negociación

La negociación es el mejor procedimiento para resolver cualquier conflicto. La forma más común de negociar es la **negociación por posiciones.** En ella, cada parte toma una posición sobre el tema tratado e intenta convencer a la otra para que acepte su propuesta.

En este proceso, pueden existir dos formas extremas de *posicionarse:* una dura y poco transigente, en la que cada negociador defenderá su idea y atacará con vehemencia la idea del contrario, y otra más flexible y condescendiente, que tratará de encontrar la mejor solución para ambos. Estas actitudes a la hora de negociar originan tres tipos de negociación (Figura 5.6).

Sabías que...

Un buen negociador:

- Nunca improvisa. Se prepara y estudia el negocio. Es cortés, educado y colabora con ideas.
- Está alerta a las prácticas negativas de la otra parte. Es firme y objetivo.
- Tiene una actitud colaborativa (ganar-ganar).

NEGOCIACIÓN COMPETITIVA

Yo gano/tú pierdes

- Los participantes son adversarios.
- El objetivo es la victoria.
- Una parte gana y la otra pierde.
- Se desconfía del otro.
- Se emplean tácticas duras y se amenaza.
- Se contrarresta con argumentos.
- Se intentan sacar los mayores beneficios.
- Se exigen ganancias para llegar al acuerdo.

NEGOCIACIÓN COLABORATIVA

Yo gano/tú ganas

- Los participantes son amistosos.
- El objetivo es incrementar los beneficios para las partes.
- Las dos partes pueden ganar.
- Se confía en el otro.
- Se insiste en el acuerdo.
- Se intentan cubrir las necesidades de la otra parte.

NEGOCIACIÓN ACOMODATIVA

Yo pierdo/tú ganas

- Los participantes son adversarios.
- El objetivo es ganarse la confianza y la empatía del adversario para perpetuar la relación.
- El negociador pierde y el otro gana.
- Se acepta la propuesta de la otra parte e incluso se asumen pérdidas para lograr el acuerdo.
- Se cede a corto plazo para conseguir mejores resultados a largo plazo.
- El negociador muestra una imagen de debilidad de la que difícilmente se podrá desprender.

Figura 5.6. Tipos de negociación.

Concepto clave

La **estrategia** es el conjunto de acciones que se van a llevar a cabo durante la negociación para alcanzar los objetivos fijados. Es el **qué** se hará, es decir, un plan de acción donde se van a utilizar un conjunto de tácticas.

Las **tácticas** constituyen el **cómo** se realizará, es decir, son aquellas maniobras enfocadas a corto plazo para alcanzar las metas.

Importante

Un acuerdo de calidad debe cumplir cuatro requisitos:

1. Que sea favorable para ambas partes.
2. Que ambas partes se sientan satisfechas con el acuerdo establecido.
3. Que un observador neutral lo valore como justo y equitativo.
4. Que favorezca futuras relaciones entre las partes.

Todo proceso de negociación pasa por las siguientes fases:

1. **Fase preparatoria.** Se planifica la negociación. Cada una de las partes deberá realizar un diagnóstico del conflicto, analizar el poder de ambas partes y los objetivos que se persiguen, así como los límites a partir de los cuales ya no es interesante continuar con la negociación. Cada parte también establece las **estrategias** y las **tácticas.**
2. **Fase de tanteo.** Comienzan los contactos entre las partes. Si en la fase anterior se trata de averiguar la conducta de la otra parte, en esta, el objetivo es tantear si las propias previsiones se ajustan a la realidad. Al comienzo, existe una gran distancia entre las partes, ya que cada una de ellas plantea argumentos para defender sus intereses y atacar la posición de la otra parte. Es una etapa competitiva, cuyo objetivo es demostrar la firmeza y la fuerza de las posiciones. Hay pocas concesiones. Es preferible dosificar la información a lo largo del proceso y ser flexibles.
3. **Presentación de soluciones.** Comienzan a ceder las partes acortando distancias. Una postura excesivamente firme puede dar lugar a la ruptura de la negociación. Por ello, las posiciones tienden a buscar un lugar de entendimiento, una zona común de diálogo donde se desarrollen las estrategias de la negociación y, por ello, los negociadores empiezan a dar muestras de flexibilidad y comienzan a presentar propuestas y contrapropuestas, para que puedan ser discutidas hasta llegar a un posible acuerdo.
4. **Acuerdo y cierre.** El cierre puede estar determinado porque se ha llegado a un acuerdo entre ambas partes, o porque no hay acuerdo, o porque ha finalizado el tiempo de negociación establecido.

Ayuda a Beatriz

Resuelve las dudas de Bea:

1. El derecho de huelga es reconocido a nivel individual, ¿significa esto que una sola persona puede ir a la huelga? Explica a Beatriz si es posible o no, razonando tu respuesta.
2. ¿Qué es una huelga de celo?, y ¿de tapón? Coméntalo brevemente.
3. ¿Cuántos procedimientos de resolución de conflictos laborales existen? Enuméralos.

Comprueba lo que has aprendido

Esta unidad contiene muchos datos sindicales, de convenios y operativa laboral que pueden ser complicados para Mario y Bea, ayúdalos a entenderlos mejor resolviendo las siguientes actividades.

1. El hospital privado HTL, SA, está especializado en investigación y tratamiento del cáncer. Tiene una plantilla de 300 empleados, 50 de los cuales están afiliados al sindicato CIS.

   ¿Qué tipo de representación unitaria le corresponde a este centro y qué número de representantes tendrá? ¿Pueden constituir sección sindical y elegir delegado sindical?

2. Se han convocado elecciones para elegir representantes de los trabajadores. Se presentan, entre otros, Rafael Calvo, de 28 años, que lleva tan solo 3 meses trabajando en la empresa como médico; Vanessa Moreno, médica nacida en Méjico, 36 años de edad, con una antigüedad en la empresa de 5 años, y Ernesto Peña, de 17 años, auxiliar de farmacia con una antigüedad de 1 año.

   ¿Pueden presentarse a las elecciones los trabajadores mencionados? Razona tu respuesta.

3. Los trabajadores han denunciado el convenio colectivo vigente para mejorar las actuales condiciones laborales en un convenio válido solo para la empresa. No llegan a un acuerdo porque la empresa se niega a establecer un sistema de incremento salarial anual y quiere aumentar las horas de guardia.

   ¿Qué ámbito tendrá el nuevo convenio? ¿Puede este convenio empeorar las condiciones del convenio estatal?

   ¿Coincide esta situación con la definición de *conflicto* que has estudiado? ¿Puedes hacer una clasificación de este conflicto según los diferentes criterios que has visto en la unidad?

4. En asamblea, los trabajadores han decidido por mayoría convocar una huelga.

   ¿Qué procedimiento deben seguir para convocarla? ¿Qué métodos de solución de conflictos conoces que podrían utilizar para solucionarlo?

5. Los representantes de los trabajadores y la empresa ya han tenido una primera reunión, donde han manifestado que su exigencia de aumentar el salario anual es inamovible, mientras que la empresa señala que no está dispuesta a ofrecer mejora salarial alguna y quiere, además, aumentar las horas de guardia y está dispuesta a incrementar un 2 % su importe.

   Dos días después, tienen una segunda reunión, donde los representantes de los trabajadores proponen una subida salarial del 8 % en 4 años y no aumentar las horas de guardia. La empresa ve con buenos ojos el plazo, pero ofrece una subida del 4 % y un aumento del 20 % de horas de guardia. Los trabajadores no aceptan, deciden reunirse al día siguiente y proponen a la empresa una subida salarial del 6 % en 4 años, aumentar un 10 % las horas de guardia subiendo su importe un 3 % y desconvoca automáticamente la huelga. La empresa acepta la oferta y, dos días después, firman el acuerdo.

   ¿Puedes identificar las diferentes fases de esta negociación? ¿Qué tipo de negociación se ha utilizado? ¿Crees que el acuerdo alcanzado cumple los requisitos para ser de calidad?

6. El hospital ha reunido a tres médicos especialistas para estudiar los efectos sobre los pacientes de un nuevo tratamiento contra el cáncer. Después de varias reuniones, el equipo ha acordado repartirse la tarea a partes iguales, cada uno trabajará independientemente y cada mes harán una puesta en común de las respectivas investigaciones. Cada uno deberá hacerse responsable de su parte. En la primera reunión, el director del proyecto se enfada muchísimo porque el trabajo no está hecho, no se ha avanzado nada y los objetivos marcados no se han conseguido.

   ¿Se trata de un grupo de trabajo o de un equipo de trabajo? ¿Tiene las características de un equipo eficaz? ¿Por qué?

Actividades finales

1. Representación colectiva

5.1. Indica el tipo de representación unitaria y el número de delegados que deberían tener las siguientes empresas:

a) Tasfatal, SL, 90 trabajadores.
b) Cascotes, SL, 4000 trabajadores.
c) El Cristalero, SL, 9 trabajadores.

¿Alguna de estas empresas podría tener delegados sindicales? ¿Por qué?

5.2. Un grupo de 15 trabajadores de una empresa de 300 empleados deciden afiliarse a un mismo sindicato. ¿Pueden formar una sección sindical y elegir a un delegado sindical? ¿Qué diferencia hay entre un delegado sindical y un delegado de personal?

2. Negociación colectiva

5.3. Localiza un convenio colectivo autonómico, provincial o de empresa de tu sector e indica:

- Nombre del convenio.
- Tipo de convenio.
- Partes que acuerdan el convenio.
- Ámbitos: personal, funcional, territorial y temporal.
- Forma, condiciones y plazo de preaviso de denuncia.
- El sistema que ha de seguirse ante un conflicto colectivo.

5.4. Siguiendo con el mismo convenio de la Actividad final 5.3, realiza un esquema señalando las materias que regula en cuanto a:

- Estructura salarial.
- Jornadas, descansos, contratos, categorías profesionales, permisos, vacaciones y promoción profesional.
- Prevención de riesgos.
- Régimen disciplinario: faltas y sanciones.
- Medidas dirigidas a regular la paz laboral.

3. Trabajo en equipo

5.5. Señala, razonando tu respuesta, si las siguientes situaciones describen un grupo o un equipo de trabajo:

- Los corredores de relevos de la selección de los EE. UU. en el Campeonato Mundial de Atletismo.
- Los cirujanos, enfermeros y auxiliares en una operación.
- Los trabajadores de una empresa agrícola que recogen las fresas en la campaña y cobran 0,9 € por kilo recogido.

4. Conflictos laborales

5.6. En una empresa, se ha convocado una huelga por acuerdo mayoritario de los trabajadores, pero varios no quieren hacerla y deciden asistir al trabajo. Los que van a secundar la huelga se preguntan cuáles serán sus consecuencias, si pueden ser sancionados, si la empresa puede contratar nuevos trabajadores para sustituirlos. ¿Podrías orientarlos? ¿Es legal esta huelga? Razona tu respuesta.

5. Métodos de resolución de conflictos

5.7. Revisa el convenio del sector en el que estás trabajando, ¿quiénes han participado en su negociación? ¿Se ha creado una comisión paritaria, quiénes la componen y cuáles son sus funciones? ¿Incluye cláusulas de paz laboral?

5.8. Cita las diferencias entre conciliación y mediación.

NEWS

Notas de prensa

El Constitucional reconoce el derecho de un trabajador a quejarse de su empresa

Un enfermero que trabajaba en el centro de día para dependientes La Paz, de Baracaldo, fue despedido por la empresa gestora el año 2019 como consecuencia de una queja que presentó ante el Ayuntamiento, por no disponer del material necesario, entre otras carencias, para ejercer su labor.

El trabajador, haciendo uso del derecho constitucionalmente reconocido de la libertad de expresión, recurrió al Ayuntamiento tras no ver atendidas sus quejas por la empresa gestora. Esta acusó al enfermero de plantear sus reivindicaciones por el cauce inadecuado, causándole un «perjuicio injusto», por lo que procedió al despido del trabajador.

El Tribunal Superior de Justicia del País Vasco dictó sentencia declarando el despido improcedente porque faltó un expediente disciplinario previo y concreción en la carta de despido y no se acreditaron los hechos objetivos que llevaron a rescindir el contrato, pero rechazó que fuera nulo al estimar que no se vulneró el derecho a la libertad de expresión del trabajador, extremo que ahora corrige el Constitucional.

Este Tribunal, en sentencia de noviembre del 2019, publicada en *BOE* el 6 de enero del 2020, considera que hubo una «injustificada limitación» del derecho a la libertad de expresión del trabajador cuando se le exigió que sus críticas no trascendieran más allá de la empresa y, en consecuencia, declaró nulo el despido.

En opinión del Constitucional, firmar un contrato de trabajo no implica, en modo alguno, la privación de un derecho constitucional y se recuerda en la sentencia que las quejas eran en exclusiva por la falta de medios que impedían al enfermero desempeñar adecuadamente sus funciones, y que no hay constancia de que utilizase «expresiones ultrajantes u ofensivas» que pudieran poner en tela de juicio la ética o el prestigio profesional del empleador.

Fuente: ABC, EFE
(6 de enero del 2020).

a) Según lo estudiado en la unidad, indica a qué clasificación correspondería este tipo de conflicto.

b) Desde tu punto de vista y guiándote por las causas que aparecen en la unidad sobre los conflictos laborales, de todos ellos ¿cuál crees que motiva el despido de este enfermero?

Videoteca laboral

Visualizad en el aula el vídeo *La asertividad: ¿qué es?, ¿cómo desarrollarla?*

https://www.youtube.com/watch?v=Bs6u8JFLG84

Realiza las siguientes actividades:

- Define *asertividad* con tus palabras.
- En la siguiente situación, cuál sería el comportamiento asertivo, pasivo y agresivo:

  Eres nueva en la empresa y quieres conocer a tus compañeros de trabajo. Tienes tres opciones:

  a) Esperar a que ellos se presenten.

  b) Mostrarte indiferente haciéndote la interesante.

  c) Presentarte educadamente y hablar con cada uno.
- Escribe una frase que refleje tu comportamiento para las siguientes situaciones:
  – Cuando estás viendo una película y tu padre te cambia el canal de televisión.
  – Me gusta mucho estar con una persona y quisiera que lo supiera.
- Califica cada frase que has escrito en la actividad anterior como asertiva, pasiva o agresiva.
- Convierte tus respuestas pasivas o agresivas en asertivas.

Unidad 6

Seguridad y salud laboral

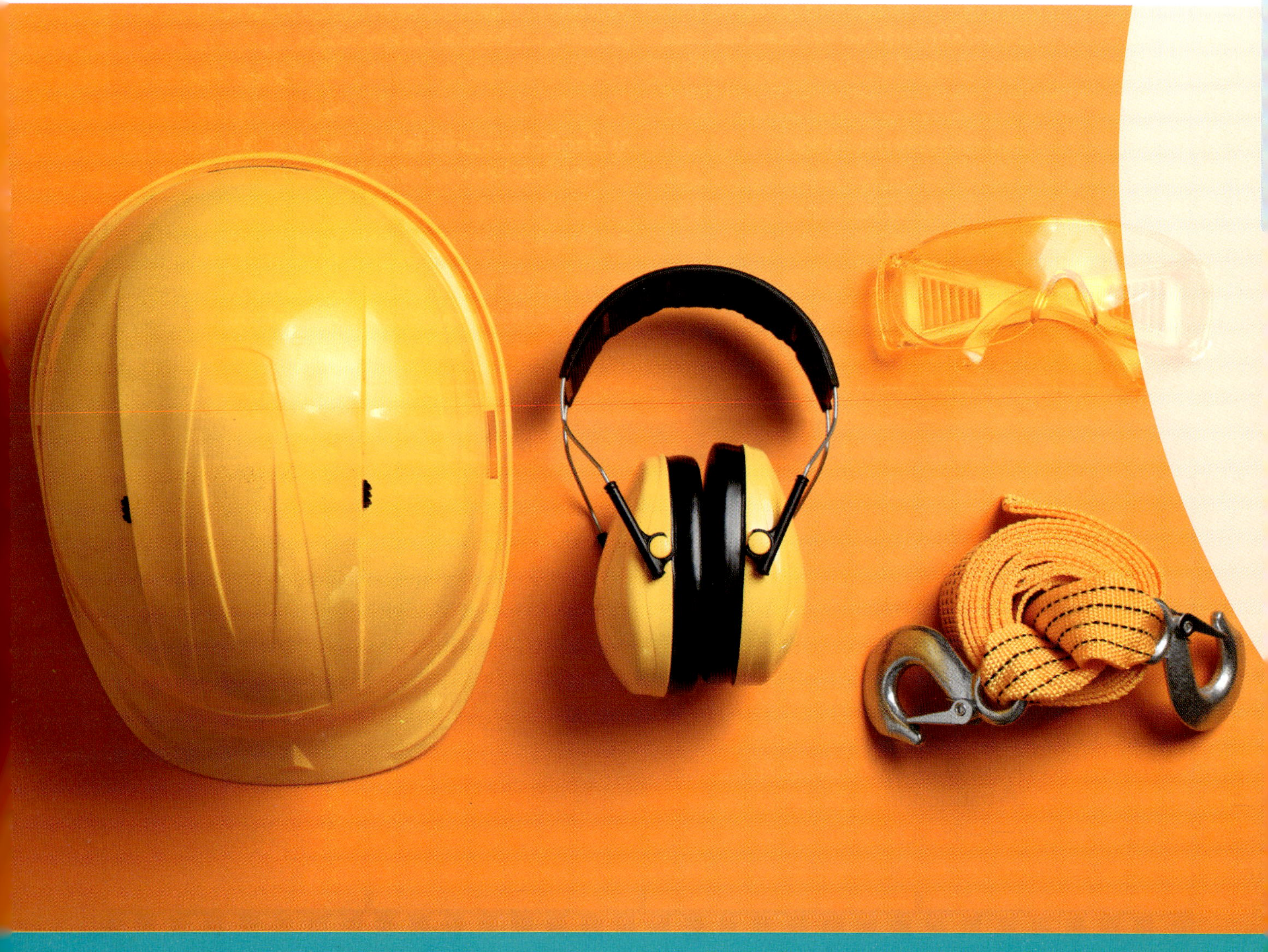

Unidad 6

Seguridad y salud laboral

¿Sabes que el trabajo puede contribuir a tu bienestar personal, familiar y social?

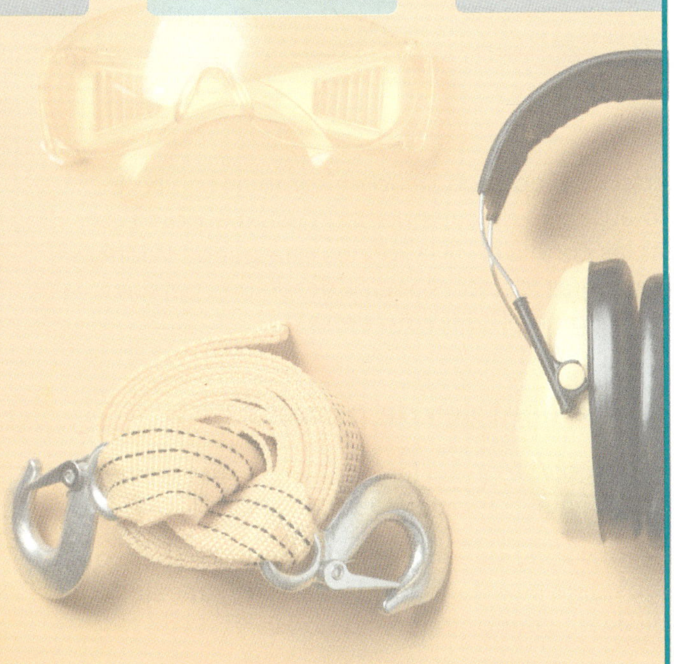

Contenidos

Objetivos

- Valorar la importancia de trabajar en condiciones de seguridad para evitar riesgos que afecten a la salud.
- Identificar y clasificar los daños derivados del trabajo.
- Conocer los principios básicos de la prevención de riesgos laborales.
- Diferenciar entre medidas de prevención y medidas de protección.
- Comprender las medidas de protección individual y de protección colectiva.
- Saber el marco normativo básico en materia de prevención de riesgos laborales.
- Clasificar los distintos organismos públicos en materia de prevención e identificar sus funciones.

6.1. ¿Está relacionada la salud con el trabajo?

El trabajo y la salud están íntimamente relacionados. El trabajo es una actividad que realiza el ser humano para obtener los recursos necesarios que le permitan satisfacer sus necesidades básicas y sociales, además de ser una forma de realización personal.

Para poder trabajar, es necesario tener salud, pero a veces las condiciones en las que se realiza el trabajo pueden ocasionar daños a la salud de las personas que lo llevan a cabo. Por lo tanto, el trabajo puede ejercer una influencia positiva y otra negativa:

☺	Contribuye al bienestar físico, psíquico y social del trabajador y la trabajadora.
☹	Propicia la aparición de riesgos que causan daños en la salud del trabajador y la trabajadora.

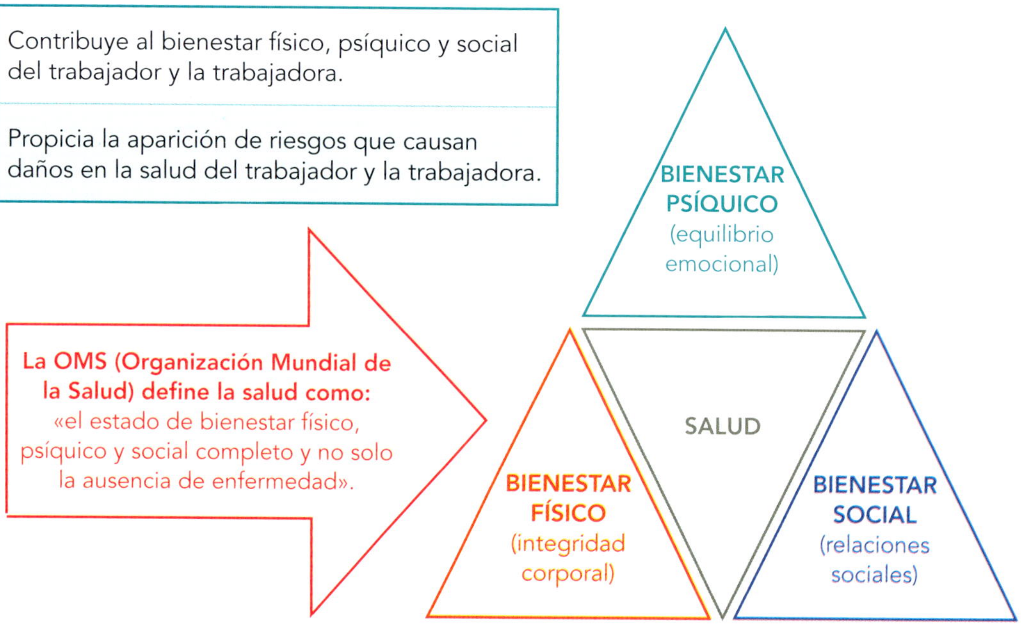

Figura 6.1. Triángulo de la salud.

La definición de la OMS establece un enfoque del concepto de *salud* en torno al equilibrio de sus tres aspectos fundamentales. La alteración o ausencia de cualquiera de estos aspectos producirá la pérdida de la salud. Por eso, al analizar las condiciones laborales que puedan generar un riesgo para la salud de los trabajadores y trabajadoras, deberá hacerse desde una perspectiva global que tenga en cuenta los tres aspectos que integran el concepto de *salud*.

Sabías que...

Los riesgos y sus efectos están relacionados con determinadas **características personales** del trabajador o trabajadora, como la edad, el estado de salud, la formación y la experiencia profesional, que pueden aumentar o disminuir la probabilidad de que el daño se produzca.

6.1.1. Conceptos fundamentales de prevención

La Ley de Prevención de Riesgos Laborales (en adelante, LPRL) define los siguientes conceptos fundamentales relacionados con esta materia:

- **Condiciones de trabajo:** son aquellas características del trabajo que pueden generar riesgos para la seguridad y la salud del trabajador o trabajadora. Se clasifican en cuatro grandes grupos:
  1. Condiciones de seguridad.
  2. Condiciones ambientales.
  3. Condiciones ergonómicas.
  4. Condiciones psicosociales.

- **Riesgo laboral:** se define como la **posibilidad** de que un trabajador o trabajadora sufra un determinado **daño** en la salud como consecuencia de las **condiciones** en las que realiza su trabajo. La gravedad de un riesgo laboral se valora por la **probabilidad** de que se produzca el daño y por la **severidad** de sus consecuencias.
- **Daño laboral:** son las enfermedades, lesiones o patologías sufridas por el trabajador o trabajadora como consecuencia de su actividad laboral. Puede haber daños ocasionados directamente por el trabajo, como el accidente de trabajo y la enfermedad profesional, y otros más inespecíficos que no tienen un origen laboral directo, como la fatiga, la insatisfacción laboral, el estrés, el envejecimiento prematuro, el *mobbing* y el síndrome de *burnout* o «estar quemado».

Estos tres conceptos están interrelacionados, como puede observarse en la siguiente tabla:

CONDICIONES LABORALES			
Condiciones de seguridad	Condiciones medioambientales	Condiciones ergonómicas	Condiciones psicosociales

RIESGOS LABORALES			
• Lugares de trabajo. • Equipos de trabajo.	• Agentes físicos. • Agentes químicos. • Agentes biológicos.	• Carga física. • Carga mental.	• Organización del trabajo. • Características personales.

DAÑO LABORAL			
Accidente laboral	Enfermedad profesional	• Fatiga física. • Fatiga mental.	• Insatisfacción laboral. • Estrés. • *Mobbing*. • Síndrome de *burnout*.

Concepto clave

Un **riesgo grave e inminente** es aquel que resulta racionalmente probable que se produzca en un futuro inmediato provocando un daño grave en la salud de los trabajadores y trabajadoras, aunque el daño no se manifieste de manera inmediata (artículo 4 de la LPRL).

Sabías que...

En el 2003, la OIT (Organización Internacional del Trabajo) instituyó el 28 de abril como Día Mundial de la Seguridad y la Salud en el Trabajo para destacar la necesidad de prevención de enfermedades y accidentes laborales.

Caso práctico 6.1

Enumera las condiciones de trabajo que puedan ocasionar riesgos laborales en tu sector profesional.

Caso práctico resuelto 6.1

Clasifica las siguientes condiciones de trabajo según los cuatro grupos estudiados:

a) Ruido continuo en un taller de confección.
b) Atropello por una carretilla.
c) Jornada de 12 horas de una enfermera.
d) Levantar 40 kg de peso.
e) Intoxicación con amoniaco.

Solución:

a) Condiciones medioambientales (agente físico).
b) Condiciones de seguridad.
c) Condiciones psicosociales.
d) Condiciones ergonómicas.
e) Condiciones medioambientales (agente químico).

6.2. ¿Qué tipos de daños profesionales existen?

En el trabajo, pueden encontrarse diferentes daños profesionales que se clasifican atendiendo al origen de la patología:

- Patologías específicas.
- Patologías inespecíficas.

6.2.1. Patologías específicas

Se incluyen en este grupo las patologías que guardan una relación directa entre el daño y la actividad laboral: el accidente de trabajo y la enfermedad profesional.

ACCIDENTE DE TRABAJO (AT)

Definición legal. La Ley General de Seguridad Social (LGSS) considera AT **toda lesión corporal** que sufra el trabajador o trabajadora debido al trabajo que realiza.

Definición técnica. Es un suceso imprevisto, inesperado, no deseado, que interrumpe el trabajo y que origina o puede originar una lesión.

Causas de los accidentes de trabajo:

- **Factor humano.** Imprudencias, ignorancia, descuidos, falta de formación e información.
- **Factor técnico.** Defectos en instalaciones, máquinas, procedimientos y condiciones ambientales.

La Ley General de Seguridad Social también considera AT los siguientes:

- Accidentes ***in itinere*** ocurridos al ir o volver del trabajo.
- Los sufridos como consecuencia del desempeño de un **cargo sindical.**
- Los que suceden al realizar tareas distintas a las de su **grupo profesional** por órdenes de la empresa.
- Durante los **desplazamientos** para realizar su trabajo, se denominan *accidentes en misión.*
- En actos de **salvamento,** siempre que exista alguna conexión con la empresa.
- **Enfermedades no profesionales,** pero que se demuestre que se deben al trabajo.
- Las **consecuencias o complicaciones** de la salud derivadas de un AT.
- **Enfermedades anteriores** del trabajador o trabajadora que se compliquen debido al AT.
- Los debidos a **imprudencias profesionales** por un exceso de confianza del trabajador o trabajadora en la realización de la tarea.
- Todas las **lesiones** que sufra el trabajador o trabajadora durante el tiempo y en el lugar de trabajo.

ENFERMEDAD PROFESIONAL (EP)

Definición legal. La LGSS reconoce como EP la **enfermedad** que cumpla estos requisitos:

- Que sea una enfermedad recogida en el **listado del Real Decreto 1299/2006,** de 10 de noviembre.
- Que esté provocada por la **acción de los elementos o sustancias** indicadas en ese real decreto.
- Que se contraiga por realizar las actividades que se especifican en el mencionado real decreto.

Definición técnica. Es el deterioro lento y paulatino de la salud del trabajador o trabajadora, producido por una exposición continuada y prolongada en el tiempo a agentes nocivos presentes en el trabajo.

Cuadro EP	Ejemplos
Grupo 1. Causadas por agentes químicos.	Trabajar con plomo: saturnismo.
Grupo 2. Causadas por agentes físicos.	Trabajos con aparatos que vibran: síndrome del dedo blanco.
Grupo 3. Causadas por agentes biológicos.	Personal sanitario: hepatitis B.
Grupo 4. Causadas por inhalación de agentes no incluidos en otros apartados.	Trabajos en la mina: silicosis.
Grupo 5. Enfermedades de la piel causadas por agentes no incluidos en otros apartados.	Trabajar con tintes (peluquerías): dermatitis.
Grupo 6. Causadas por agentes carcinogénicos.	Trabajar con amianto: cáncer de pulmón.

DIFERENCIAS ENTRE ACCIDENTE DE TRABAJO Y ENFERMEDAD PROFESIONAL

Accidente de trabajo	Enfermedad profesional
• Surge de forma súbita.	• Es un proceso lento y progresivo.
• Es un suceso inesperado.	• Es un suceso esperado.
• No es previsible.	• Es previsible.

No se consideran accidentes de trabajo los debidos a imprudencia temeraria, fuerza mayor ajena al trabajo y aquellos que son provocados voluntariamente por el trabajador. Tampoco se debe confundir el accidente con el **incidente o accidente blanco.**

Un incidente es un suceso inesperado que no produce lesión, mientras que el accidente sí la produce. En prevención se deben tratar los incidentes y los accidentes de forma relacionada, ya que todos ellos son indicadores significativos de la existencia de riesgos.

6.2.2. Patologías inespecíficas

Las patologías inespecíficas son aquellas en las que el daño está relacionado con el trabajo, pero su aparición está asociada a factores no laborales. Son las siguientes:

- **Fatiga profesional:** consiste en un agotamiento de la persona, tanto a nivel físico como mental, que tiene su origen en el hecho de hacer de forma continuada una tarea sin haber efectuado un descanso compensatorio adecuado al esfuerzo realizado.
- **Insatisfacción laboral:** se produce cuando las expectativas del trabajador o trabajadora, en cuanto a las compensaciones que pudiera recibir, se ven mermadas y no compensadas con el esfuerzo personal y profesional que realiza en su puesto de trabajo.
- **Estrés:** se experimenta cuando las demandas del medioambiente de trabajo superan las capacidades del trabajador o trabajadora para hacerles frente. Produce sensación de impotencia, ansiedad, agresividad, frustración, etcétera.
- **Envejecimiento prematuro:** el envejecimiento se puede acelerar debido al trabajo, sobre todo en aquel que requiere un gran esfuerzo físico o psíquico o se realiza en condiciones extremas.
- ***Mobbing* o acoso laboral:** se produce cuando en el trabajo una persona o un grupo de personas ejercen una violencia psicológica extrema sobre otra persona, de forma sistemática y durante un tiempo prolongado.
- **Síndrome de *burnout* o del quemado:** es un tipo de estrés laboral que suele producirse en las profesiones que mantienen un trato constante y directo con el público. El trabajador o trabajadora se siente poco realizada y agotada emocionalmente. Es habitual que padezcan este síndrome, entre otros, los médicos y los profesores.

Concepto clave

Para que los tribunales consideren que un accidente *in itinere* es efectivamente accidente de trabajo se exige, como regla general, que el desplazamiento se estuviera realizando por motivos profesionales para iniciar o finalizar su trabajo, que el accidente suceda en tiempo próximo a la hora de entrada o de salida de este y en el trayecto, y en su caso, vehículo habitual.

Importante

La jurisprudencia no considera accidente *in itinere* el ocurrido dentro del domicilio del trabajador o cuando en el trayecto a su domicilio habitual, este realiza gestiones personales como una visita médica o una comida con compañeros, aunque sea con conocimiento y consentimiento del empresario.

6.3. ¿Pueden evitarse los daños profesionales?

Los daños profesionales se pueden evitar adoptando medidas preventivas y de protección. La empresa está obligada a incorporar estas medidas en todas las fases de su actividad con el fin de evitar o disminuir los riesgos derivados del trabajo que puedan perjudicar la salud de las personas empleadas.

6.3.1. Principios básicos de la prevención

La **prevención** es el conjunto de medidas adoptadas o previstas por la empresa para evitar o disminuir los riesgos en su centro de trabajo. La LPRL establece los siguientes principios básicos de la acción preventiva:

PRINCIPIOS BÁSICOS DE LA PREVENCIÓN

1. **Evitar los riesgos:** diseñar el trabajo de manera que no entrañe ningún riesgo.
2. **Evaluar los riesgos que no se puedan evitar:** hay riesgos que es imposible evitar, por ejemplo, en una planta de envasado donde el ruido ambiente es muy elevado. Este riesgo debe medirse y evaluar sus consecuencias para los trabajadores.
3. **Combatir los riesgos en su origen:** localizar la fuente del riesgo, por ejemplo, una máquina que emite mucho ruido hay que insonorizarla como primera medida.
4. **Adaptar el trabajo a la persona, los equipos, los métodos de trabajo y de producción:** se pretende atenuar el trabajo monótono y repetitivo para evitar sus efectos en la salud.
5. **Tener en cuenta la evolución de la técnica:** utilizar los avances tecnológicos, por ejemplo, utilizar drones para transportar materiales a zonas de difícil acceso.
6. **Sustituir lo peligroso por lo que entrañe poco o ningún peligro:** transportar la carga con medios mecánicos en lugar de hacerlo manualmente.
7. **Planificar la prevención:** crear un conjunto de medidas coherentes que integre la técnica, la organización del trabajo, las condiciones de trabajo, las relaciones sociales y la influencia de los factores ambientales en el trabajo.
8. **Adoptar medidas que antepongan la protección colectiva a la individual:** por ejemplo, una campana extractora de gases (protege a todos los trabajadores) antes que dar mascarillas a los trabajadores (solo protege a los que las utilicen).
9. **Dar las debidas instrucciones a los trabajadores** sobre el puesto de trabajo.

Sabías que...

La prevención tiene múltiples **beneficios** para una empresa: se reducen los daños y los gastos que estos ocasionan; se mejoran las condiciones de trabajo; aumentan el rendimiento, la productividad y la eficacia, y, en consecuencia, aumenta la competitividad de la empresa.

Caso práctico resuelto 6.2

¿Con qué principio de la acción preventiva se relacionan las siguientes situaciones?

a) Formar e informar a los trabajadores sobre los riesgos asociados al uso de una nueva maquinaria y las medidas preventivas que deben adoptarse.

b) Aislar una máquina que emite un ruido que supera los 80 dB.

Solución:

a) Dar las debidas instrucciones al trabajador o trabajadora.

b) Combatir los riesgos en su origen.

Caso práctico 6.2

En la construcción de una vivienda de tres plantas, la jefa de obra ha entregado a los obreros que trabajan en altura un casco y un arnés de seguridad para evitar las caídas. ¿Es correcta la actuación en la empresa teniendo en cuenta los principios básicos de la prevención de riesgos laborales?

6.3.2. Técnicas de prevención

Las técnicas de prevención tratan de eliminar o reducir los factores de riesgo laboral. Son las siguientes:

TÉCNICAS DE PREVENCIÓN		
Técnica	**Daño laboral del que se ocupa**	**Cómo interviene**
Seguridad en el trabajo	Accidente de trabajo	• Localiza el origen de los riesgos de accidentes en los lugares de trabajo y establece las medidas preventivas necesarias para evitar que se produzcan. • Estudia las causas de los accidentes laborales a través de la notificación, registro, investigación y análisis estadístico de los accidentes ocurridos, para evitar que se repitan. • Formar e informar a los trabajadores sobre prevención de riesgos laborales existentes en su trabajo.
Higiene industrial	Enfermedad profesional	• Identifica los contaminantes medioambientales (físicos, químicos y biológicos) presentes en el trabajo. • Recoge muestras de los contaminantes del ambiente de trabajo, valora los resultados obtenidos comparándolos con los valores máximos permitidos y decide las medidas que han de aplicarse si estos valores se superan. • Efectúa controles periódicos del medioambiente laboral.
Ergonomía	Carga física y mental	• Trata de adaptar el puesto de trabajo a las condiciones fisiológicas y psicológicas de la persona empleada. • Estudia y diseña el puesto de trabajo para hacerlo más confortable.
Psicosociología	• Insatisfacción laboral. • Estrés. • Síndrome de *burnout*. • *Mobbing*.	• Estudia la relación entre el contenido del trabajo (ritmo de trabajo, monotonía, etc.), el medioambiente en el que se desarrolla (iluminación, ruido, etc.) y las condiciones de organización (estilo de mando, autonomía, etc.) por una parte y las características personales del trabajador (motivación, personalidad, etc.) y su situación personal por la otra. • Aplica medidas preventivas sobre la organización del trabajo y sobre la persona que lo desempeña.
Medicina del trabajo	Pérdida de salud	• Trata de mantener la salud del trabajador o trabajadora. • Desarrolla las siguientes acciones preventivas: 1. Investigación epidemiológica. 2. Vigilancia de la salud. 3. Promoción de la salud (educación sanitaria). 4. Programas de vacunación. 5. Técnicas curativas y reparadoras. 6. Formación e información sanitaria.

6.3.3. Medidas de protección

Cuando el riesgo no se pueda eliminar, se aplicarán medidas de protección. Estas medidas no evitan los riesgos, pero reducen sus consecuencias (daños) actuando sobre el trabajador o trabajadora. Pueden distinguirse dos tipos:

1. **Medidas de protección colectivas.** Son aquellas cuyo objetivo es la protección simultánea de varios trabajadores expuestos a un determinado riesgo.
2. **Medidas de protección individual.** Son aquellas que protegen exclusivamente a la persona que las utiliza, son los denominados *equipos de protección individual* (EPI).

Medidas de protección colectiva

- **Barandillas:** evitan la caída de objetos y personas a plantas inferiores. Altura mínima de 90 cm.
- **Redes de seguridad:** evitan la caída de objetos. Tradicionalmente, se utilizan en la construcción.
- **Resguardos:** protegen del contacto con las partes peligrosas de la máquina y evitan cortes, golpes o atrapamientos.
- **Ventilación:** sistema para renovar el aire contaminado por aire limpio.
- **Señalización:** señales visuales, luminosas o acústicas que alertan a los trabajadores de posibles riesgos, prohibiciones u obligaciones.
- **Viseras:** evitan y protegen sobre la caída a niveles inferiores de personas u objetos.
- **Interruptores diferenciales:** dispositivos de seguridad que evitan el contacto con la corriente eléctrica desconectando de manera automática la instalación eléctrica.

Medidas de protección individual

- **Protectores de la cabeza:** cascos de seguridad, cascos de protección contra choques e impactos, contra el fuego y contra productos químicos, etcétera.
- **Protectores de manos y brazos:** guantes protectores para evitar cortes y vibraciones; contra las agresiones químicas, biológicas, térmicas o eléctricas; manoplas, manguitos y mangas.
- **Protectores del oído:** tapones, orejeras, cascos antirruido, etcétera.
- **Protectores de pies y piernas:** calzado de seguridad, calzado y cubrecalzado de protección contra el calor o el frío, etcétera.
- **Protectores de los ojos y de la cara:** pantallas faciales y para soldadura.
- **Protectores del tronco y el abdomen:** mandiles de protección contra las agresiones mecánicas, químicas, chalecos termógenos, mandiles de protección contra los rayos X, cinturones de sujeción del tronco, etcétera.
- **Protectores de las vías respiratorias:** mascarillas o equipos filtrantes de partículas, de gases y contra las caídas de altura, arneses, cinturones de sujeción, ropa de protección contra las agresiones térmicas, mecánicas y químicas, contra contaminación radiactiva, ropa de señalización, etcétera.
- **Protección total del cuerpo:** equipos de protección contra las caídas de altura, arneses, cinturones de sujeción, ropa de protección con las agresiones térmicas, mecánicas y químicas, contra contaminación radiactiva, ropa de señalización, etcétera.

Figura 6.2. Diferentes medidas de protección.

Para que los EPI cumplan con la finalidad para la que han sido diseñados, deben poseer ciertas características y utilizarse de una manera adecuada, como se describe seguidamente:

NORMAS DE SELECCIÓN Y UTILIZACIÓN DE LOS EPI
• Deben ser adecuados al riesgo y estar homologados con el marcado CE.
• La empresa está obligada a determinar los puestos de trabajo que deben utilizar EPI, seleccionarlos, proporcionarlos gratuitamente a los trabajadores y velar por su efectivo uso.
• Deben proporcionar una protección eficaz frente al riesgo y no ocasionar riesgos adicionales ni interferir en el proceso productivo.
• Su uso es individual y, antes de utilizarlos, cada persona debe recibir información y formación sobre los equipos que se le entregan, así como en qué momento deben utilizarse.
• Se deben seguir las instrucciones del fabricante sobre su utilización, mantenimiento, almacenamiento, limpieza y desinfección.
• Los trabajadores informarán a la empresa de cualquier defecto apreciable en los EPI.
• Es imprescindible la intervención del servicio de prevención en el proceso de selección de los EPI, al igual que la participación de los trabajadores afectados.

Los EPI se deben utilizar cuando los riesgos no se puedan evitar o limitar lo suficiente con procedimientos de organización de la empresa o con medidas de protección colectiva, por lo que constituyen el **recurso final de la cadena preventiva,** es decir, suponen un **medio de protección complementario** y, en la medida de lo posible, **temporal.**

En la siguiente tabla comparativa, se observan las diferencias entre las técnicas de prevención y las medidas de protección:

TÉCNICAS DE PREVENCIÓN	MEDIDAS DE PROTECCIÓN	
Tratan de evitar o disminuir los riesgos.	No evitan los riesgos, sino que tratan de reducir sus consecuencias (daños).	
	Protección colectiva	**Protección individual**
Actúan sobre el origen del riesgo.	Protegen a varios trabajadores a la vez.	Protegen solo a la persona que la utiliza.
	Actúan sobre el medio de transmisión: redes, barandillas, extractores, etcétera.	Actúan sobre el trabajador o trabajadora: EPI.
Son la primera medida en aplicarse.	Son la segunda medida en aplicarse si las técnicas de prevención no han podido evitar los riesgos.	Son la tercera medida en aplicarse si las medidas de protección colectiva son insuficientes.

Importante

No se consideran EPI:

- La ropa de trabajo corriente y los uniformes que no estén destinados a la protección de la salud de la persona.
- Los equipos de los servicios de socorro y salvamento.
- Los EPI de los militares, policías y las personas dedicadas al mantenimiento del orden.
- El material de deporte.
- Los aparatos portátiles para la detección y señalización de los riesgos.

Concepto clave

Los **equipos de protección individual (EPI)** son los equipos destinados a ser llevados o sujetados por el trabajador o trabajadora para que la protejan de uno o varios riesgos que puedan amenazar su seguridad o su salud en el trabajo, así como los componentes intercambiables y los sistemas de conexión a dispositivos externos.

Caso práctico resuelto 6.3

En una carpintería, la dueña ha adoptado una gran cantidad de medidas de protección. Ahora se encuentra algo confusa y no recuerda qué medidas son de protección colectiva y cuáles son individuales. ¿Puedes ayudarla a clasificarlas?

a) Cinta de delimitación de zona de trabajo.

b) Botas de seguridad.

c) Señales óptico-acústicas de vehículos en obra.

d) Casco de protección con marcado CE.

Solución:

- Medidas de protección colectiva: la a) y la c).
- Medidas de protección individual: la b) y la d).

Caso práctico 6.3

Una fábrica de abonos no sabe si debe instalar una ventilación general de la nave o proporcionar a los trabajadores mascarillas con filtro. ¿Qué principio de acción preventiva debe aplicarse?

6.3.4. Señalización de seguridad

La señalización de seguridad es una herramienta **complementaria** de prevención que se utiliza para indicar situaciones de riesgo que no se han podido eliminar o reducir suficientemente. Intenta conseguir los siguientes objetivos:

Figura 6.3. Objetivos de la señalización de seguridad.

Sabías que...

La **señalización:**

- Siempre será una medida complementaria y no sustitutoria de otras medidas de prevención técnicas u organizativas.
- Tampoco es sustitutoria de la formación e información a los trabajadores.
- Se debe tener en cuenta que la señalización por sí sola no elimina el riesgo.

Existen distintos tipos de señales:

TIPOS DE SEÑALES	
Tipo	**Descripción**
Luminosa	Es una señal emitida por medio de un dispositivo formado por materiales transparentes o translúcidos, iluminados desde atrás o desde el interior.
Acústica	Es una señal sonora codificada, emitida y difundida por medio de un dispositivo apropiado, sin intervención de voz humana o sintética.
Verbal	Es un mensaje verbal que utiliza la voz humana o sintética.
Gestual	Es un movimiento o una disposición de los brazos o de las manos en forma codificada para guiar a las personas que están realizando maniobras que constituyan un riesgo o peligro para los trabajadores.
Olfativa	Son aditivos con olor que se añaden a los gases tóxicos inodoros para detectar su escape.

Las señales en forma de panel son las más usuales. Son señales que combinan formas geométricas y colores de seguridad. Normalmente, incluyen un símbolo o pictograma que ayuda en su interpretación. En la siguiente tabla, se recogen los diferentes tipos de señales de panel:

TIPO	FORMA	COLOR	EJEMPLOS
Prohibición	Círculo	• Bordes: rojos. • Fondo: blanco. • Pictograma: negro.	
Obligación	Círculo	• Fondo: azul. • Pictograma: blanco.	
Advertencia	Triángulo	• Bordes: negros. • Fondo: amarillo. • Pictograma: negro.	
Salvamento	Rectángulo	• Fondo: verde. • Pictograma: blanco.	
Extinción de incendios	Cuadrado	• Fondo: rojo. • Pictograma: blanco.	
Desniveles y obstáculos		Rayas amarillas y negras, con una inclinación de 45°.	

Importante

Se debe señalizar todo elemento que pueda constituir un riesgo, especialmente:

- Los sitios donde se almacenen sustancias y productos peligrosos, así como los recipientes y las tuberías que los contengan.
- Los lugares peligrosos, obstáculos y vías de circulación.
- Los riesgos específicos como radiaciones ionizantes, riesgo biológico, eléctrico, etcétera.
- Las salidas de emergencia y los equipos de lucha contra incendios.
- Las maniobras peligrosas y situaciones de emergencia.

6.4. ¿Qué normas regulan la prevención de riesgos laborales?

La normativa española en materia de prevención de riesgos laborales surge de la Constitución española de 1978 y del Derecho de la Unión Europea.

La Constitución española dispone que los poderes públicos velarán por la seguridad e higiene en el trabajo. Por otra parte, la Unión Europea ha desarrollado numerosas normas para mejorar e igualar las condiciones de seguridad y salud en los centros de trabajo de todos los Estados miembros; la más importante es la **Directiva 89/391/CEE,** que trata de unificar toda la normativa sobre esta materia. La transposición de esta directiva al Derecho español dio lugar a la **Ley 31/1995, de 8 de noviembre, de Prevención de Riesgos Laborales (LPRL).**

CONSTITUCIÓN ESPAÑOLA (artículo 40.2) → LEY 31/1995 DE PREVENCIÓN DE RIESGOS LABORALES (LPRL) ← DIRECTIVA 89/391/CEE

Figura 6.4. Normativa básica en prevención de riesgos laborales.

La LPRL trata de mejorar las condiciones de seguridad y salud en el trabajo desarrollando y aplicando las medidas necesarias para **prevenir los riesgos** derivados del trabajo actuando antes de que se produzcan los daños. Esta ley se ha desarrollado a lo largo del tiempo a través de diferentes normativas nacionales, entre las que destacan las siguientes:

- Real Decreto 39/1997, de 17 de enero. Reglamento de los Servicios de Prevención.
- Real Decreto 486/1997, de 14 de abril. Seguridad y salud en los lugares de trabajo.
- Real Decreto 485/1997, de 14 de abril. Señalización de seguridad y salud en el trabajo.

Ayuda a Mario

Orienta a Mario en las siguientes cuestiones:

1. El acoso laboral se considera daño profesional. Indica de qué tipo es.
2. ¿Qué es un EPI y qué finalidad cumple?
3. Existen diversos tipos de señales y con formas diferentes. Realiza un pequeño cuadro donde aparezca a la izquierda el tipo en el centro la forma y a la derecha el color.

6.5. ¿Qué organismos públicos velan por la seguridad y la salud en el trabajo?

Hoy en día, existen multitud de organismos públicos, nacionales e internacionales, que realizan importantes aportaciones para mejorar la seguridad y la salud en el trabajo.

6.5.1. Organismos públicos de ámbito internacional

Los organismos internacionales más relevantes en materia de seguridad y salud son los siguientes:

- **Agencia Europea para la Seguridad y la Salud en el Trabajo.** Esta agencia fue creada por la Unión Europea para fomentar la mejora de la salud y la seguridad en el medio de trabajo, su sede está en Bilbao.

  Su objetivo es conseguir que los lugares de trabajo europeos sean más seguros, saludables y productivos, proporcionando a los interesados (Gobierno, empresas y trabajadores) toda la información técnica, científica y económica útil en el ámbito de la seguridad y de la salud en el trabajo.

  Para conseguir su objetivo, ha creado una red de información europea, según un sistema de centros de referencia nacionales y redes de información nacional. En España, el centro de referencia nacional es el **Instituto Nacional de Seguridad y Salud en el Trabajo (INSS).**

- **Fundación Europea para la Mejora de las Condiciones de Vida y de Trabajo (EUROFOUND).** Este organismo de la Unión Europea desarrolla ideas para mejorar las condiciones de vida y de trabajo de la ciudadanía europea. La fundación fomenta el intercambio de información y experiencias entre las universidades, las Administraciones y las organizaciones encargadas de la vida económica y social (empresas y sindicatos).

6.5.2. Organismos públicos de ámbito nacional

Los organismos públicos de ámbito nacional más destacables son los siguientes:

- **Instituto Nacional de Seguridad y Salud en el Trabajo (INSST).** Es el órgano científico-técnico especializado de la Administración General del Estado que tiene como misión el análisis y estudio de las condiciones de seguridad y salud en el trabajo, así como la promoción y el apoyo a la mejora de estas. Para ello, establecerá la cooperación necesaria con los órganos de las comunidades autónomas con competencias en esta materia. Entre sus funciones, destacan las siguientes:
  - Asesoramiento técnico en la elaboración de normativa a nivel nacional e internacional.
  - Actividades de formación, información, investigación, estudio y divulgación en materia de prevención de riesgos laborales.
  - Apoyo técnico y colaboración con la Inspección de Trabajo y Seguridad Social.
  - Colaboración con organismos internacionales en el ámbito de la seguridad y salud laboral.
- **Inspección de Trabajo y Seguridad Social.** Es el órgano técnico de la Administración Pública cuyo principal objetivo es la vigilancia y el control del cumplimiento de la normativa laboral y de prevención de riesgos laborales. Destacan las siguientes funciones:
  - Proponer a la autoridad laboral competente la sanción correspondiente cuando detecte alguna infracción de la normativa.
  - Asesorar a las empresas y a los trabajadores en materia de seguridad y salud.
  - Ordenar la paralización inmediata de trabajos cuando, a juicio del inspector, se advierta la existencia de riesgo grave e inminente para la seguridad o salud de los trabajadores.

Comprueba lo que has aprendido

Bea y Mario tienen muchas dudas sobre la forma correcta de cumplir con la prevención de riesgos que exige esta empresa ¿Puedes asesorarlos?

Manuel tiene una empresa constructora. Para poder evaluar el cumplimiento en materia de prevención de riesgos de la empresa, Manuel decide visitar una de las obras que se están realizando y, mientras se entrevista con el encargado, comprueba con asombro que no hay ningún tipo de señalización en la obra y que las condiciones en las que trabajan los profesionales son muy peligrosas.

No se han instalado aún, por falta de tiempo, redes de seguridad para evitar caídas de personas u objetos, ni barandillas. El andamio que están utilizando, de una altura aproximada de 8 metros, se balancea, los arneses de seguridad no están anclados a ningún lugar y no se han entregado cascos a todos los trabajadores.

1. Desde el punto de vista de los principios básicos de la prevención, ¿se han aplicado correctamente dichos principios? Razona tu respuesta.
2. ¿Qué riesgos laborales pueden existir en esta obra y qué daños a la salud pueden producirse?
3. ¿Qué técnica de prevención sería la encargada de estudiar dicha situación? ¿Cómo interviene?
4. Clasifica las medidas de protección que se mencionan en el caso.
5. Indica los EPI que se entregan a los trabajadores y de qué riesgos los protegen.
6. Indica cómo deben utilizar los EPI estos trabajadores.
7. ¿Debería estar señalizada la obra? ¿Qué señal sería la más adecuada? ¿Puedes dibujarla?
8. Uno de los trabajadores tiene que marcharse al ambulatorio porque se encuentra muy mal. Tiene fiebre y tos, y con el frío que hace en la obra, se ha puesto peor y no para de temblar.

   ¿El padecimiento de este trabajador se puede considerar como enfermedad profesional?
9. Manuel le dice al encargado que tiene que aumentar el ritmo de trabajo, pues la obra va muy retrasada y tiene que entregarse a final de mes. Si es necesario, que los trabajadores y él mismo echen más horas extras. El encargado le comenta que ya no pueden más, pues llevan dos meses realizando 9 horas diarias de lunes a sábado y los empleados están agotados, no pueden seguir con este ritmo de trabajo.

   ¿Qué tipo de daño pueden estar sufriendo estos trabajadores? ¿Qué técnica preventiva se ocupa de ese daño profesional? ¿Cómo interviene?
10. ¿Se está incumpliendo alguna norma laboral? ¿Qué organismo público de ámbito nacional debería intervenir en esta empresa?
11. Cuando Manuel termina la visita, se dirige a su casa para almorzar, con tan mala suerte que, en el camino, tiene un accidente con su coche. Afortunadamente, la herida más grave que presenta es una fractura en la pierna que le impedirá trabajar durante dos meses.

    ¿Se trata de un accidente laboral? Razona tu respuesta.

Actividades finales

1. Trabajo y salud

6.1. Copia la tabla e identifica dentro de qué grupo se encuadran las siguientes condiciones de trabajo:

CONDICIÓN DE TRABAJO	GRUPO
Ordenadores	Útiles y herramientas
Ruidos	
Gases tóxicos	
Bajas temperatura	
Monotonía	
Suciedad	
Parásitos	

2. Daños derivados del trabajo

6.2. María Ramírez trabaja como socorrista en la playa de Valdelagrana. Debido a las altas temperaturas, sufre una insolación y tiene que ser atendida de urgencia. ¿Se trata de un accidente laboral? Razona tu respuesta.

6.3. Pedro es electricista y, con mucha frecuencia, debe trabajar en cuclillas de manera prolongada. Desde hace cinco meses, tiene molestias en la rodilla derecha y el médico le ha dicho que tiene roto el menisco y tendrán que operarlo. ¿Es una enfermedad profesional? Razónalo.

6.4. Federico trabaja como comercial para una multinacional y su jornada es de 10 horas diarias. Aunque su trabajo le gusta mucho y en la empresa cada vez le asignan tareas de más responsabilidad, ha empezado a encontrarse mal, cree que no va a poder abarcarlo todo y se ha vuelto muy agresivo. ¿Se trata de una enfermedad profesional?

6.5. Copia la tabla y relaciona cada una de las situaciones siguientes con el concepto adecuado:

SITUACIÓN	CONCEPTO
Quemaduras sufridas por un trabajador al apagar un incendio de una papelera en su puesto de trabajo.	Incidente
Accidente de tráfico sufrido por una trabajadora al dirigirse a su puesto de trabajo desde su domicilio.	Accidente común
Explosión de una caldera sin que haya heridos.	Accidente de trabajo
Lesiones del menisco asociadas a posturas forzadas.	Accidente *in itinere*
Una soldadora sin gafas de protección sufre lesiones en la córnea por el arco eléctrico.	Enfermedad profesional

3. Medidas de prevención y protección

6.6. Ordena las siguientes medidas según la prioridad con la que deban aplicarse:

	Medidas de protección individual.
	Medidas de prevención.
	Medidas de protección colectiva.

6.7. Señala la técnica o las técnicas de prevención que se encargan de cada uno de los siguientes casos:

- Marcos es programador informático y, desde hace tiempo, sufre fuertes dolores de espalda y cansancio visual.
- Javier ha tropezado con un tablón de madera en la carpintería en la que trabaja, lo que le ha provocado un fuerte golpe en la cabeza y una fractura en el brazo derecho.

- Cristina es enfermera del Hospital de La Paz en la sección de trastornos respiratorios, donde se encuentra ingresada tras haber sido contagiada por uno de sus pacientes.
- Inés ha sido ingresada de urgencia tras la inhalación de un producto químico tóxico con el que rociaba las plantas del invernadero donde trabaja, que le ha producido asfixia y varios daños en algunos órganos internos.

6.8. Indica cuáles de las siguientes medidas de protección son individuales y cuáles son colectivas:

	Señal de peligro biológico.
	Cascos antirruido.
	Botas de seguridad.
	Red de seguridad instalada en un edificio en construcción.
	Interruptor diferencial.
	Mascarilla protectora.

6.9. Señala el equipo de protección individual más adecuado para los siguientes casos:

a) Caída de objetos sobre la cabeza.

b) Inhalación de gases tóxicos.

c) Técnica de laboratorio de análisis clínicos.

d) Jardinero que realiza la poda de una palmera.

e) Aplicar un tinte en una peluquería.

f) Carga y descarga de camiones.

6.10. Copia la tabla y relaciona el color y la forma de las señales con su significado:

COLOR	SIGNIFICADO	FORMA
Azul	Prohibición	Triángulo
Amarillo	Obligación	Círculo
Rojo	Salvamento	Rectángulo
Verde	Advertencia	Círculo

4. Organismos públicos en materia de prevención

6.11. Helena lleva observando durante muchísimo tiempo cómo la empresa incumple repetidamente sus obligaciones en materia de prevención de riesgos laborales: los trabajadores se compran sus equipos de protección, el empresario no informa sobre las medidas que se deben adoptar en materia de prevención, no se realiza vigilancia alguna sobre la salud de los trabajadores, la mayoría de la maquinaria está defectuosa y carece de las medidas de protección básicas, etcétera. Cansada de esta situación, decide realizar una denuncia.

a) ¿Ante qué organismo o institución debería presentar la denuncia Helena?

b) Busca en internet el modelo de denuncia que debería presentar Helena y aquellos datos que debe contener.

6.12. Indica qué organismo público en materia de prevención lleva a cabo cada una de las siguientes funciones:

a) Vigilar el cumplimiento de la normativa sobre prevención de riesgos laborales.

b) Ordenar la paralización inmediata de trabajos cuando, a juicio del inspector, se advierta la existencia de riesgo grave e inminente para la seguridad o salud de los trabajadores.

c) Asesoramiento técnico en la elaboración de la normativa legal y en el desarrollo de la normalización, tanto a nivel nacional como internacional.

d) Promoción y, en su caso, realización de actividades de formación, información, investigación, estudio y divulgación en materia de prevención de riesgos laborales.

e) Colaboración con organismos internacionales y desarrollo de programas de cooperación internacional en este ámbito, facilitando la participación de las comunidades autónomas.

Notas de prensa

Reconocen como accidente laboral una crisis de ansiedad por una discusión en el trabajo

El 30 de enero del 2018 se produjo una fuerte discusión entre un trabajador y el hijo del representante legal de su empresa que le produjo una gran agitación. Desde que el hijo sustituyó al representante legal de la empresa, la relación con el operario se fue deteriorando cada vez más, con gritos, insultos y humillaciones frecuentes, llegando a un intento de agresión con el lanzamiento de una calculadora, según recoge la sentencia.

El operario acudió a su centro de salud, donde se le detectó crisis de ansiedad por la que hubo parte médico de baja por contingencias comunes. La empresa y la Seguridad Social no reconocían como accidente laboral la crisis de ansiedad sobrevenida al trabajador y lo denunciaron. El Juzgado de lo Social n.° 1 de Palencia, en sentencia de primera instancia, dio la razón a la empresa.

El trabajador no estuvo de acuerdo e interpuso recurso de casación ante la Sala Social del Tribunal Superior de Justicia de Castilla y León.

Este tribunal revocó la sentencia del juzgado palentino y estimó la reclamación del trabajador, declarando como accidente laboral la crisis de ansiedad generada por la discusión en el puesto de trabajo. En la sentencia, se afirma que «el único elemento determinante de la enfermedad desarrollada, una crisis de ansiedad, se centra en la realización del trabajo».

Fuente: Cadena SER, Palencia (9 de enero del 2020).

a) La LPRL incluye unos conceptos fundamentales sobre la prevención. Indica en cuál de ellos quedaría recogido lo que ha fallado esta sentencia.

b) Dentro de qué patología podría clasificarse el daño al que alude la sentencia.

Videoteca laboral

Visualizad en el aula el vídeo *Recursos humanos - corto sobre mobbing.*

https://www.youtube.com/watch?v=JGfQwPgeibg

Responde a las siguientes preguntas:

- ¿Cuál es el tema principal del vídeo?
- ¿Puedes definirlo?
- ¿Qué efectos puede producir en las personas?
- ¿Despedirías al entrevistador?

Unidad 7

Los riesgos profesionales

Unidad 7

Los riesgos profesionales

¿Conoces las medidas que cada día se adoptan en las empresas para que los trabajos sean más seguros?

Contenidos

Objetivos

- Detectar e identificar los riesgos que pueden existir en el puesto de trabajo.
- Clasificar los riesgos en función de las condiciones que los generan.
- Conocer y relacionar los efectos de los diferentes riesgos laborales sobre la salud.
- Valorar positivamente la importancia de conocer los factores de riesgo en el puesto de trabajo para evitar daños sobre la salud.
- Identificar las medidas preventivas y de protección adecuadas para evitar daños laborales en función del riesgo.

7.1. ¿Qué riesgos se derivan de las condiciones de seguridad?

En la Unidad 6, se ha analizado cómo las condiciones en las que se realiza un trabajo generan riesgos. En esta unidad, va a profundizarse en este tema comenzando por las condiciones de seguridad inadecuadas que pueden producir accidentes de trabajo. Los principales riesgos derivados de las condiciones de seguridad son los que se muestran en la Figura 7.1.

1	2	3	4
LUGARES DE TRABAJO	MANEJO DE MÁQUINAS Y HERRAMIENTAS	INCENDIOS	INSTALACIONES ELÉCTRICAS

Figura 7.1. Riesgos derivados de las condiciones de seguridad.

7.1.1. Riesgos en los lugares de trabajo

Los lugares de trabajo son todas las áreas de trabajo a las que accede el trabajador o trabajadora durante su jornada laboral, incluidos los aseos, las áreas de tránsito y descanso y los locales de primeros auxilios. Estos lugares deberán cumplir las disposiciones establecidas en el Real Decreto 486/1997, de 14 de abril, en cuanto a su construcción, orden y mantenimiento.

CONDICIONES CONSTRUCTIVAS	
Estructuras y suelos	• Estructuras: deben ser sólidas y resistentes. • Suelos: estables, antideslizantes, sin pendientes ni rampas muy inclinadas.
Espacios de trabajo	• Mínimo de 3 m de alto. • 2 m^2 de área y 10 m^3 de volumen libres por cada persona empleada.
Barandillas	Altura mínima de 90 cm.
Escaleras, pasillos y puertas	• Escaleras: anchura mínima de 1 m. • Pasillos: anchura de 1 m. • Puertas: anchura mínima de 80 cm.
Salidas de emergencia	Deben estar despejadas, señalizadas y disponer de iluminación de seguridad, con puertas que abran hacia fuera.

DAÑOS ASOCIADOS A LUGARES DE TRABAJO	MEDIDAS PREVENTIVAS Y DE PROTECCIÓN
• **Caídas al mismo nivel:** resbalar en un suelo lleno de grasa, caer y romperse el codo. • **Caídas a distinto nivel de personas:** caer por una escalera mal diseñada y hacerse un esguince. • **Choques contra objetos:** golpearse con una mesa. • **Atropellos de vehículos:** como una carretilla o una furgoneta produciendo al trabajador o trabajadora traumatismos de diversa gravedad. • **Caídas de objetos:** caída de objetos mal apilados, que pueden producir al trabajador graves daños por traumatismo y aplastamiento de diferentes partes del cuerpo.	• Ordenar, limpiar y retirar inmediatamente materiales y residuos utilizando contenedores adecuados al tipo de residuo para facilitar su reciclado. • Utilizar lugares adecuados de almacenamiento de materiales. • Mantener los suelos y las áreas de tránsito limpias y libres de obstáculos. • Utilizar calzado antideslizante. • Almacenar las sustancias nocivas en recipientes adecuados e identificados con etiquetas. • Separar adecuadamente equipos y máquinas, para que las operaciones de limpieza y mantenimiento se realicen sin riesgo y en condiciones óptimas. • Utilizar redes de seguridad y arneses anticaídas.

7.1.2. Riesgos en los equipos de trabajo

Se considera equipo de trabajo cualquier máquina, herramienta, instalación o vehículo de transporte utilizado en el trabajo. Se clasifican en dos grupos:

1. **Máquinas:** son equipos con, al menos, una parte móvil y que no pueden ser trasladados por el trabajador o trabajadora. Por ejemplo, una fotocopiadora, un montacargas o un vehículo.
2. **Herramientas:** son los instrumentos que utiliza el trabajador o trabajadora de forma individual y que puede trasladar de un lugar a otro. Por ejemplo, un martillo, una motosierra, una tijera o un taladro.

DAÑOS ASOCIADOS A EQUIPOS	MEDIDAS PREVENTIVAS Y DE PROTECCIÓN
• Choques contra objetos móviles. • Contactos eléctricos. • Proyección de partículas. • Amputaciones • Atrapamientos y cortes. • Quemaduras. • Sordera • Daños oculares (cataratas, irritación y fatiga visual). • Incendios.	• Tener el marcado CE, es decir, que cumpla los requisitos de seguridad y calidad establecidos por la Unión Europea. • Seguir las instrucciones del fabricante. • Realizar un diseño adecuado. • Tener las instalaciones bien iluminadas y señalizadas. • Evitar las ropas holgadas, el pelo suelto, etcétera. • Utilizar equipos de protección individual (EPI). • Formar o informar a los trabajadores. • Mantener adecuadamente máquinas y herramientas. • Almacenar correctamente las herramientas. • Respetar la carga máxima de las máquinas.

Caso práctico resuelto 7.1

Federico trabaja como calibrador en un almacén de naranjas de Gandía (Valencia). Su trabajo consiste en separar las naranjas de un determinado calibre y depositarlas en cajas. Con frecuencia, se caen naranjas al suelo, dejándolo pegajoso y resbaladizo.

Las carretillas circulan por el almacén retirando las cajas llenas para llevarlas al camión.

a) ¿Qué riesgos existen en el trabajo de Federico?

b) ¿Cómo pueden evitarse?

Solución:

a) Existe riesgo de accidente, originado por las condiciones de seguridad asociadas al lugar y a los equipos de trabajo: riesgos de caídas de trabajadores al mismo nivel, atropellos de vehículos, resbalones, golpes con las cajas y caídas de objetos.

b) Podrían evitarse retirando de inmediato las naranjas que caen al suelo y mantener este y las áreas de tránsito limpias y libres de obstáculos. Utilizar calzado antideslizante, organizar las áreas de trabajo para que las carretillas no circulen por la zona donde están los trabajadores o utilizar señalización acústica o visual.

Caso práctico 7.1

Busca información sobre los riesgos derivados de las condiciones de seguridad de tu sector.

7.1.3. Riesgo de incendio

El fuego es una reacción química resultado de la combinación del oxígeno con una sustancia combustible y acompañada por la liberación de grandes cantidades de energía en forma de luz y calor, además de una gran cantidad de gases. Para que se produzca un incendio, es necesario que estén presentes cuatro elementos. Se trata de la teoría del tetraedro del fuego, representada en la Figura 7.2.

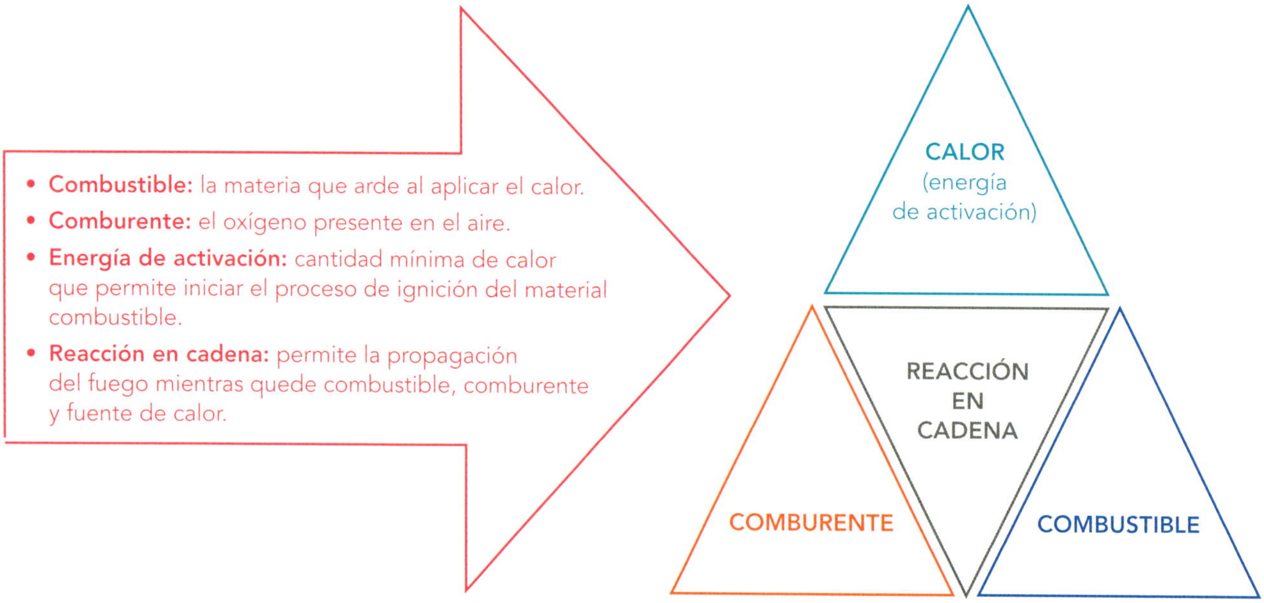

Figura 7.2. Tetraedro del fuego.

Un incendio se clasifica teniendo en cuenta el tipo de combustible que lo ha causado. Esta circunstancia es muy importante para saber el tipo de extintor que se puede utilizar.

CLASES DE FUEGOS		TIPO DE EXTINTOR
Clase A	**Sólidos:** generalmente son de naturaleza orgánica y su combustión deja residuos sólidos como madera, papel, carbón, etcétera.	• Polivalente. • De agua pulverizada. • De espuma.
Clase B	**Líquidos:** son sustancias inflamables o sólidos licuables como gasolina, aceite, acetona, cera, etcétera.	• Polivalente. • De CO_2. • De espuma.
Clase C	**Gases inflamables:** como el butano, propano, gas ciudad, etcétera.	• Polivalente. • De CO_2. • De agua pulverizada.
Clase D	**Metales o productos químicos reactivos:** como litio, circonio, potasio, etcétera.	Extintores a base de polvos especiales.

Importante

Sistemas de extinción:

- **Sofocación:** se actúa sobre el oxígeno evitando el contacto de este con el combustible, por ejemplo, utilizando un extintor.
- **Enfriamiento:** se actúa sobre el calor reduciendo la temperatura del combustible, por ejemplo, utilizando agua. El calor se consume intentando evaporar el agua.
- **Dilución:** se actúa sobre el combustible dispersándolo y evitando que pueda ser alimentado, por ejemplo, cubriéndolo con productos químicos.

DAÑOS ASOCIADOS AL FUEGO	MEDIDAS DE PREVENCIÓN Y PROTECCIÓN
• **Vapores tóxicos:** pueden producir asfixia. • **Humo y gases calientes:** pueden provocar quemaduras y formar atmósferas explosivas. • **Pánico:** altera el comportamiento normal de las personas y puede producir avalanchas humanas e incluso el suicidio.	• Mantener el orden y la limpieza. • Alejar cualquier combustible de las fuentes de calor. • Almacenar los productos inflamables en recipientes cerrados y en ambientes ventilados y frescos. • No fumar y apagar cualquier aparato que produzca calor cuando no se utilice. • Mantener en buen estado las instalaciones eléctricas y no sobrecargar la red. • Desconectar la energía eléctrica de los equipos al acabar el trabajo.

7.1.4. Riesgos en instalaciones eléctricas

Se produce un riesgo eléctrico siempre que una corriente eléctrica atraviesa el cuerpo humano ocasionando daños a la salud de diversa gravedad. Los riesgos de una instalación eléctrica son los que se indican en la Figura 7.3.

CONTACTO DIRECTO

El contacto se produce con una parte activa de la instalación, como un enchufe o un cable.

CONTACTO INDIRECTO

El contacto se produce sobre elementos accidentalmente puestos en tensión, como la carcasa de una máquina.

INCENDIOS

Se produce por un cortocircuito en la instalación eléctrica.

Figura 7.3. Riesgos de una instalación eléctrica.

La gravedad del daño producido por un contacto eléctrico dependerá de estos factores:

- Propiedades físicas de la corriente eléctrica: **intensidad, tensión y resistencia.**
- El **tiempo de contacto,** pues cuanto más dure el contacto, **más grave será el daño.**
- La **trayectoria** seguida por la corriente eléctrica en el cuerpo humano y si, en su recorrido, ha afectado a órganos vitales como el corazón, el cerebro o los pulmones.
- Las **características individuales** como la edad, el sexo o el estado emocional.

DAÑOS ASOCIADOS A LA ELECTRICIDAD	MEDIDAS DE PREVENCIÓN Y PROTECCIÓN
• Contracciones musculares. • Tetanización muscular. • Asfixia. • Quemaduras. • Fibrilación ventricular y paro cardiaco.	• Alejar los cables y las conexiones de los lugares de paso y de trabajo. • Revisar periódicamente la instalación eléctrica por especialistas. • Utilizar interruptores diferenciales y puesta a tierra. • Cubrir con elementos aislantes las partes en tensión. • Colocar señales indicativas de riesgo eléctrico. • No tirar del cable para desconectar la máquina. • Informar y formar al trabajador o trabajadora. • Comprobar la ausencia de tensión antes de iniciar cualquier trabajo con la electricidad.

7.2. ¿Cuáles son los riesgos derivados de las condiciones medioambientales?

Los riesgos laborales asociados a las condiciones medioambientales de los lugares de trabajo son los siguientes:

1. Físicos.
2. Químicos.
3. Biológicos.

7.2.1. Riesgos físicos

Los principales riesgos físicos presentes en los lugares de trabajo, que pueden provocar daños por sí solos o combinados con otros factores, son los que se indican a continuación.

Iluminación

La iluminación es un factor de riesgo que puede producir consecuencias negativas en los trabajadores, tanto por defecto como por exceso, si no es adecuada a la actividad que se está desarrollando.

El nivel de iluminación se mide en lux y debe adaptarse a la actividad que se realice. Los niveles mínimos de iluminación están en el Real Decreto 486/1997, de 14 de abril, y se indican en la Figura 7.4.

ILUMINACIÓN

- Exigencia **visual muy alta:** Ejemplo: relojería. 1000 lux
- Exigencia **visual alta:** Ejemplo: oficinas. 500 lux
- Exigencia **visual moderada:** Ejemplo: almacenes. 200 lux
- Exigencia **visual baja:** Ejemplo: garajes. 100 lux

Figura 7.4. Niveles mínimos de iluminación.

DAÑOS ASOCIADOS A UNA ILUMINACIÓN INADECUADA	MEDIDAS DE PREVENCIÓN Y PROTECCIÓN
• Fatiga visual, dolores de cabeza, mareos, irritabilidad o falta de concentración, incrementando así la posibilidad de errores o accidentes. • Accidentes como consecuencia de una iluminación deficiente en las vías de circulación, escaleras y otros lugares de paso.	• Utilizar la iluminación natural preferentemente. • La iluminación deberá evitar deslumbramientos, brillos, reflejos y luces intermitentes. • La iluminación será uniforme y con una intensidad adecuada a la actividad que se esté realizando. • Disponer de iluminación de emergencia en todos los lugares de trabajo que garantice una iluminación de 1 lux durante 1 hora. • Combinar la iluminación localizada en la zona de trabajo con una iluminación general, destinada a evitar desequilibrios de luz en el entorno visual.

Concepto clave

El **lux** es la unidad derivada del Sistema Internacional de Unidades que mide el nivel de iluminación, teniendo en cuenta la sensibilidad del ojo humano a la luz. Se mide con el luxómetro.

Caso práctico 7.2

En un taller textil, el local donde se trabaja es pequeño y solo recibe iluminación de una ventana por la que apenas entra luz natural. Los trabajadores se quejan de mareos, dolores de cabeza y una fuerte fatiga visual.

¿A qué tipo de riesgo están expuestos? ¿Qué medidas preventivas deberían adoptarse?

Vibraciones

Las vibraciones son oscilaciones de las partículas de un cuerpo sólido que, cuando entran en contacto con el cuerpo, pueden producirle un daño. Las vibraciones se pueden transmitir al cuerpo humano de diferentes formas:

- **Sistema mano-brazo:** se produce cuando los dedos o las manos entran en contacto con un objeto que genera vibraciones, por ejemplo, un taladro, una pulidora o martillo neumático.
- **Sistema de cuerpo completo:** se produce cuando se transmiten vibraciones desde un objeto a todo el cuerpo, por ejemplo, el asiento de un autobús.

Sabías que...

El **síndrome del dedo blanco o Raynaud** es uno de los daños más frecuentes que se producen por una exposición inadecuada a las vibraciones. El trabajador pierde sensibilidad y movilidad en los dedos de la mano o del pie y se acompaña de una decoloración de estos.

DAÑOS ASOCIADOS A VIBRACIONES	MEDIDAS DE PREVENCIÓN Y PROTECCIÓN
• Alteraciones del equilibrio. • Mareos y vómitos. • Quemaduras por rozamientos. • Tendinitis. • Dolor en las articulaciones, sobre todo de manos y brazos. • Artrosis. • Dolores lumbares y hernias de disco. • Deformación de los huesos.	• Establecer métodos de trabajo que reduzcan la exposición a vibraciones mecánicas. • Elegir equipos de trabajo que generen el menor nivel de vibraciones posible. • Utilizar equipos de protección individual que reduzcan los riesgos de lesión por vibraciones, por ejemplo, asientos antivibratorios en vehículos, cinturones lumbares, calzado aislante, guantes antivibraciones, etcétera. • Mantenimiento y revisión de los equipos de trabajo. • Formar adecuadamente a los trabajadores sobre el manejo correcto de máquinas y herramientas vibratorias. • Reducir al máximo la duración e intensidad de la exposición a la vibración.

Ruido

El ruido se define como un sonido molesto y no deseado que puede provocar daños en la salud. Se trata de uno de los riesgos más extendidos en el ambiente laboral y uno de los que más siniestralidad ocasiona.

FRECUENCIA

- Determina si el tono es agudo o grave.
- Se mide en hercios (Hz).

INTENSIDAD

- Es el volumen.
- Se mide en decibelios (dB).

DURACIÓN

- Puede ser continua, discontinua o de impacto (súbita e inesperada).
- A mayor duración, mayor riesgo de daño auditivo.
- Corta duración, pero intensidad elevada que puede producir lesiones irreversibles.

Figura 7.5. Características del ruido.

Sabías que...

El nivel de decibelios (dB) se puede medir en:

- **dBA:** mide un solo tipo de ruido al que el trabajador o trabajadora está expuesto diariamente.
- **dBC:** mide los picos de intensidad que se pueden alcanzar en un momento dado.

Importante

El ruido no debe sobrepasar los 80 dBA de media al día en los centros de trabajo o los 135 dBC como niveles de pico en momentos aislados. Si se superan estos niveles, la empresa debe tomar medidas técnicas u organizativas para disminuir lo máximo posible el nivel de ruido. En todo caso, los niveles de ruido nunca deben superar los 87 dBA de exposición media diaria o 140 dBC de pico.

DAÑOS ASOCIADOS AL RUIDO	MEDIDAS DE PREVENCIÓN Y PROTECCIÓN
• **Alteraciones auditivas irreversibles:** sordera. • **Efectos físicos:** dolores de cabeza, hipertensión, problemas digestivos, taquicardias, insomnio y cansancio. • **Efectos sociales:** problemas de comunicación y aislamiento. • **Efectos psicológicos:** irritabilidad, depresión, falta de concentración y estrés. 	• Realizar controles médicos periódicos a los trabajadores expuestos. • Disminuir el tiempo y la intensidad de exposición de los trabajadores al ruido. • Señalizar las zonas ruidosas. • Elegir los equipos de trabajo que ofrezcan los niveles más bajos de emisión de ruido. • Realizar un mantenimiento adecuado de los equipos. • Reducir el ruido aislando o insonorizando las máquinas o los equipos que emitan el ruido mediante pantallas acústicas, cabinas insonorizadas, amortiguadores, etcétera. • Proporcionar la información y la formación adecuadas a los trabajadores para utilizar correctamente el equipo de trabajo. • Utilizar obligatoriamente protectores auditivos en niveles superiores a 85 dBA o picos superiores a 137 dBC.

Temperatura

La temperatura puede suponer un riesgo para la salud cuando alcanza valores extremos, tanto de calor como de frío. El ser humano posee mecanismos autorreguladores (sudor, temblores, aumento o disminución del flujo sanguíneo, etc.) para afrontar condiciones térmicas adversas, pero pueden producirse efectos negativos para la salud cuando los mecanismos naturales de la persona son insuficientes, pudiendo sufrir estrés térmico por exceso de calor o de frío.

DAÑOS ASOCIADOS A LA TEMPERATURA	MEDIDAS PREVENTIVAS Y DE PROTECCIÓN
Exceso de calor	**Exceso de calor**
• Deshidratación, lipotimia, síncope y calambres. • El efecto más grave es el *golpe de calor*, que consiste en una elevación descontrolada de la temperatura corporal. Sus síntomas son: taquicardia, respiración rápida y débil, tensión arterial elevada o baja, falta de sudoración, irritabilidad, confusión, desmayos e incluso la muerte.	• Llevar ropa adecuada (amplia, ligera, de color claro y transpirable) y gorras y utilizar cremas solares. • Beber mucha agua y evitar el alcohol y la cafeína porque favorecen la deshidratación. • Evitar comidas ricas en grasas y calientes. • Evitar la exposición directa al sol. • Evitar trabajar en las horas de más calor. • Realizar descansos en un lugar fresco. • Informar y formar a los trabajadores.

DAÑOS ASOCIADOS A LA TEMPERATURA	MEDIDAS PREVENTIVAS Y DE PROTECCIÓN
Exceso de frío	**Exceso de frío**
• Deshidratación, entumecimiento, escalofríos, enfermedades respiratorias (como amigdalitis, faringitis y resfriados) e incluso la congelación. • Hipotermia debida a la pérdida de calor corporal. Sus síntomas son: escalofríos, adormecimiento y fatiga, pérdida de coordinación, confusión y desorientación. La piel se torna azulada, las pupilas se dilatan y disminuye el ritmo respiratorio. Si se prolonga, aparece la pérdida de consciencia y, por último, la muerte del trabajador o trabajadora.	• Usar la ropa adecuada, protegiendo especialmente las extremidades, y sustituir inmediatamente la ropa húmeda. • Consumir líquidos, incrementar la ingestión de bebidas templadas dulces, sin cafeína y no alcohólicas. • Reducir la exposición al frío, permitiendo descansos en lugares calientes y secos. • Evitar las corrientes de aire y la humedad. • Informar y formar a los trabajadores sobre los riesgos del estrés térmico por frío.

Sabías que...

Para conservar la vida, el ser humano necesita mantener una temperatura corporal interna de 37 °C. El límite superior de supervivencia se encuentra en 44 °C y el inferior está en 24 °C.

Concepto clave

Los **límites de temperatura recomendados** son de 17 °C a 27 °C en trabajos sedentarios y de 14 °C a 25 °C en trabajos que requieran un esfuerzo físico.

Radiaciones

La radiación es energía que viaja en forma de ondas o partículas a alta velocidad. Pueden ser muy dañinas dependiendo del tipo de radiación y del tiempo que dure la exposición. Existen dos tipos de radiaciones, como se observa en la Figura 7.6.

RADIACIÓN IONIZANTE

- Son ondas de alta frecuencia con gran poder energético, invisible y muy perjudicial para la salud.
- Entre ellas, están los rayos X (radiología), los rayos gamma (radioterapia), las partículas alfa y beta (centrales nucleares) y los neutrones (esterilización de alimentos).

RADIACIÓN NO IONIZANTE

- Son muy variadas y de uso muy frecuente, debido al éxito de los productos electrónicos que usan o emiten este tipo de radiaciones.
- Entre ellas, se encuentran las radiaciones ultravioleta (fotocopiadoras), la luz visible (exposición solar), los infrarrojos (hornos), las radiofrecuencias (radio y televisión), las microondas (teléfonos móviles) y los rayos láser (impresoras).

Figura 7.6. Clases de radiaciones.

Ayuda a Beatriz

Aconseja a Beatriz sobre estos interrogantes que se plantea:

1. Técnicamente, ¿qué se considera enfermedad profesional?
2. ¿A qué tipo de daños están asociados, entre otros, los siguientes síntomas?
   - Mareos y vómitos.
   - Artrosis.
   - Dolor de brazos y manos.

DAÑOS ASOCIADOS A LAS RADIACIONES		MEDIDAS PREVENTIVAS Y DE PROTECCIÓN
Ionizantes	**No ionizantes**	
A corto plazo: • Vómitos y diarreas. • Pérdida de cabello. • Hemorragias. • Muerte si la exposición es muy intensa. A largo plazo: • Cáncer de piel, huesos y pulmón. • Esterilidad. • Malformaciones genéticas. • Leucemia.	• Quemaduras. • Daños en la piel. • Daños en los ojos (cataratas). • Cáncer. • Alteraciones en la reproducción, el sistema nervioso, el circulatorio y el digestivo.	• Utilizar equipos de protección individual adecuados, como gafas, pantallas con filtros especiales, calzado y ropas de trabajo adecuados. • Formación e información a los trabajadores sobre las radiaciones. • Señalizar las zonas de riesgo. • Realizar controles médicos frecuentes. • Controlar periódica y frecuentemente los niveles de exposición a la radiación de los trabajadores. • Realizar una meticulosa limpieza personal. • Colocar barreras de protección entre las fuentes de emisión y las personas.

7.2.2. Riesgos químicos

El riesgo químico es aquel que se produce por una exposición no controlada a agentes químicos. Se entiende por **contaminante químico** toda sustancia orgánica e inorgánica, natural o sintética, que, durante su fabricación, manejo, transporte o almacenamiento, puede incorporarse al ambiente en forma de **polvo, humo, gas o vapor,** con efectos perjudiciales para la salud de las personas que entran en contacto con él. Las vías de entrada del contaminante químico en el cuerpo se muestran en la Figura 7.7.

VÍA RESPIRATORIA

- Es la más frecuente en el medioambiente de trabajo.
- **Se puede encontrar en todo tipo de sustancias:** sólidos en forma de polvo, líquidos en forma de vapor y gases que se mezclan directamente con el aire.

VÍA DIGESTIVA

Es poco frecuente: suele ocurrir cuando se come en el puesto de trabajo, se fuma, se bebe o no se lleva una adecuada higiene.

VÍA DÉRMICA

Algunas sustancias pueden atravesar la piel, sin provocar alteraciones en ella. De aquí pasan al torrente sanguíneo, que las distribuye por todo el organismo.

VÍA PARENTERAL

El producto penetra a través de una herida preexistente o provocada por un accidente, como un pinchazo o un corte.

Figura 7.7. Vías de entrada de contaminantes químicos.

Los daños que pueden producir los agentes químicos dependerán del **tipo de contaminante,** del **nivel de concentración** en el ambiente y del **tiempo de exposición** a dicho contaminante. Una vez introducido el agente químico en el organismo, este produce enfermedades que suelen aparecer tras un largo periodo de exposición.

DAÑOS ASOCIADOS A LOS PRODUCTOS QUÍMICOS		
Contaminante		**Efectos**
	Irritantes (amoniaco).	En contacto con la piel o las mucosas, provoca una reacción inflamatoria.
	Asfixiantes (monóxido de carbono).	Evitan la llegada de oxígeno a los tejidos.
	Anestésicos (cloroformo).	Producen alteraciones en el sistema nervioso.
	Corrosivos (ácidos).	Destruyen el tejido humano.
	Tóxicos (metales pesados).	Una pequeña cantidad puede provocar efectos agudos o crónicos e incluso la muerte.
	Sensibilizantes (medicamentos).	Producen reacciones alérgicas.
	Carcinogénicos (amianto y plomo).	Producen cáncer.
	Mutagénicos (cadmio).	Producen alteraciones genéticas.
	Teratogénicos (tabaco y alcohol).	Causan malformaciones en el feto.
	Explosivos: sustancia que, por alguna causa externa (roce, calor, percusión, etc.), se transforma en gases, liberando calor, presión o radiación en un tiempo muy breve (dinamita).	

MEDIDAS PREVENTIVAS Y DE PROTECCIÓN

- Sustituir el agente químico contaminante por otro producto que no suponga peligro alguno.
- Utilizar protecciones y equipos adecuados para trabajar con agentes químicos y mantenerlos en óptimas condiciones.
- Adoptar medidas higiénicas adecuadas, tanto personales como de orden y limpieza.
- Reducir al mínimo el número de trabajadores expuestos.
- Instalar sistemas de ventilación general y de extracción localizada para la eliminación del contaminante, como campanas extractoras.
- Formación de los trabajadores en relación con los riesgos por agentes químicos.
- Reducir el tiempo y la intensidad de la exposición.
- Procedimientos de trabajo adecuados con medidas para la manipulación, traslado y almacenamiento del producto.
- Señalizar las zonas de riesgo.
- Sistema de alarma para la detección.

Sabías que...

Los trabajadores más expuestos pertenecen a los siguientes sectores: sanitario, veterinario, agricultura, ganadería, limpieza y retirada de basuras, entre otros.

7.2.3. Riesgos biológicos

Los contaminantes biológicos son organismos con un determinado ciclo de vida que, al penetrar en el ser humano, le causan enfermedades de tipo infeccioso o parasitario. Existen varios tipos de agentes biológicos: virus, bacterias, bacilos, protozoos, hongos y parásitos. Los agentes biológicos se clasifican, en función del riesgo de infección, en cuatro grupos:

CLASIFICACIÓN DE LOS AGENTES BIOLÓGICOS

Grupo de riesgo	Riesgo infeccioso	Riesgo de propagación	Tratamiento eficaz	Ejemplo
1	No es probable que causen enfermedad	No	Innecesario	Virus del mosaico del tabaco
2	Causan enfermedades y suponen un peligro para los trabajadores	Poco probable	Generalmente existe	Gripe, legionela, etcétera
3	Causan enfermedades graves y suponen un serio peligro para los trabajadores	Probable	Generalmente existe	Tuberculosis, dengue, fiebre amarilla, malaria, hepatitis C, rabia, etcétera
4	Causan enfermedades graves y son un serio peligro para los trabajadores	Muy probable	Generalmente no existe	Ébola, viruela, etcétera

Las vías de entrada en el cuerpo humano son las mismas que las ya vistas para los agentes químicos.

MEDIDAS PREVENTIVAS Y DE PROTECCIÓN

- Establecer procedimientos de trabajo que eviten o minimicen la liberación de agentes biológicos (por ejemplo, cabinas de seguridad biológica).
- Reducir al mínimo el número de trabajadores expuestos, el tiempo y la intensidad de la exposición.
- Utilizar medidas de higiene personal que eviten o dificulten la dispersión del agente fuera del lugar de trabajo (por ejemplo, cubrir cortes y heridas con apósitos impermeables, lavar frecuentemente las manos).
- Disponer de taquillas separadas para la ropa de la calle y la ropa de trabajo.
- Crear planes de emergencia para hacer frente a accidentes por exposición a estos agentes.
- Utilizar equipos de protección individual adecuados al riesgo como guantes, gafas, etcétera.
- Señalizar las zonas de trabajo con riesgo biológico y prohibir comer y beber en zonas de riesgo.
- Establecer planes de limpieza, desinfección o mantenimiento de instalaciones y equipos.
- Formar a los trabajadores sobre los riesgos biológicos a los que estén expuestos.
- Establecer sistemas eficaces de gestión y retirada de residuos biológicos.

7.3. ¿Qué son los riesgos ergonómicos?

La ergonomía busca adaptar el puesto de trabajo a la persona, analizando el entorno de trabajo y las capacidades fisiológicas y psicológicas de las personas, para crear condiciones laborales más confortables y seguras, mejorando así el rendimiento y la productividad. Por lo tanto, la ergonomía deberá actuar sobre tres pilares básicos (Figura 7.8).

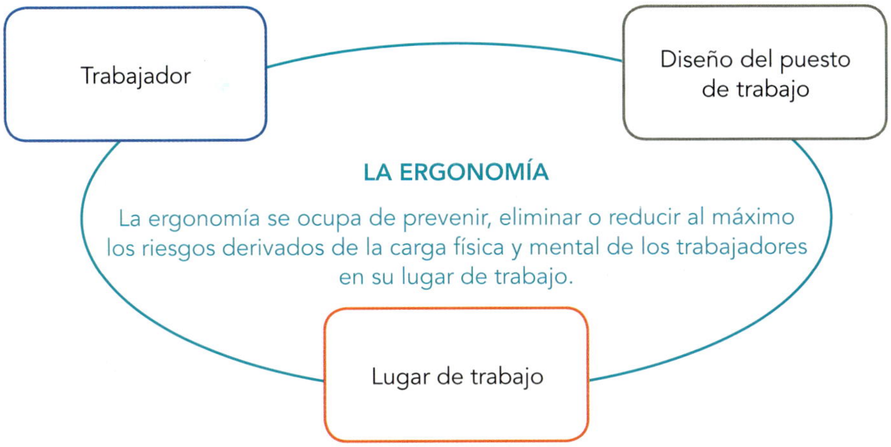

Figura 7.8. Pilares básicos de la ergonomía.

Concepto clave

La **carga de trabajo** son los esfuerzos que realiza el trabajador o trabajadora durante su jornada laboral. Cuando el trabajo requiere un esfuerzo muscular, se habla de *carga física;* si, por el contrario, supone un mayor esfuerzo intelectual, se habla de *carga mental.*

Carga física

RIESGOS ASOCIADOS A LA CARGA FÍSICA

- **Esfuerzos físicos:** esfuerzos estáticos (en espacios reducidos) y dinámicos (andar, subir y bajar escaleras).
- **Manipulación manual de cargas:** al levantar, empujar o arrastrar objetos muy pesados.
- **Posturas de trabajo:** movimientos repetitivos (uso de teclados), posturas forzadas e inadecuadas.

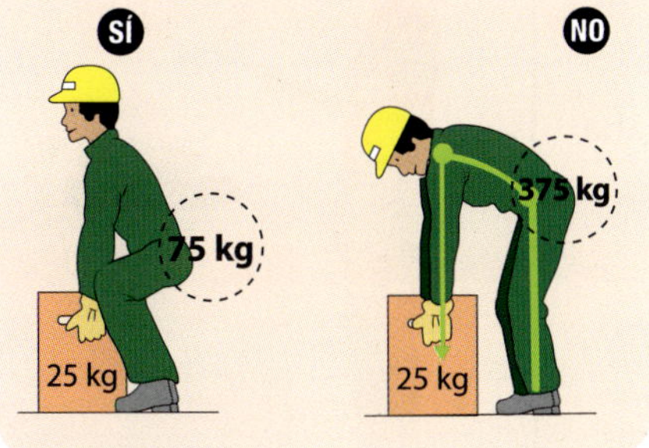

DAÑOS ASOCIADOS A LA CARGA FÍSICA

- **Fatiga física:** es una disminución, temporal o crónica, de la capacidad de trabajo y del rendimiento.
- **Trastornos musculoesqueléticos (TME):** son procesos que afectan al aparato locomotor (articulaciones, huesos, músculos, nervios y tendones) y producen hernias discales, lumbalgias, tendinitis, cervicalgias, etcétera.

MEDIDAS PREVENTIVAS Y DE PROTECCIÓN

- Realizar descansos adecuados y trabajar preferiblemente sentado.
- Evitar la manipulación manual de cargas.
- No transportar manualmente cargas superiores a 25 kg de peso, a 15 kg los trabajadores menores de edad y a 10 kg las embarazadas.
- Utilizar equipos de protección individual (botas de seguridad).
- Diseñar los puestos de trabajo de manera que favorezcan los cambios de postura.
- Diseñar ergonómicamente el puesto de trabajo: sillas, mesas y teclados de ordenador.
- Formar previamente a los trabajadores sobre técnicas de manipulación de cargas.

Figura 7.9. Riesgos por carga física.

Carga mental

RIESGOS ASOCIADOS A LA CARGA MENTAL

- **Exigencia de la tarea:** calidad, complejidad, grado de precisión y atención requeridas.
- **Organización:** tiempo disponible para realizar la tarea. A menor tiempo, mayor carga mental.
- **Entorno físico:** temperatura, iluminación y confortabilidad.
- **Condiciones laborales:** política de salarios y de contratación.
- **Características personales:** edad, experiencia, formación y capacidad intelectual.

DAÑOS ASOCIADOS A LA CARGA MENTAL

- **Fatiga mental temporal o crónica:** se trata de una progresiva disminución de la capacidad de respuesta, atención y memoria.
- Dolores de cabeza, insomnio, ansiedad, depresión, agresividad e irritabilidad.

MEDIDAS PREVENTIVAS Y DE PROTECCIÓN

- **Organizativas:** eliminar ruidos, mobiliario adecuado, eliminar jornadas de trabajo muy largas, flexibilizar los horarios y realizar un tratamiento adecuado de la información.
- **Individuales:** alimentación saludable, ejercicio físico moderado y un buen patrón de descanso.

Figura 7.10. Riesgos por carga mental.

Caso práctico 7.3

Señala el riesgo de carga física o mental que pueden tener los siguientes trabajadores:

- Un cajero de un supermercado.
- Una fontanera que está agachada arreglando una tubería.
- Una jueza.
- Un recepcionista de un hotel.

7.4. ¿Cómo influyen los riesgos psicosociales en la salud del trabajador o trabajadora?

La psicosociología es una técnica que se ocupa del estudio de la conducta interpersonal para evitar los daños psicológicos que puede sufrir el trabajador o trabajadora como consecuencia de la actividad que realiza y de sus formas de organización.

Los riesgos psicosociales laborales están directamente relacionados con la organización, el contenido del trabajo y la realización de la tarea y sus consecuencias pueden afectar tanto a su desarrollo como a la salud física, psíquica y social de la persona que lo desempeña.

Importante

Las medidas preventivas más recomendables son de las de carácter global, organizativas y colectivas, más que medidas particulares sobre el trabajador o trabajadora.

RIESGOS PSICOSOCIALES

- **Relativos al ambiente físico:** iluminación, ruido, vibraciones, temperatura, humedad y contaminación.
- **Relativos a la organización:** comunicación inadecuada, estilo de mando autoritario y falta de descansos.
- **Relativos al contenido de las tareas:** falta de autonomía y trabajo repetitivo y monótono.
- **Características personales:** falta de recursos económicos, fallos en la conciliación laboral y familiar, éxito y reconocimiento social.

DAÑOS ASOCIADOS A LOS RIESGOS PSICOSOCIALES

- **Insatisfacción laboral:** supone un rechazo hacia el trabajo que afecta a la salud de la persona que lo desempeña y a su rendimiento.
- **Estrés laboral:** ocurre cuando las exigencias del entorno de trabajo exceden la capacidad propia para hacerles frente.
- ***Mobbing* laboral:** sucede cuando alguien ejerce una violencia psicológica extrema, de forma sistemática y durante un tiempo prolongado, sobre otra persona en el lugar de trabajo, produciendo en las víctimas un daño psíquico y físico.
- **Síndrome de *burnout*:** significa «estar quemado», agotado emocionalmente y sentir un cansancio físico y psíquico con sensación de ineficacia.

MEDIDAS DE PREVENCIÓN Y PROTECCIÓN

- Enriquecer el contenido de las tareas, rotación de puestos, aumentar la autonomía y delegar responsabilidades.
- Mejorar el confort del lugar de trabajo y evitar el hacinamiento o el aislamiento.
- Racionalizar el tiempo de trabajo estableciendo pausas y descansos adecuados, con horarios flexibles.
- Suministrar información clara y precisa sobre los procesos de trabajo y los cambios tecnológicos que se produzcan.
- Una dirección que favorezca la participación de los trabajadores en la organización, así como el desarrollo y la promoción profesional.
- Practicar técnicas de relajación que mejoren el autocontrol personal.

Figura 7.11. Riesgos psicosociales.

Caso práctico 7.4

Borja es autónomo y trabaja como diseñador web. Pasa mucho tiempo sentado frente a un ordenador. Es su propio jefe y tiene que ocuparse de todo: llevar la contabilidad, tratar con los clientes (algo que no soporta), horarios de trabajo interminables (más de 40 horas semanales), se tiene que actualizar constantemente y, sinceramente, no se ve capaz de mantener este ritmo, por lo que se irrita con facilidad y su familia ya no lo aguanta. Se queja de continuos dolores en la espalda y en el cuello, y de escozor en los ojos. ¿A qué riesgos está expuesto Borja?

Comprueba lo que has aprendido

Sería muy interesante que existiera un plan de concienciación integral que tuviera como finalidad implantar una cultura preventiva en la sociedad y, naturalmente, que trabajadores y trabajadoras estuvieran motivados para cumplirlo escrupulosamente.

Ayuda a Bea y Mario para que conecten con esta sensibilidad hablándoles de los riesgos a los que se pueden ver sometidos a través de estos ejercicios.

1. Clinical es un centro médico dedicado a la realización de análisis clínicos y estudios por imagen en el que trabajan, entre otros, Ángel, Jesús, Pablo, Ana y Laura.

   Jesús trabaja en el almacén del centro médico, clasifica y coloca el material que recibe el hospital en cajas que va amontonando en altas estanterías. Está bastante aislado, pues trabaja solo en el almacén, sin luz natural ni calefacción y en un ambiente muy seco, por lo que la garganta se le reseca constantemente.

   ¿Qué riesgos pueden identificarse en el trabajo de Jesús? ¿Qué daños puede sufrir? ¿Qué medidas preventivas debe adoptar?

2. Como está solo todo el día, le encanta que su jefe le ordene ayudar a los otros compañeros y compañeras a colocar muestras de sangre y de orina.

   ¿Qué tipo de riesgos corre Jesús cuando ayuda a manipular estas muestras? ¿Cómo podrá evitar dichos riesgos?

3. Jesús es muy amigo de Ana, la técnica en radiodiagnóstico, que trabaja en una consulta haciendo radiografías, separada del resto por un simple biombo, sin ninguna señalización especial.

   ¿Cuáles son los principales riesgos que asume Ana en su trabajo? ¿Qué precauciones se deben tomar?

4. Pablo es el recepcionista y trabaja en el mostrador de la entrada, donde introduce en el ordenador los datos de los pacientes que van entrando en la clínica. Es de baja estatura y su mesa y su silla quedan a una altura muy incómoda e inadecuada porque no se pueden regular en altura. La pantalla está frente a la cristalera y esto le produce deslumbramientos.

   ¿A qué riesgos está expuesto Pablo? ¿Cómo se podría mejorar su trabajo?

5. Laura es técnica de laboratorio y, para analizar muestras, utiliza agentes reactivos químicos que no están bien etiquetados y, por lo tanto, cuesta encontrarlos. Además, cuando se gasta un bote, se rellena con el mismo o con otro producto y se olvidan de etiquetarlo.

   ¿A qué riesgos está expuesta? ¿Se puede mejorar la organización del laboratorio?

6. Laura está agotada, pasa muchas horas sin moverse y sin cambiar de postura. Le duele la espalda y tiene varices en las piernas. Laura es muy eficiente y una trabajadora incansable, por eso el jefe se aprovecha y le pide que haga horas extras, lleva así tres meses.

   ¿Qué condiciones se podrían mejorar en el puesto de trabajo de Laura?

7. Ángel es médico y lleva treinta años ejerciendo su profesión en este hospital. Está deseando jubilarse como ya lo hicieron varios de sus compañeros, pues son muchos años ya haciendo guardias y atendiendo urgencias. Con el tiempo, se ha vuelto frío y distante con los pacientes. Ya no valora su trabajo y está siempre cansado y de muy mal humor. Hay días que se ve incapaz de tratar con los usuarios y tiene que tomar alguna bebida estimulante (café bien cargadito) para ir empujando el día.

   ¿Qué le ocurre a Ángel? ¿Tiene solución?

Actividades finales

1. Condiciones de seguridad

7.1. En un taller de reparación de vehículos, los trabajadores dejan habitualmente las herramientas en cualquier parte. El suelo está lleno de grasa y objetos y la mesa elevadora no funciona correctamente, por lo que han colocado un destornillador para evitar que se cierre. Uno de los mecánicos fuma mientras trabaja y deja el cigarrillo encendido al borde de una mesa sobre la que hay productos altamente inflamables. Otro de los mecánicos utiliza un taladro que tiene el cable de alimentación en muy mal estado y cada vez que lo desenchufa recibe una pequeña descarga.

a) Indica si en este taller existen condiciones inseguras que puedan generar riesgos para la salud de los trabajadores.

b) Propón alguna medida preventiva que se pueda adoptar.

7.2. Copia la tabla e identifica los tipos de fuego que pueden producir las siguientes sustancias y cuál es el tipo de extintor que puede utilizarse en cada caso:

SUSTANCIA	CLASE DE FUEGO	TIPO DE EXTINTOR
Papel		
Aluminio		
Gasóleo		
Cera		
Madera		
Gas butano		
Plástico		
Mercurio		
Gas ciudad		

7.3. Copia y completa la siguiente tabla:

PROFESIÓN	CONDICIÓN LABORAL	RIESGO LABORAL	DAÑO LABORAL
Electricista			
Curtidora de pieles			
Profesor			
Minera			

2. Condiciones medioambientales

7.4. Indica los tipos de riesgos a los que se exponen los siguientes trabajadores, el tipo de daño que pueden sufrir y las medidas preventivas o de protección que se deben aplicar:

a) Una administrativa trabajando sentada en una oficina.

b) Un trabajador de una central nuclear.

c) Una trabajadora de un laboratorio de investigación biológica.

d) Un pulidor de suelos de mármol y terrazo.

7.5. Clasifica las siguientes situaciones según su nivel de exigencia visual:

a) Pasillo de uso habitual.

b) Talleres de relojería.

c) Carpintería.

d) Taller textil.

e) Trabajos de joyería.

f) Oficina.

g) Garaje.

h) Almacén.

7.6. Determina el tipo de radiación que emite cada uno de los siguientes elementos: microondas, central nuclear, teléfono móvil y máquina de rayos X.

7.7. Carlos trabaja como mecánico y para ello utiliza el garaje de su propia casa. Su hermano le trae un coche averiado y Carlos le echa un vistazo. Meten el coche en el garaje y conectan el motor. Pasados unos minutos, Carlos se empieza a marear y sale rápidamente del garaje porque comenzaba a asfixiarse.

a) ¿A qué tipo de riesgo ha estado expuesto Carlos?

b) ¿Cuál ha sido la vía de transmisión del riesgo?

c) ¿Qué medidas de prevención o protección debería haber adoptado?

7.8. María José trabaja en un laboratorio farmacéutico de alta tecnología dedicado a la investigación de vacunas. Los virus con los que trabaja son de nivel 3 y 4, por lo que las medidas de prevención y protección son muy rigurosas. Cuando se dispone a entrar en el laboratorio, ve una pequeña rotura en el traje de aislamiento. Tapa la rotura con un poco de cinta adhesiva y entra en el laboratorio.

a) ¿A qué riesgos está expuesta María José?

b) ¿Es adecuada la medida para reparar el traje desde el punto de vista de la prevención de riesgos? ¿Qué consecuencias podría tener?

7.9. Gabriela trabaja en una fábrica de muebles y realiza, principalmente, trabajos de corte mediante una sierra circular. El nivel ambiental de ruido alcanzado en la fábrica, según la última evaluación, es de 84 dBA, pero, en el puesto de trabajo de Gabriela, el nivel diario equivalente es de 98 dBA. Los niveles pico que se alcanzan en la fábrica son de 120 dBC, mientras que Gabriela niveles de hasta 125 dBC.

a) ¿Debería la empresa tomar medidas para reducir los niveles de ruido? ¿Por qué?

b) ¿Está obligada Gabriela a utilizar EPI?, y ¿el resto de trabajadores? ¿Por qué?

3. Condiciones ergonómicas

7.10. Santiago tiene 48 años y es conductor de tranvías. Trabaja 8 horas a intervalos de 2 horas seguidas y lo hace en una posición forzada, además, le cuesta mucho llegar a los pulsadores del control de mandos, por lo que siente molestias en los hombros y en el cuello. En verano, es peor, pues el aire acondicionado está encima de su cabeza y le da directamente en el cuello.

a) ¿Tiene en cuenta la empresa los riesgos ergonómicos?

b) ¿Cuáles son los principales factores de riesgo en el trabajo de Santiago?

c) ¿Qué daños le pueden producir en su salud?

7.11. Identifica las causas que pueden producir riesgos ergonómicos en el sector profesional relacionado con el ciclo que estás cursando.

4. Condiciones psicosociales

7.12. Relaciona cada situación de riesgo con la profesión que la produce:

SITUACIÓN
Vigilante
Relojero
Albañil
Controladora aérea
Jueza
Cajero
Enfermera

PROFESIÓN
Carga mental
Ritmo de trabajo
Jornada por turnos
Trabajo repetitivo
Iluminación
Trabajo nocturno
Esfuerzos físicos

7.13. Apunta las causas que pueden producir riesgos psicosociales en el sector profesional relacionado con el ciclo que estás cursando.

Notas de prensa

Al menos 43 muertos en el incendio de una fábrica en Nueva Delhi

Al menos 43 trabajadores muertos, otros 64 heridos, 16 de ellos hospitalizados de gravedad, es el resultado de un pavoroso incendio durante la madrugada del domingo, 8 de diciembre del 2019, que redujo a cenizas una fábrica de Nueva Delhi, en la que las víctimas pernoctaban.

La factoría era una construcción de cinco plantas que se encontraba en una zona de alquileres baratos cuyas intrincadas callejuelas, de muy difícil acceso para los equipos de salvamento, complicaron mucho las tareas de rescate de los supervivientes, más de 50 personas.

Los trabajadores, procedentes de zonas pobres de la India o de otros países desfavorecidos, para ahorrarse el alojamiento, dormían en su lugar de trabajo, en el que se amontonaban elementos de embalaje, plásticos y otros materiales similares que agravaron el siniestro.

La desorganización y la ausencia de medidas de seguridad a la hora de construir y de trabajar provocan a menudo accidentes mortales.

Fuente: elpais.com, Nueva Delhi (8 de diciembre del 2019).

a) ¿A qué tipo de riesgo se sometían los trabajadores de la fábrica? ¿Qué consecuencias produjo?

b) ¿Qué medidas preventivas se pueden desarrollar para evitar las consecuencias de este tipo de riesgos?

Videoteca laboral

Visualizad en el aula el vídeo *Prevención del accidente laboral de tráfico: el sueño y la fatiga.*

https://www.youtube.com/watch?v=OWAEdIjBxdk

Responde a las siguientes preguntas:

- ¿Qué porcentaje de accidentes está ocasionado por el sueño y la fatiga?
- ¿Qué peligros aparecen con el sueño y la fatiga al volante?
- ¿Qué recomendaciones prácticas para evitar accidentes ofrece el vídeo?
- ¿Con qué eslogan termina? Inventa tu propio eslogan.

Unidad 8

Gestión de la prevención y primeros auxilios en la empresa

Unidad 8

Gestión de la prevención y primeros auxilios en la empresa

¿Conoces tus derechos y obligaciones en materia de prevención de riesgos laborales?

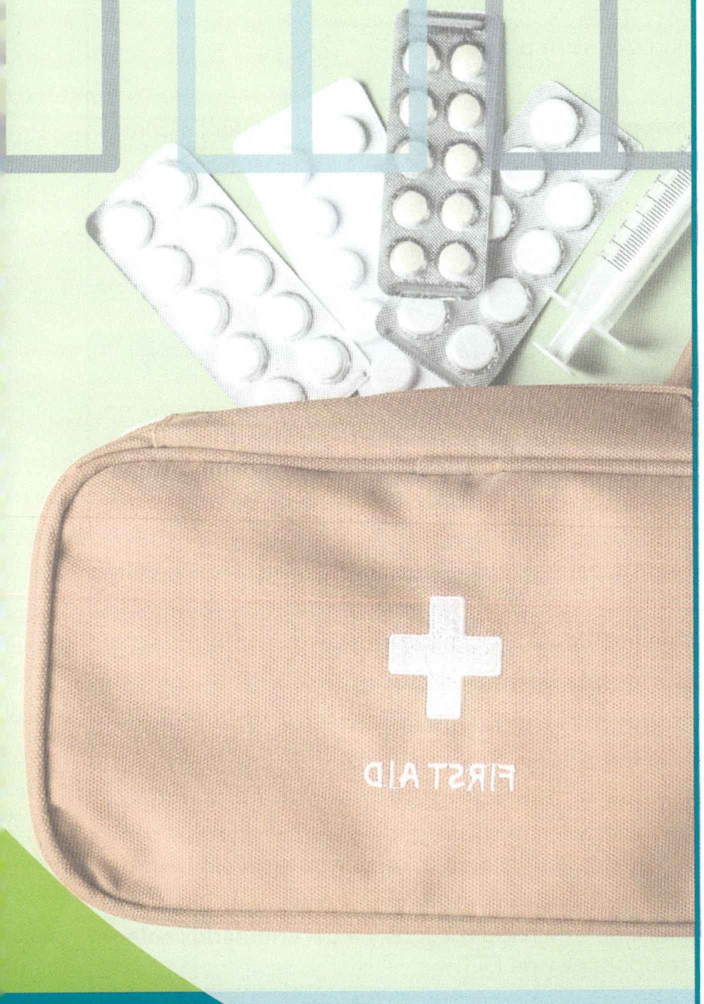

Contenidos

Objetivos

- Conocer los derechos y obligaciones de empresas y trabajadores en materia de prevención de riesgos laborales.
- Identificar las fases del procedimiento para la gestión de la prevención de riesgos.
- Distinguir las diferentes formas de organizar la prevención en la empresa.
- Comprender el derecho de participación de los trabajadores en materia de prevención.
- Analizar los protocolos de actuación en caso de emergencia.
- Valorar la importancia del conocimiento de las técnicas de primeros auxilios.

8.1. ¿Qué derechos y obligaciones tienen empresas y trabajadores en materia preventiva?

Los principales derechos y obligaciones en materia preventiva de la empresa y de los trabajadores vienen definidos en la Ley 31/1995 de Prevención de Riesgos Laborales (LPRL).

8.1.1. Obligaciones de la empresa

La ley de prevención de riesgos laborales establece el derecho de los trabajadores a una protección eficaz en materia de seguridad y salud en el trabajo, esto supone una serie de obligaciones que la empresa deberá asumir para conseguirlo. Las obligaciones que debe cumplir la empresa, tanto **pública** como **privada,** en materia de prevención son las siguientes:

OBLIGACIONES GENERALES DE LA EMPRESA

- Garantizar la seguridad y salud de sus trabajadores.
- Cumplir las normas de prevención de riesgos laborales.
- Integrar la actividad preventiva en todas las fases de la actividad de la empresa.
- Realizar una evaluación y control de los riesgos existentes en la empresa.
- Planificar las actividades preventivas y de protección que se vayan a implantar.
- Elaborar un plan de prevención.
- Asumir el coste de las medidas de seguridad y salud que se implanten.
- Elaborar y conservar la documentación específica.
- Analizar las posibles situaciones de emergencia y adoptar las medidas necesarias en materia de primeros auxilios, lucha contra incendios y evacuación de los trabajadores.
- Adoptar las medidas necesarias para que empresas subcontratadas que desarrollen actividades en su centro de trabajo reciban la información y las instrucciones adecuadas en materia de prevención de riesgos y actuación ante emergencias.

OBLIGACIONES RESPECTO A LOS TRABAJADORES

- **Informar a los trabajadores** acerca de los riesgos existentes en su centro de trabajo y, en concreto, en su puesto de trabajo. Para cada puesto de trabajo, se redactará un **documento** que indique los riesgos del puesto y las medidas de seguridad que se deben adoptar. Debe actualizarse anualmente o cuando se produzcan cambios en los equipos o en los métodos de trabajo que modifiquen las condiciones de seguridad.
- Dar **formación teórica y práctica** en materia preventiva, centrada en el puesto de trabajo. Se efectuará en horario laboral y sin coste alguno para los trabajadores.
- Proporcionar, gratuitamente, **equipos de protección individual** a los trabajadores.
- **Consultar a los trabajadores** y permitir su participación en materia preventiva.
- **Paralizar la actividad** de la empresa en caso de riesgo grave e inminente.
- Proporcionar **equipos de trabajo** adecuados para el trabajo que deba realizarse.
- **Vigilar de forma periódica la salud de los trabajadores.** Es voluntaria y se necesita el consentimiento de los trabajadores. Será obligatoria cuando exista un riesgo para su salud, de sus compañeras y compañeros o de terceras personas relacionadas con la empresa o cuando lo disponga la ley en caso de riesgos específicos.
- Proteger a los trabajadores **especialmente sensibles** a determinados riesgos y a **determinados colectivos** como menores, embarazadas, trabajadores temporales y de ETT.

8.1.2. Obligaciones y derechos de los trabajadores

Los trabajadores tienen que velar por su propia seguridad y por la de aquellas personas a las que pueda afectar su actividad. La ley reconoce los siguientes derechos y obligaciones:

DERECHOS	OBLIGACIONES
Ser informados de los riesgos de su trabajo.	• Cumplir con las medidas preventivas y de protección.
Tener una formación teórico-práctica.	• Utilizar correctamente los medios y equipos de protección facilitados por la empresa, de acuerdo con las instrucciones recibidas de este. • Usar adecuadamente las máquinas, las herramientas, las sustancias peligrosas y cualquier otro medio con el que realice su actividad. • No poner fuera de funcionamiento los dispositivos de seguridad de los medios de producción y aquellos otros que se dispongan en su lugar de trabajo.
Ser consultados y participar en la empresa.	• Cooperar con la empresa para que pueda garantizar unas condiciones de trabajo seguras.
Paralizar la actividad en caso de riesgo grave e inminente.	• Informar de inmediato a su superior jerárquico directo sobre cualquier situación que, a su juicio, entrañe, por motivos razonables, un riesgo para la seguridad y la salud de los trabajadores.
Vigilar periódicamente su salud.	• Realizar los reconocimientos médicos cuando estos sean obligatorios: – Cuando sea imprescindible para evaluar los efectos de las condiciones de trabajo sobre la salud de los trabajadores. – Para verificar si el estado de salud del trabajador o trabajadora puede constituir un peligro para sí misma, para los demás trabajadores o para terceras personas. – Por exigencia legal para la protección frente a riesgos específicos y actividades peligrosas.

Caso práctico resuelto 8.1

Pedro tiene 17 años, está emancipado y ha firmado un contrato de trabajo como auxiliar administrativo para una empresa que fabrica ropa deportiva. ¿Es Pedro un trabajador especialmente sensible según la LPRL? ¿Por qué?

Solución:

La LPRL considera a Pedro como un trabajador especialmente sensible a determinados riesgos al ser menor de edad. Le garantiza una especial protección debido a su falta de experiencia o formación para identificar los riesgos de su trabajo.

Importante

Los resultados de los reconocimientos médicos son confidenciales y solo se entregan a la persona en cuestión. La empresa y los responsables de prevención solo reciben un informe indicando si el trabajador o trabajadora es o no apta para el desempeño del trabajo o apta con limitaciones.

Caso práctico 8.1

El servicio de prevención de un hospital cita a todo el personal sanitario de una planta que ha estado en contacto con un paciente con una enfermedad muy grave y altamente contagiosa, para realizarle una analítica y comprobar que no han contraído la enfermedad. Un enfermero se niega a hacerse los análisis. ¿Puede negarse? ¿Por qué?

8.2. ¿Cómo participan los trabajadores en la empresa en materia de prevención de riesgos?

Concepto clave

Un **comité de seguridad** y salud es un **órgano paritario** constituido por el mimo número de representantes de la empresa que de delegados de prevención y **colegiado** porque las decisiones se adoptan conjuntamente por todos sus miembros.

Los trabajadores participan en la empresa en materia preventiva a través de sus representantes, los **delegados de prevención** y los **comités de seguridad y salud.**

En las empresas o centros de trabajo que tengan 50 o más trabajadores, se constituirá un comité de seguridad y salud, encargado de supervisar periódicamente las actuaciones de la empresa en materia preventiva.

Los delegados de prevención tienen funciones específicas en materia de prevención y son elegidos por y entre los representantes de personal de acuerdo a la siguiente escala:

REPRESENTACIÓN DE LOS TRABAJADORES EN MATERIA PREVENTIVA	
Número de trabajadores	**Delegados de prevención**
Hasta 30	1 delegado de prevención (será el delegado de personal)
31-49	1 delegado de prevención (elegido por y entre los delegados de personal)
—	COMITÉ DE SEGURIDAD Y SALUD
50-100	2 delegados de prevención (+2 representantes de la empresa)
101-500	3 delegados de prevención (+3 representantes de la empresa)
501-1000	4 delegados de prevención (+4 representantes de la empresa)
1001-2000	5 delegados de prevención (+5 representantes de la empresa)
2001-3000	6 delegados de prevención (+6 representantes de la empresa)
3001-4000	7 delegados de prevención (+7 representantes de la empresa)
4001 en adelante	8 delegados de prevención (+8 representantes de la empresa)

Para ejercer sus competencias, los delegados de prevención tienen las siguientes facultades:

COMPETENCIAS	FACULTADES
Colaborar con la dirección para mejorar la acción preventiva.	• Acompañar a los técnicos en las evaluaciones de carácter preventivo del medioambiente de trabajo. • Proponer la paralización de la actividad en caso de riesgo grave e inminente si la empresa no adopta las medidas que garanticen la seguridad y la salud de los trabajadores.
Fomentar la colaboración de los trabajadores en materia preventiva.	Tener acceso, siempre que se respete la confidencialidad, a la información y documentación relativa a las condiciones de trabajo.
Ser consultados antes de la ejecución de medidas preventivas en la empresa.	Ser informados por la empresa sobre los daños producidos en la salud de los trabajadores una vez que aquella hubiese tenido conocimiento de ellos.
Vigilar y controlar el cumplimiento de la normativa de prevención.	• Realizar visitas a los lugares de trabajo para ejercer una labor de vigilancia y control de las condiciones de trabajo. • Recabar de la empresa la adopción de medidas de carácter preventivo para la mejora de los niveles de protección de la seguridad y la salud de los trabajadores.

8.3. ¿Cómo se gestiona la prevención de los riesgos laborales en una empresa?

La prevención de riesgos laborales en la empresa se realiza implantando un sistema de **gestión de la prevención** de los riesgos derivados del trabajo que asegure el correcto funcionamiento de las actividades preventivas que se desarrollen en la empresa. Para conseguirlo, el empresario debe realizar una actuación preventiva permanente que se desarrolla en 5 etapas:

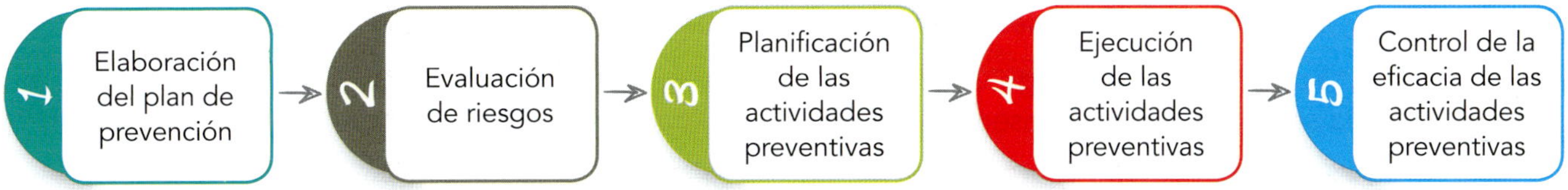

Figura 8.1. Etapas de la gestión de la prevención.

8.3.1. El plan de prevención de riesgos laborales

La empresa está obligada a adoptar en su centro de trabajo las **medidas preventivas** necesarias para garantizar la seguridad y salud de los trabajadores. Estas medidas se deben incorporar al sistema general de gestión de la empresa a través del diseño y aplicación de un **plan de prevención de riesgos laborales** que debe incluir los siguientes elementos:

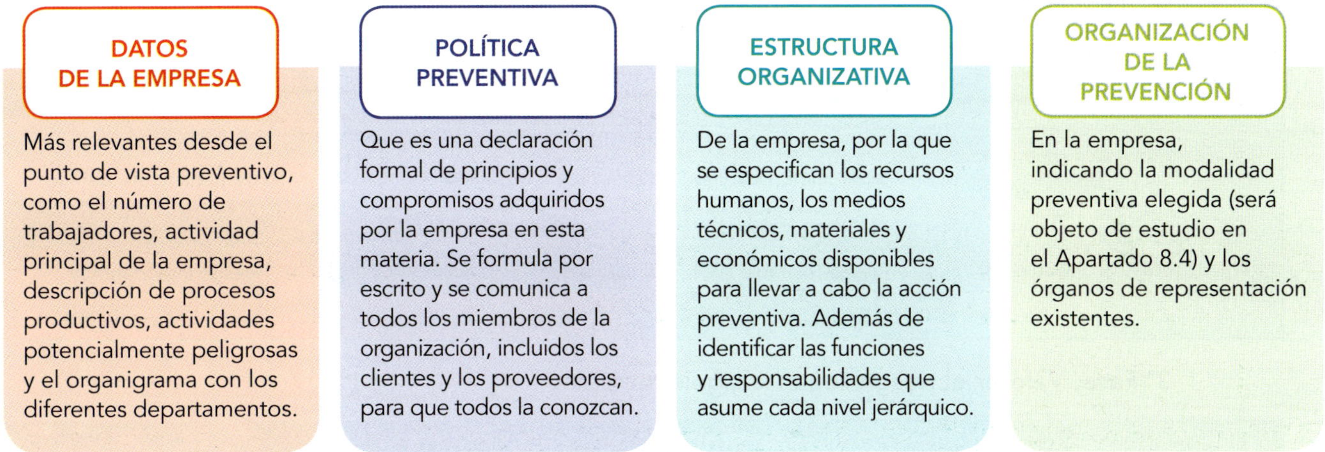

Figura 8.2. Elementos del plan de prevención.

Los instrumentos esenciales para la gestión y aplicación del plan de prevención de riesgos son:

- La evaluación de riesgos laborales.
- La planificación de la actividad preventiva.

Sabías que...

Las empresas de hasta 50 trabajadores que no desarrollen actividades especialmente peligrosas podrán reflejar en un único documento el plan de prevención de riesgos laborales, la evaluación de riesgos y la planificación de la actividad preventiva.

8.3.2. La evaluación de riesgos laborales

La evaluación de riesgos laborales es un procedimiento que permite detectar y valorar los riesgos para la seguridad y la salud existentes en una empresa. La realizará personal cualificado antes de iniciar la actividad empresarial. Se revisará cada 2 o 3 años o si cambian las condiciones de trabajo, se incorporan trabajadores especialmente sensibles a las condiciones del puesto de trabajo, se producen daños a la salud o por una disposición legal específica.

El procedimiento se **redacta en un documento** y se desarrolla en las siguientes fases:

1.ª Fase. Identificar el riesgo en cada puesto de trabajo realizando un listado de riesgos.

2.ª Fase. Estimar el riesgo valorando conjuntamente la probabilidad de que se produzca el daño y la severidad de sus consecuencias.

- La **probabilidad** de que ocurra el daño se puede graduar del siguiente modo:
  - **Probabilidad alta:** el daño ocurrirá siempre o casi siempre que se realice la actividad.
  - **Probabilidad media:** el daño ocurrirá en algunas ocasiones.
  - **Probabilidad baja:** el daño ocurrirá raras veces.
- La **severidad** del daño, clasificada en:
  - **Ligeramente dañino:** dolores de cabeza, magulladuras, cortes, irritaciones o molestias, entre otros.
  - **Dañino:** fracturas menores, quemaduras, conmociones, sordera, asma, etcétera.
  - **Extremadamente dañino:** amputaciones, intoxicaciones, fracturas mayores, cáncer, etcétera.

En la siguiente tabla, puedes ver el método de estimación del riesgo diseñado por el INSST:

MÉTODO DE ESTIMACIÓN DEL RIESGO (INSST)				
Estimación del riesgo		Severidad de las consecuencias		
		Ligeramente dañino	Dañino	Extremadamente dañino
Probabilidad	Baja (B)	Riesgo trivial (T)	Riesgo tolerable (TO)	Riesgo moderado (MO)
	Media (M)	Riesgo tolerable (TO)	Riesgo moderado (MO)	Riesgo importante (I)
	Alta (A)	Riesgo moderado (MO)	Riesgo importante (I)	Riesgo intolerable (IN)

3ª Fase. Valorar el riesgo según la siguiente tabla:

VALORACIÓN DEL RIESGO	
Riesgo	Acciones preventivas y prioridad de ejecución
Trivial (T)	**No requiere acción específica.** Prioridad **baja.**
Tolerable (TO)	**No se necesita mejorar la acción preventiva.** Sin embargo, se deben considerar soluciones más rentables o mejoras que no supongan una carga económica importante. Prioridad **media.** Se requieren comprobaciones periódicas para asegurar que se mantiene la eficacia de las medidas de control.
Moderado (MO)	Se deben hacer esfuerzos para **reducir el riesgo,** determinando las inversiones precisas. Las medidas para reducir el riesgo deben implantarse en un periodo determinado. Prioridad **media alta.**
Importante (I)	**No debe comenzarse el trabajo hasta que se haya reducido el riesgo.** Puede que se precisen recursos considerables para controlarlo. Cuando el riesgo corresponda a un trabajo que se está realizando, hay que actuar inmediatamente. Prioridad **alta.**
Intolerable (IN)	**No se debe comenzar ni continuar el trabajo hasta que se reduzca el riesgo.** Si no es posible reducir el riesgo, incluso con recursos ilimitados, debe prohibirse el trabajo. Prioridad **inmediata.**

La información obtenida permite a la empresa decidir sobre qué medidas preventivas son las más adecuadas y cuáles deben ser las primeras en implantarse.

8.3.3. La planificación de las actividades preventivas

La evaluación de riesgos pone de manifiesto los riesgos existentes en la empresa, las medidas que hay que adoptar y la prioridad de cada una, pero, para poder aplicarlas, es necesario realizar una **planificación** de las diferentes actuaciones y **recogerlas en un documento.** Básicamente, para cada medida preventiva, se debe indicar lo siguiente:

- Persona responsable de ejecutar la medida preventiva.
- Plazo para el cumplimiento de la medida.
- Coste económico aproximado para llevarla a cabo.

Entre las acciones concretas que tendrá que contemplar la planificación, estará también la formación y la vigilancia de la salud de los trabajadores.

Importante

La planificación de la prevención debe basarse en los principios de la acción preventiva:

- Las medidas de prevención tienen preferencia respecto a las medidas de protección, ya que las primeras eliminan el riesgo y las otras no.
- Las medidas de protección colectiva tienen preferencia respecto a las de protección individual.

Caso práctico resuelto 8.2

Evalúa el riesgo que corre un operario de jardinería expuesto a agentes biológicos cuando manipula el mantillo para abonar el césped y establece una planificación preventiva adecuada.

Solución:

EVALUACIÓN DEL RIESGO Y PLANIFICACIÓN PREVENTIVA						
Condición de trabajo	Riesgo asociado	Valoración del riesgo	Medida preventiva	Responsable	Fecha de inicio	Fecha de finalización
Contaminantes biológicos	Manipulación de mantillo	Moderado (probabilidad alta/ ligeramente dañino)	Entregar EPI al operario (mascarillas, guantes, etcétera)	Empresa	Enero del 2020	Marzo del 2020

8.4. ¿Cómo se organiza la prevención en una empresa?

La LPRL obliga al empresario a organizar la prevención de riesgos laborales e incluir la modalidad organizativa elegida en el Plan de Prevención, esta decisión debe ser consultada a los representantes de los trabajadores. Existen 5 modalidades:

1. **Asumirlo el propio empresario** si tiene la **formación básica** en prevención de riesgos laborales (30 horas) y siempre que la empresa no realice una actividad especialmente peligrosa y tenga menos de

Concepto clave

Las cinco **especialidades preventivas** son: seguridad, higiene, ergonomía, psicosociología y medicina del trabajo.

Sabías que...

El Ministerio de Trabajo, Migraciones y Seguridad Social en colaboración con las comunidades autónomas facilitarán asesoramiento técnico a empresas de hasta 25 trabajadores para que puedan cumplir de forma simplificada con sus obligaciones preventivas.

10 trabajadores (o hasta 25 si solo tiene un centro de trabajo). Las especialidades preventivas que no pueda asumir, puede contratarlas con un servicio de prevención ajeno (SPA).

2. **Designar trabajadores** para que realicen funciones preventivas. Estos trabajadores deben tener la formación en prevención de riesgos adecuada a la actividad que han de realizar, el número de trabajadores designados debe ser suficiente para desarrollar adecuadamente estas funciones y dispondrán del tiempo y los medios necesarios. Las actividades que no puedan asumir puede contratarlas el empresario con un SPA.
3. **Servicio de prevención propio (SPP),** que está formado por los medios materiales y humanos que la empresa destina en exclusiva a la prevención de riesgos laborales. Debe cubrir al menos 2 de las 5 especialidades preventivas y el resto contratarlas con un SPA. El SPP es obligatorio:
   - En empresas que tengan más de 500 trabajadores.
   - En empresas que tengan entre 250 y 500 trabajadores, pero que desarrollen actividades consideradas de especial peligrosidad, como, por ejemplo, los trabajos en alta tensión.
   - Cuando así lo decida la autoridad laboral por la peligrosidad de la actividad o por el alto índice de siniestralidad, excepto si acude a la modalidad de SPA.
4. **Servicio de prevención mancomunado (SPM),** que es una modalidad especial del SPP que da cobertura a diferentes empresas que desarrollan simultáneamente sus actividades en un mismo centro de trabajo, edificio, centro comercial, sector productivo o grupo empresarial y aquellas que desarrollen sus actividades en un polígono industrial o área geográfica limitada. Deben cubrir un mínimo de 3 especialidades preventivas y el resto contratarlas con un SPA.
5. **Servicio de prevención ajeno (SPA),** que es una entidad privada especializada en el área de prevención de riesgos laborales que ayuda a las empresas a desarrollar las actividades preventivas exigidas por la LPRL. El empresario puede elegir este servicio cuando no esté obligado a constituir un SPP o no tenga otra opción. Están acreditados en las 5 especialidades.

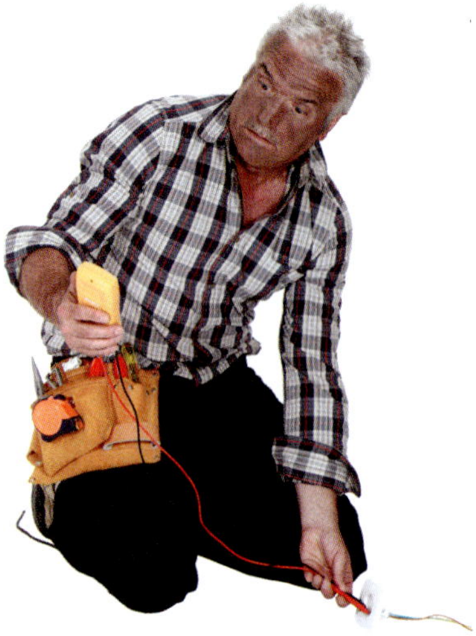

Sabías que...

Niveles de cualificación en prevención de riesgos laborales:

- **Nivel básico.** La formación en prevención será de 50 horas como mínimo para empresas que desarrollan actividades consideradas por la ley como especialmente peligrosas, o de 30 horas en los demás casos.
- **Nivel intermedio.** Requiere tener el título de Técnico Superior en Riesgos Profesionales.
- **Nivel superior.** Es necesario tener una titulación universitaria, además de una formación mínima de 600 horas acreditada por una universidad y para cada una de las especialidades preventivas.

8.5. ¿Qué obligaciones tiene la empresa frente a las emergencias?

La empresa está obligada a velar por la seguridad de los trabajadores ante posibles situaciones de emergencia. Se consideran **situaciones de emergencia,** entre otras, los incendios, las explosiones y las ocasionadas por catástrofes naturales.

La empresa debe adoptar las medidas de emergencia necesarias para prevenir o reducir las consecuencias de estas situaciones, teniendo en cuenta el tamaño y la actividad del centro de trabajo, así como la posible presencia de personas ajenas a ella. Las obligaciones de la empresa ante una situación de emergencia son las siguientes:

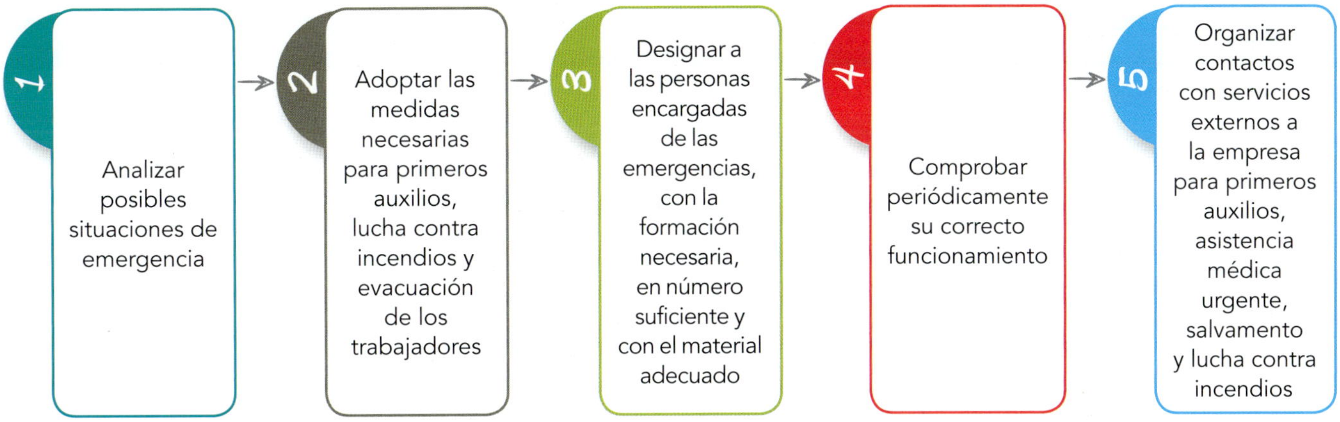

Figura 8.3. Obligaciones de la empresa ante situaciones de emergencia.

Para dar respuesta a las posibles situaciones de emergencia, las empresas están obligadas a elaborar un **plan de autoprotección,** dentro del cual se incluye el **plan de emergencias.**

8.5.1. El plan de autoprotección

El plan de autoprotección es un **documento** elaborado por la empresa que recoge el conjunto de medidas adoptadas para prevenir y controlar los riesgos sobre las personas y los bienes ante posibles situaciones de emergencia e integrar estas actuaciones con el sistema público de **protección civil,** por lo que deberá registrarse en el organismo competente**.** Su contenido mínimo es el siguiente:

- Identificar los titulares y el emplazamiento de la actividad empresarial.
- Describir detalladamente de la actividad, el entorno en que se desarrolla y los riesgos en las condiciones más desfavorables o de máxima ocupación.
- Concretar los medios humanos y materiales necesarios para controlar los riesgos y nombrar un responsable del plan de autoprotección.
- Incluir un plan de actuación ante emergencias y un protocolo de notificación de estas.
- Programar su implantación incluyendo planes de formación para los responsables de las emergencias especialmente y para el resto de la plantilla, además del programa de ejercicios y simulacros.
- Controlar periódicamente su eficacia y actualizarlo cada 3 años.

8.5.2. El plan de emergencias

El plan de emergencias es la parte del plan de autoprotección que establece los **criterios básicos de actuación** del personal de la empresa para responder de forma rápida y ordenada a una determinada emergencia, que garantice la evacuación segura de las personas, y preparar la intervención de recursos externos como policía, bomberos, etc. El contenido mínimo del plan de emergencias debe ser el siguiente:

A. Clasificación de las emergencias

Las emergencias se clasifican en función de la situación y la zona afectada:

TIPO DE EMERGENCIA	ZONA AFECTADA DE LA EMPRESA	EQUIPO QUE INTERVIENE
Conato de emergencia.	Zona muy concreta.	De primera intervención.
Emergencia parcial.	Zona amplia, afecta también a equipos e instalaciones críticas. Puede requerir una evacuación parcial.	De segunda intervención.
Emergencia total.	Afecta a todo el centro de trabajo y a instalaciones críticas. Puede requerir una evacuación de toda la empresa.	Todos los medios humanos y materiales.

B. Organización de los equipos de emergencias

Los equipos de emergencias forman una estructura organizativa y jerarquizada dentro de la empresa. Están constituidos por empleados y empleadas especialmente formadas y organizadas para intervenir en situaciones de emergencia. Estos equipos son los siguientes:

JEFE/A DE EMERGENCIAS
Activa y coordina el plan de emergencias Contacta con los servicios externos si son necesarios

JEFE/A DE INTERVENCIÓN
Está en el lugar de la emergencia coordinando los equipos de intervención y mantiene informado al jefe/a de emergencias

EQUIPO DE PRIMERA INTERVENCIÓN	EQUIPO DE SEGUNDA INTERVENCIÓN	EQUIPO DE ALARMA Y EVACUACIÓN	EQUIPO DE PRIMEROS AUXILIOS	EQUIPO DE APOYO
Intervienen inmediatamente para controlar la emergencia y evitar que se extienda	Intervienen cuando los equipos de primera intervención no pueden controlar la emergencia	Dirige la evacuación al punto de encuentro	Prestan los primeros auxilios	Presta ayuda especializada a los diferentes equipos

C. Procedimiento de actuación ante emergencias

El procedimiento de actuación ante una emergencia dependerá del tipo de emergencia. Tiene las siguientes etapas:

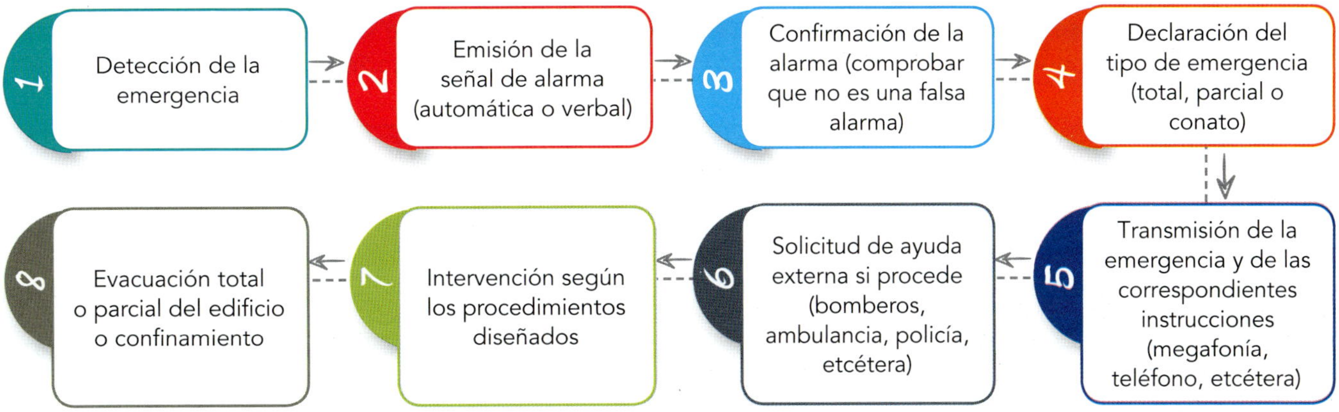

Figura 8.4. Etapas del procedimiento de actuación ante una emergencia.

Dentro del plan de emergencias, se incluye el **plan de evacuación,** que se pone en marcha cuando hay una **emergencia general o parcial.** Este plan desarrollará aspectos tales como:

- **Emisión de la señal de alarma:** debe ser conocida por todo el personal de la empresa.
- **Orden de evacuación:** salir ordenadamente siguiendo las instrucciones del responsable.
- **Vías de evacuación:** deben ser accesibles y estar libres de obstáculos. No utilizar los ascensores ni volver a por efectos personales.
- **Salidas de emergencia:** tienen que estar debidamente señalizadas.
- **Actuación de los equipos de emergencias:** son los que dirigen la evacuación.
- **Lugar de concentración o punto de encuentro:** se agrupa a todo el personal en un determinado lugar y se efectúa un recuento por si falta alguien.

Las empresas deben realizar cada año un **simulacro** para detectar posibles fallos en la evacuación, controlar el tiempo invertido en ella e intentar reducirlo al máximo.

Concepto clave

El **confinamiento** consiste en permanecer organizadamente dentro de un edificio en el caso de que se produzca un peligro externo (fuego alrededor del edificio, grandes nevadas, etcétera). El personal debe permanecer encerrado dentro del edificio y comunicar a las ayudas externas la incidencia y esperar sus instrucciones.

Caso práctico resuelto 8.3

Luisa, auxiliar administrativa, se encuentra trabajando cuando, de pronto, suena una ensordecedora sirena. No le hace caso porque no sabe que es la señal de alarma. ¿Debería Luisa haber recibido información y formación en situaciones de emergencia? ¿Cada cuánto tiempo debe realizarse?

Solución:

Sí, todo el personal debería haber recibido sesiones informativas sobre actuación en caso de emergencias de carácter general y realizar un simulacro al menos una vez al año.

Concepto clave

Un **simulacro** es una acción que se realiza imitando un suceso real para tomar las medidas necesarias de seguridad en caso de que ocurra realmente. Deben realizarse una vez al año.

8.6. ¿Cuándo deben aplicarse los primeros auxilios?

Los primeros auxilios son las técnicas que se utilizan para atender a una persona accidentada y gestionar la urgencia en los primeros momentos del siniestro hasta que llegue la asistencia sanitaria.

Cuando se produce un accidente en la empresa, el o la socorrista laboral debe seguir una determinada pauta conocida como *método PAS* (proteger, avisar y socorrer):

Importante

El orden de exploración en la evaluación secundaria es el siguiente:

cabeza
↓
cuello
↓
hombros
↓
tórax
↓
abdomen
↓
extremidades inferiores
↓
extremidades superiores

PROTEGER

Proteger antes de actuar, tanto a la persona accidentada como a una misma.

Alejarse del peligro y señalizar el lugar del accidente. Comprobar que no hay otros peligros (derrumbes, atropellos, explosiones, etcétera).

AVISAR

Avisar del accidente a los servicios sanitarios (112) y explicarles el lugar exacto del accidente, estado y número de heridos, si hay algún peligro.

SOCORRER

Socorrer a la persona accidentada. Primero, hay que efectuar una **evaluación primaria:** reconocimiento de los signos vitales:

consciencia → respiración → pulso

También deben detectarse posibles hemorragias.

Segundo, **evaluación secundaria:** reconocimiento de los signos no vitales: quemaduras, heridas, fracturas, etcétera.

Figura 8.5. Método PAS.

8.6.1. Principales técnicas de auxilio

Las técnicas de auxilio son procedimientos universales de carácter inmediato que se emplean con personas víctimas de un accidente y que pueden salvarle la vida.

A. Posición lateral de seguridad

La **PLS** o **posición lateral de seguridad** es una maniobra de primeros auxilios que se realiza cuando una persona está inconsciente, pero respira y tiene pulso, para evitar males mayores como podría ser la muerte por ahogamiento.

POSICIÓN LATERAL DE SEGURIDAD (PLS)

1

El socorrista se coloca de rodillas junto al accidentado a la altura de su cintura. Este debe vaciarle los bolsillos para facilitar que pueda rodar. Debe colocar las piernas estiradas y el brazo más alejado en el ángulo recto con el cuerpo, con la palma de la mano hacia arriba. El otro brazo se coloca en paralelo al cuerpo del accidentado.

2

Flexionamos la pierna más próxima al socorrista.

3

Giramos el cuerpo hacia el socorrista.

4

Fijamos la posición colocando en ángulo recto el brazo que estaba estirado debajo del cuerpo.

5

Colocamos correctamente la cabeza.

6

Colocamos el dorso de la mano del brazo que no hemos flexionado bajo la cabeza del accidentado.

Figura 8.6. Posición lateral de seguridad.

B. Reanimación respiratoria

Cuando el accidentado está **inconsciente, no respira, pero tiene pulso,** es preciso abrir las vías respiratorias y reanudar la respiración mediante el boca a boca. El proceso es el siguiente:

1. Colocar al accidentado **boca arriba sobre un plano duro,** con los brazos a lo largo del cuerpo. Aflojar las ropas que puedan oprimirle el tórax o la garganta (cinturón, corbata, etc.) y extraer posibles cuerpos extraños del interior de la boca.

Sabías que...

Las mujeres embarazadas siempre se colocarán en PLS sobre el costado izquierdo para no comprimir la vena cava inferior y evitar cortar la circulación sanguínea.

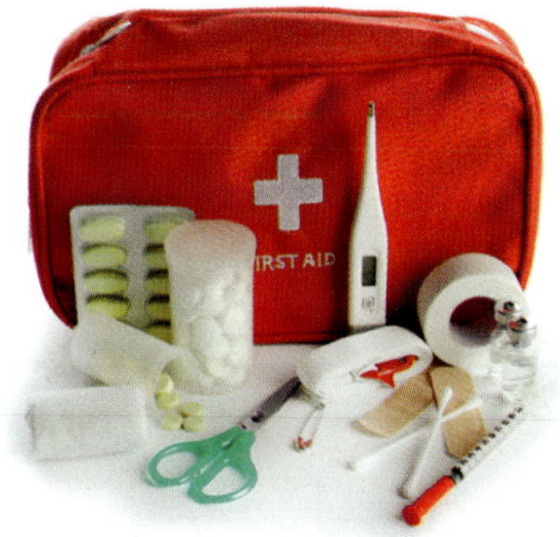

Importante

Todas las empresas están obligadas por ley a tener un botiquín de primeros auxilios. Su contenido va a depender de los riesgos que existan en la empresa y de la facilidad de acceso al centro de asistencia.

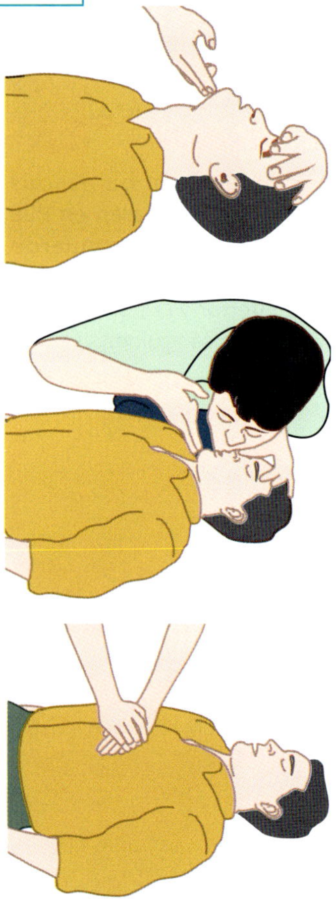

Figura 8.7. Reanimación respiratoria.

2. Abrir las vías respiratorias con la **maniobra frente-mentón:** desplazar la cabeza hacia atrás colocando una mano sobre la frente del accidentado y, con las yemas de los dedos bajo el mentón, se eleva su barbilla para abrir la vía aérea (no realizar si hay lesión cervical).
3. Comprobar si respira durante 10 segundos: **ver** (si el tórax se eleva), **oír y sentir** (acercando la cara a la cara del accidentado, oír si exhala y sentir la respiración).
4. Si no respira, se practica la respiración de rescate con el **método boca a boca:** sujetar la frente con una mano, pinzar con los dedos la nariz y colocar la boca sobre la boca del accidentado. Soplar de manera constante dentro de la boca y observar si el tórax se eleva. Repetir a un ritmo de unas **10 veces por minuto.** Verificar si hay o no pulso cada 2 minutos. En caso de que exista pulso, pero no respiración, se debe continuar con la respiración de rescate.

C. Reanimación cardiopulmonar (RCP)

La RCP se aplica cuando la persona accidentada está **inconsciente, no respira y no tiene pulso,** es decir, cuando entra en parada cardiorrespiratoria (PCR). Esta es una situación de **máxima urgencia,** pues la falta de oxígeno puede ocasionar la muerte en **8 minutos o 10 minutos,** por eso hay que aplicar la RCP inmediatamente. El procedimiento es el siguiente:

REANIMACIÓN CARDIOPULMONAR (RCP)	
• Colocar a la persona accidentada boca arriba sobre una superficie dura.	
• El o la socorrista se coloca de rodillas junto al brazo derecho del accidentado.	
• Abrir vía de aire con la maniobra frente-mentón.	
• Colocar el talón de una mano en el tórax, sobre la mitad inferior del esternón. Poner la otra mano encima de la primera, con los dedos entrelazados y estirados.	
• Los brazos estarán perpendiculares al punto de contacto, presionar el tórax, aprovechando el peso, hasta que descienda no más de 5 cm. Relajar.	
• Es recomendable realizar una media de entre 100 y 120 compresiones por minuto.	
• Aplicar la respiración de rescate mediante el boca a boca en función del número de socorristas.	
Un solo socorrista	**Dos o más socorristas**
Iniciar la RCP con 30 compresiones torácicas seguidas de 2 ventilaciones (30:2).	Iniciar la RCP con 15 compresiones torácicas seguidas de 2 ventilaciones (15:2).
Aplicar la RCP hasta que llegue la asistencia médica o hasta que la víctima recobre el pulso y la respiración, en este caso, se la coloca en PLS.	

Sabías que...

Seguir mentalmente el ritmo de la canción «Macarena» mejora la calidad de las compresiones en la RCP.

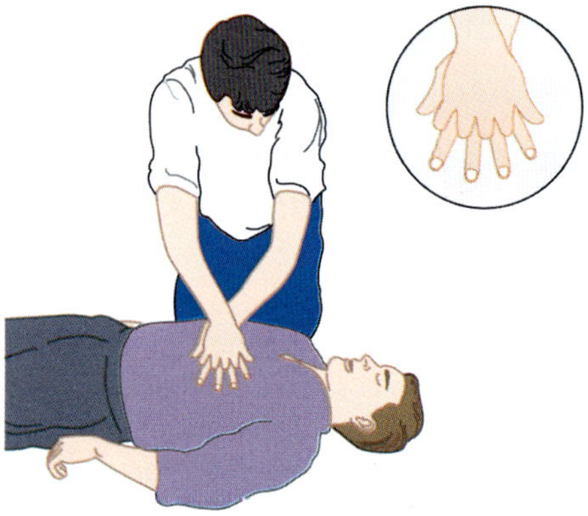

Figura 8.8. Masaje cardiaco en la RCP.

8.6.2. Soporte vital básico (SVB)

Las medidas de **soporte vital básico** se deben realizar ante una situación de máxima emergencia, como una parada cardiorrespiratoria. Incluye la detección de la emergencia, la llamada al sistema de emergencias

(112) y el inicio de la reanimación cardiopulmonar inmediata (RCP). El SVB debe aplicarse antes de transcurridos 4 minutos y su objetivo es mantener una mínima oxigenación del cerebro mientras llega la ayuda especializada.

El protocolo del **soporte vital básico,** según las recomendaciones del Consejo Europeo de Reanimación (2018), es el siguiente:

COMPROBAR EL ESTADO DE CONSCIENCIA
Preguntar a la persona accidentada cómo se encuentra Zarandearla por los hombros

↓

SI RESPONDE (ESTÁ CONSCIENTE)	
1.° Tranquilizar a la persona accidentada y dejarla en la misma posición (si no hay peligro)	**2.°** Hacer la evaluación secundaria: verificar si hay hemorragias, fracturas, quemaduras y heridas y tratarlas en este orden

↓

SI NO RESPONDE (ESTÁ INCONSCIENTE) PUEDEN DARSE TRES POSIBLES OPCIONES		
1.ª Respira y tiene pulso: colocar a la persona accidentada en PLS	**2.ª** No respira y tiene pulso: abrir la vía de aire con la maniobra frente-mentón	**3.ª** No respira y no tiene pulso: aplicar la reanimación cardiopulmonar (RCP)
(si no existe lesión cervical)	Si no recupera la respiración, practicar la respiración de rescate (boca a boca)	30 compresiones torácicas/2 ventilaciones

↓ ↓ ↓

EVALUACIÓN SECUNDARIA: VERIFICAR SI HAY HEMORRAGIAS, FRACTURAS, QUEMADURAS Y HERIDAS Y TRATARLAS EN ESTE ORDEN

Importante

Las recomendaciones del 2018 del Consejo Europeo de Reanimación indican que, ante la mínima sospecha de parada cardiorrespiratoria, se debe comenzar inmediatamente con las compresiones torácicas y no perder más de 10 segundos en la comprobación del pulso y la respiración.

Sabías que...

La falta de oxígeno puede ocasionar la muerte en 8 minutos o 10 minutos, por eso un paro cardiaco es una situación de máxima urgencia.

Sabías que...

La solicitud de **ayuda externa** se realizará de forma telefónica llamando al 112, siguiendo este protocolo de información: nombre de la persona que llama, localización del siniestro, origen de la emergencia (fuego, derrumbe, etc.) gravedad y personas afectadas.

Ayuda a Mario

Orienta a Mario en las siguientes cuestiones:

1. ¿De cuántas fases consta la gestión de la prevención de riesgos laborales? Menciónalas.
2. Enumera las principales técnicas de auxilio.

8.6.3. Técnicas de primeros auxilios según la lesión

En el trabajo, es muy frecuente que se produzcan heridas, fracturas, luxaciones y esguinces debidos a caídas o golpes fundamentalmente. Por eso, todos los profesionales deben tener unos mínimos conocimientos para saber cómo actuar ante este tipo de accidente. Por ejemplo, distinguir una luxación de un esguince es fácil. En el esguince, hay movilidad de la zona afectada, en la luxación no se puede mover la parte afectada y, además, pueden aparecer deformidades. En ambos casos el tratamiento es el mismo, inmovilizar la zona y, en el caso del esguince, aplicar hielo.

TÉCNICAS DE PRIMEROS AUXILIOS SEGÚN LA LESIÓN

Tipo de lesión		Protocolo básico de actuación
Herida	Es una lesión de la piel o de un órgano, producida por un corte, desgarro, rasguño o contusión.	• Lavar las manos y utilizar guantes desechables. Limpiar la herida con jabón o líquido antiséptico. No utilizar alcohol, algodón o pomadas y dejar al aire. • En heridas graves cubrir siempre con gasas estériles, no dar de beber ni de comer al herido y trasladar urgentemente al herido a un centro sanitario. • Con heridas en el tórax, hay que semisentar al herido con la cabeza y el tronco ligeramente elevados. • Con heridas en el abdomen, se tumba al herido y no debe moverse.
Quemadura	Es una lesión de la piel producida por el calor, la electricidad o un producto químico. Su gravedad depende de la extensión, la profundidad y la edad del paciente, especialmente.	• Eliminar o suprimir la causa apagando el fuego, desconectando la corriente o retirando el producto químico. • Enfriar la quemadura con abundante agua fría durante 10 minutos o 15 minutos. • Si el fuego lo ha originado una sustancia inflamable como alcohol gasóleo, no utilizar agua para apagar el fuego, utilizar el extintor o una manta no acrílica. • No quitar la ropa de las zonas quemadas ni aplicar pomadas. • Cubrir las quemaduras con compresas estériles. • Cubrir al herido con una manta para evitar el enfriamiento general. • Colocar en posición horizontal y de espaldas, si tiene quemada la espalda, se colocará de lado, y no darle de beber ni de comer. • Avisar a los servicios de urgencias y evacuar inmediatamente.
Hemorragia	Es la salida de sangre por la rotura de un vaso sanguíneo. Si la sangre sale fuera del cuerpo, la **hemorragia es externa,** pero, si se aloja en alguna cavidad interior, como el estómago, la hemorragia es interna.	• Tumbar al accidentado en posición horizontal con los miembros inferiores elevados, arroparlo, evitar moverlo y avisar a urgencias. • Comprimir directamente sobre el punto que sangra, con los dedos o con la palma de la mano, según la extensión de la herida, durante 5 minutos o 10 minutos. • Cuando cese, se coloca un vendaje compresivo. • Si no se detiene, presionar con nuestros dedos la arteria principal que irriga la zona sobre el hueso sudyacente, cerca de la herida. • No aflojar nunca el punto de compresión y mantener al herido tumbado. • Si todo falla, **como último recurso,** hacer un torniquete por encima del codo o por encima de la rodilla, entre el corazón y la herida. Debe estar a la vista, no aflojarlo y anotar la hora de colocación. • En hemorragias internas, controlar si aparecen signos de colapso como palidez, sed, ansiedad, frío o taquicardia. Tumbar y abrigar al herido. • **Evacuar con extrema urgencia.**

TÉCNICAS DE PRIMEROS AUXILIOS SEGÚN LA LESIÓN		
Tipo de lesión		Protocolo básico de actuación
Fractura	Es la rotura de un hueso. Pueden ser **cerradas** o **abiertas** (la piel se rompe y existe riesgo de infección).	• Inmovilizar la zona afectada utilizando una **férula que abarque las articulaciones** más próximas, por encima y por debajo de la lesión: • Brazo: inmovilizar con un cabestrillo. • Codo: utilizar cabestrillo si el codo se lesiona flexionado y férula si se lesiona extendido. • Muñeca: desde la raíz de los dedos al codo y muñeca en extensión. • Dedos de la mano: desde la punta de los dedos a la muñeca y dedos en semiflexión. • Pierna: desde la raíz de los dedos a las costillas, cadera y rodillas en extensión y tobillo a 90°. • Tobillo y pie: desde la raíz de los dedos a la rodilla y tobillo a 90°. • Hombro: sujetar con cabestrillo el brazo contra el tórax. • Fracturas de columna vertebral: no mover al lesionado, dejarlo tendido en el suelo y trasladarlo de inmediato al hospital. Evitar que flexione la columna • Fractura de cráneo: colocar al lesionado en PLS si está inconsciente.
Atragantamiento	Es la obstrucción de la vía aérea por un cuerpo extraño, provocando un cuadro repentino de asfixia.	• El objetivo es lograr la expulsión del cuerpo extraño. • Obstrucción parcial: si el accidentado está consciente, el socorredor debe animarlo a toser. Si no tose ni habla, hay que inclinarlo hacia delante, ponerle la mano en el pecho y darle 5 golpes seguidos en la espalda. Obstrucción total: realizar la maniobra de Heimlich. Si el accidentado está consciente, el reanimador se sitúa detrás del paciente, rodea con los brazos su abdomen y cierra una mano sobre la otra a la altura del epigastrio del paciente. Realiza 5 compresiones rápidas y en sentido ascendente.

Caso práctico resuelto 8.4

Carmen y Gonzalo son diseñadores web. Están en sus 15 minutos de descanso dentro de su jornada laboral y ambos disfrutan de un buen desayuno mientras charlan animadamente. De pronto, Gonzalo empieza a toser; parece que se ha atragantado con un trozo de fiambre. Carmen, asustada, empieza a practicarle la maniobra de Heimlich. ¿Ha hecho lo correcto?

Solución:

No, porque Gonzalo está consciente. Lo que tiene que hacer Carmen es animarlo a toser o inclinarlo hacia delante, ponerle la mano en el pecho y darle cinco golpes seguidos en la espalda.

Caso práctico 8.2

En la playa, una bañista sufre un desmayo con parada cardiorrespiratoria. Hay dos personas para auxiliarla, ¿cómo deben hacerlo?

Comprueba lo que has aprendido

Bea y Mario tienen dudas sobre qué actividades encierran más peligrosidad y cuáles son los protocolos de actuación en caso de tener que ejecutar alguna de ellas. Según lo estudiado en la unidad, ¿puedes asesorarlos respondiendo a estas cuestiones sobre la gestión de la prevención en la empresa?

La empresa Albur, SA, dedicada a la construcción de edificios de oficinas, tiene un total de 300 trabajadores. Esta actividad es considerada como especialmente peligrosa por el Reglamento de los Servicios de Prevención. Manuel trabaja desde hace 12 años en la empresa, es delegado de personal y acaba de ser elegido como delegado de prevención.

1. ¿Cuántos delegados de prevención le corresponden a esta empresa?
2. ¿Deberá constituir la empresa un comité de seguridad y salud? En caso afirmativo, ¿cuántos miembros debería tener?
3. ¿Qué modalidad de organización de la actividad preventiva deberá adoptar la empresa?
4. La empresa tiene implantado un plan de prevención de riesgos laborales y Manuel se desplaza a una obra para ver si se está cumpliendo.

   ¿Qué competencias como delegado de prevención está llevando a cabo Manuel?
5. En la obra, comprueba que no hay señalización alguna, los trabajadores no llevan el casco puesto, el andamio no está correctamente anclado y se balancea, hay trabajadores encima del andamio a 8 m de altura sin arneses porque la empresa aún no se los ha entregado y los que lo tienen es porque ellos se lo han comprado.

   ¿Qué obligaciones está incumpliendo la empresa? y ¿los trabajadores?

   Desde el punto de vista de los principios básicos de la prevención, ¿ha aplicado el supervisor dichos principios correctamente? Razona la respuesta.
6. Ante esta situación, Manuel se plantea paralizar la actividad por riesgo grave e inminente antes de que ocurra una desgracia. ¿Tiene Manuel competencias para hacerlo?
7. En el primer piso, se ha volcado un carretillo lleno de ladrillos, algunos han caído al patio de obra y un trabajador sin casco ha recibido un fuerte impacto en la cabeza y ha caído al suelo inconsciente. Los compañeros y compañeras acuden a socorrerlo y una de ellas se hace un corte profundo en el brazo por el que sangra abundantemente, otro compañero se ha asustado y ha sufrido una parada cardiorrespiratoria.

   ¿Qué tipo de emergencia es? ¿Cómo debe activarse esta emergencia? ¿Qué equipos deben intervenir? ¿Cada cuánto tiempo debe hacer esta empresa un simulacro?
8. En la obra se ha organizado un gran revuelo. Todos quieren participar y ayudar a los heridos.

   ¿Qué pautas se deben seguir para aplicar los primeros auxilios? ¿Qué técnicas de primeros auxilios deben aplicarse a los dos heridos? Descríbelas.
9. Después del accidente y de las graves deficiencias en materia de prevención observadas en la empresa, el servicio de prevención ha decidido realizar una evaluación de riesgos y se han detectado, entre otros, los siguientes riesgos:
   - Riesgos intolerables: caídas de objetos desde gran altura y caída de personas a distinto nivel.
   - Riesgos importantes: descargas eléctricas, posturas forzadas, levantamiento de cargas, ruidos y choques contra objetos.
   - Riesgos moderados: inhalación de polvo y productos irritantes, temperaturas extremas (frío/calor).
   - Riesgos tolerables: cortes y heridas por el uso de máquinas y herramientas.
   - Riesgos triviales: estrés, insatisfacción laboral.

   Con la siguiente tabla, indica en tu cuaderno las medidas que deberá adoptar la empresa según la valoración de cada riesgo?

DESCRIPCIÓN DEL RIESGO	ESTIMACIÓN DEL RIESGO	ACCIÓN REQUERIDA

Actividades finales

1. Derechos y obligaciones de la empresa y de los trabajadores en materia preventiva

8.1. La empresa Quimical, SL, dedicada al transporte de productos químicos de alto riesgo (actividad considerada como especialmente peligrosa), ha comunicado que, durante la próxima semana, todos los trabajadores deberán realizar los reconocimientos médicos anuales. Dos trabajadores se han negado a pasar el reconocimiento. ¿Pueden negarse ambos trabajadores a pasar el reconocimiento médico? ¿Por qué?

8.2. Moisés trabaja en la sección de charcutería de una gran superficie. Su jefe acaba de encargarle un gran pedido de todo tipo de chacina que debe estar preparado en una hora. Para ir más rápido, Moisés decide quitar los protectores de dedos y manos de la máquina cortadora. ¿Qué obligación de los trabajadores en materia de prevención está incumpliendo?

2. Gestión de la prevención de riesgos

8.3. Luisa ha sido designada por la empresa para la organización de la actividad preventiva de la agencia de viajes Travelfree, SA, donde trabaja. Luisa ha comenzado a realizar la evaluación de riesgos de la oficina donde desarrolla la actividad la empresa, tal como refleja la siguiente tabla:

EVALUACIÓN DE RIESGOS											
Riesgos detectados	Probabilidad			Consecuencias			Valoración del riesgo				
	B	M	A	LD	D	ED	T	TO	M	I	IN
Sobrecargas musculares por mala higiene postural, manejo de cargas y desplazamientos.		X			X						
Caídas de objetos por desplome o derrumbamiento.	X				X						
Caídas al mismo nivel.	X			X							
Choques contra objetos inmóviles.		X			X						
Carga mental: efectos psicológicos de horarios y turnos.		X		X							
Golpes y cortes por objetos y herramientas.		X		X							
Riesgos derivados de la utilización de pantallas de visualización de datos (falta de apoyo de muñecas, giros de cabeza, etcétera).		X			X						
Temperatura (calor y frío).		X		X							
Atrapamiento por o entre objetos.	X			X							
Contactos eléctricos indirectos.	X			X							
Ruido.		X		X							
Iluminación: reflejos en la pantalla.			X	X							

a) Ayuda a Luisa a completar la tabla valorando el riesgo, conociendo la probabilidad de que se produzca cada riesgo y la severidad de las consecuencias, en caso de que se produzcan.

b) Una vez valorados los riesgos, indica las medidas que deben adoptarse con cada uno.

3. Representación de los trabajadores en materia preventiva

8.4. Indica qué representación de los trabajadores en materia de prevención correspondería a cada empresa y especifica la composición del comité de seguridad y salud en los casos en que se tuviese que constituir:

a) Empresa de organización de eventos con 80 trabajadores.

b) Empresa que presta servicios de animación deportiva con 4 trabajadores.

c) Empresa de servicios de telecomunicaciones con una plantilla de 308 trabajadores.

d) Empresa instaladora de placas solares que cuenta con 46 trabajadores.

4. Organización de la prevención en la empresa

8.5. Copia la siguiente tabla y señala con una X la modalidad de organización de la prevención que pueden elegir las empresas y justifica tu respuesta:

	LA PERSONA PROPIETARIA DE LA EMPRESA	TRABAJADOR/A DESIGNADO/A	SPP	SPA	SPM	JUSTIFICACIÓN
Cuatro tiendas de ropa, situadas en un mismo centro comercial.						
Empresa de instalaciones eléctricas para trabajos en alta tensión con 20 trabajadores.						
Fábrica de coches con 500 trabajadores.						
Peluquería con 5 trabajadores. El empresario tiene formación básica en prevención.						
Asesoría laboral con 10 trabajadores, una es técnica en prevención de riesgos.						

5. Actuación frente a emergencias

8.6. Paula trabaja en una fábrica de papel y van a realizar un simulacro de incendio. El jefe de emergencias activa la alarma y los trabajadores se dirigen con calma a las vías de evacuación indicadas. Paula trabaja en la cuarta planta, está cansada y decide bajar en el ascensor. Una vez ubicada en la planta baja, se dirige a una de las puertas de salida y hay mucha gente agolpada. Observa que hay otra salida a la que nadie se dirige porque no está señalizada. Paula decide salir por ella, pero se encuentra que está bloqueada y la puerta no se abre. Finalmente, salen todos, pero nadie sabe adónde tienen que dirigirse. ¿Se ha realizado correctamente la evacuación? ¿Qué ha fallado? ¿Cómo se hubiera efectuado adecuadamente?

6. Primeros auxilios

8.7. En la fábrica donde trabaja Miguel, se ha producido un incendio y hay varios heridos:

- Alberto se ha desmayado a consecuencia del humo, no respira y tiene pulso.
- Carmen, bajando las escaleras precipitadamente, se ha caído rompiéndose el codo en flexión.
- Remedios se ha enganchado la pierna en una chapa haciéndose un corte muy profundo por el que sangra abundantemente.
- Javier, al ver la sangre, se ha desmayado, está inconsciente en el suelo, respira y tiene pulso.
- Elvira, al abrir las puertas para salir al exterior, se ha quemado ambas manos.

Miguel está solo para atenderlos a todos. ¿Qué debe hacer Miguel en primer lugar? ¿En qué orden atenderá a los heridos? ¿Qué primeros auxilios puede aplicarle a cada uno?

NEWS

Notas de prensa

La empresa química de Tarragona sumaba multas por inseguridad laboral

La consejería de Trabajo de la Generalitat de Cataluña abre dos expedientes a la empresa química Iqoxe.

Uno para investigar las causas de la explosión –el martes, 14 de enero del 2020– en las instalaciones que la empresa utiliza en el polígono petroquímico de Tarragona, que causó tres muertos y siete heridos.

El otro expediente es a causa de la denuncia por la situación laboral de seis de sus trabajadores.

La empresa ya tenía en su haber hasta cuatro sanciones entre los años 2015 y 2017. Las sanciones por infracciones graves que la mencionada empresa tenía acumuladas antes del brutal accidente y que sumaron un total de 17 450 €, son las siguientes:

- Inadecuación del lugar de trabajo según la normativa de seguridad y salud laboral.
- Ofrecer condiciones de trabajo inferiores a las del convenio colectivo.
- Falta de formación de los delegados de prevención de riesgos laborales.
- No tener actualizada la evaluación de los riesgos laborales.

La empresa recurrió contra todos los expedientes, pero el juez refrendó el criterio de la Consejería de Trabajo.

Fuente: La Vanguardia, Sara Sans –Tarragona– y Eduardo Magallón –Barcelona– (17 de enero del 2020).

a) ¿Qué riesgos existen en la situación descrita en la noticia?

b) ¿Es correcta la actuación de la empresa?

c) ¿Qué pueden hacer los trabajadores?

Videoteca laboral

Visualizad en el aula el vídeo *Ventajas del plan de PRL*.

https://www.youtube.com/watch?v=O3dKdsgtVrE

Realiza, a continuación, las siguientes actividades:

- Enumera por orden prioritario de actuación las siguientes obligaciones de la empresa:
  - Decidir si hay que tomar medidas.
  - Evaluar los riesgos de su centro de trabajo.
  - Informar a todos los trabajadores de las medidas adoptadas.
  - Detectar los riesgos profesionales.
- Indica los riesgos detectados en estas dos empresas.
- Describe las medidas preventivas que se han adoptado en estas empresas.
- Explica por qué resulta rentable hacer un plan de prevención.
- Conclusión final. Con estas palabras (*preventivo*, *inversión*, *futuro*, *implantación* e *adicional*) completa la frase que aparece al final del vídeo:

Aunque la __________ de este sistema __________ supone sobre todo al principio un esfuerzo ________, es una muy buena __________ de __________.

Unidad 9

El mercado laboral y la búsqueda de empleo

Unidad 9

El mercado laboral y la búsqueda de empleo

¿Estás preparado para iniciar tu búsqueda de empleo?

Contenidos

Objetivos

- Realizar y valorar positivamente el desarrollo de un proyecto profesional como instrumento clave para alcanzar tus objetivos profesionales.
- Identificar las aptitudes, las actitudes y los intereses requeridos para la actividad profesional.
- Conocer la estructura de la formación profesional en España.
- Analizar diferentes opciones académicas y profesionales que existen al finalizar un ciclo formativo.
- Entrar en contacto con las diferentes fuentes de información para la búsqueda activa de empleo.
- Valorar la importancia de internet como fuente de información básica para la búsqueda de empleo.
- Saber cuáles son las oportunidades de aprendizaje y empleo en otros países.
- Aplicar distintas herramientas para la búsqueda de empleo.
- Comprender las diferentes pruebas de selección existentes.
- Establecer los criterios de comportamiento correctos ante una entrevista.

9.1. ¿Qué es el proyecto profesional?

El proyecto profesional es un plan de acción en el que se explican detalladamente todos los pasos que hay que seguir para conseguir el empleo deseado. Para realizarlo, se analizan las competencias personales y profesionales, la situación actual del mercado laboral y las diferentes vías que facilitan el acceso al trabajo elegido. Se realiza en las fases que se muestran en la Figura 9.1.

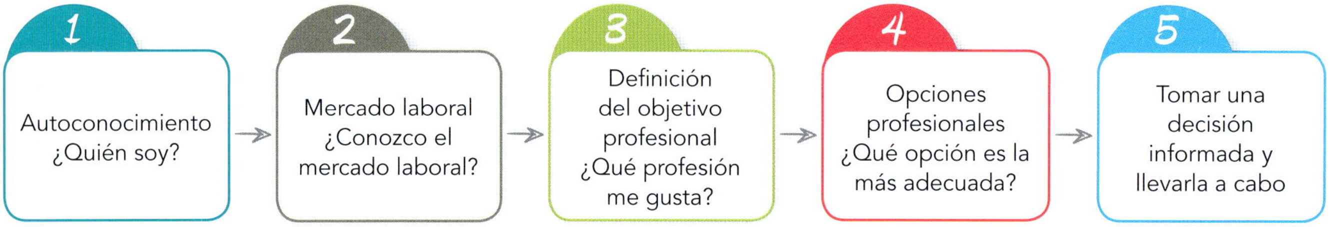

Figura 9.1. Elaboración del proyecto profesional.

9.1.1. El autoconocimiento

¿Quién soy? Una pregunta muy sencilla, pero nada fácil de responder y, sin embargo, conocerse a uno mismo, ser capaz de describirse, facilita encontrar el trabajo que mejor se adapta a las propias actitudes, habilidades e intereses. Es posible saber más de uno mismo analizando los siguientes aspectos:

- **Rasgos de personalidad:** son predisposiciones internas que hacen que una persona piense, sienta y actúe de una determinada manera. Los rasgos más interesantes con relación al mundo laboral son la sociabilidad, competitividad, espíritu de equipo y control emocional, entre otros.
- **Competencias profesionales:** son los conocimientos, habilidades y actitudes que posee una persona para realizar con normalidad diferentes tareas. Se adquieren a través de la educación y de la experiencia personal. Las competencias más demandadas por las empresas son iniciativa, creatividad, responsabilidad, autocontrol, habilidades sociales y de comunicación, trabajo en equipo, resolución de conflictos, capacidad de aprendizaje, adaptabilidad, flexibilidad y gestión de recursos.
- **Intereses profesionales:** son los trabajos que más nos satisfacen. Pueden ser intereses artísticos, comerciales, técnicos o administrativos.
- **Situación familiar y personal:** son circunstancias que influyen en la elección de un puesto de trabajo, por ejemplo, las cargas familiares, la situación económica, etcétera.

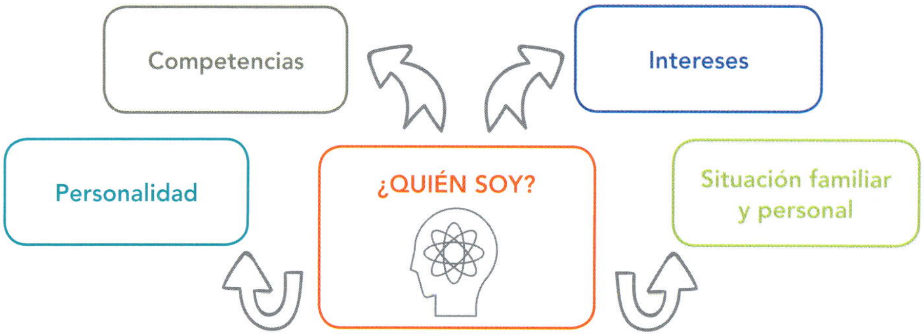

Figura 9.2. El conocimiento de uno mismo.

Caso práctico 9.1

Entra en el siguiente enlace, completa el test y escribe una lista con 5 rasgos positivos de tu personalidad:

https://www.psicoactiva.com/tests/personalidad/test-personalidad-5factores.htm

Completa el test que aparece en el siguiente enlace y escribe las 5 competencias en las que destaques:

http://www.quieroempleo.com/web/common/competences/CompetenceLevel.aspx

Realiza el test para identificar tus intereses profesionales de la Formación Profesional (FP) del siguiente enlace y anota 3 intereses:

http://www.aplicaciones.info/utiles/optesfp2.htm

Con estos resultados, copia la siguiente tabla y realiza un cuadro resumen:

RASGOS PERSONALES	COMPETENCIAS PERSONALES	INTERESES PROFESIONALES	SITUACIÓN FAMILIAR

9.1.2. El conocimiento del mercado de trabajo

Se denomina *mercado de trabajo* o *mercado laboral* a aquel donde confluyen la oferta y la demanda de trabajo. La oferta de trabajo está formada por el conjunto de trabajadores que están dispuestos a trabajar y la demanda de trabajo, por el conjunto de empresas o personas empleadoras que contratan a los trabajadores.

Para conocer el mercado de trabajo específico de una profesión, se analizan diferentes ofertas de empleo de las que aparecen en la prensa, internet, boletines, etc., y se obtiene información sobre lo que piden las empresas o personas empleadoras. Esta información se puede registrar en la siguiente tabla:

INFORMACIÓN PARA CONOCER EL MERCADO DE TRABAJO ESPECÍFICO DE NUESTRA PROFESIÓN	
Ocupación	**Auxiliar administrativo**
N.° de anuncios	3.
¿Qué piden?	• Experiencia de al menos 2 años. • Formación profesional de grado medio o superior (o experiencia demostrable en labores administrativas). • Conocimiento a nivel usuario de Microsoft Office. • Residir en la provincia del puesto vacante y disponibilidad de incorporación inmediata. • Imprescindible nivel medio de inglés.
¿Qué valoran?	• Nivel alto de inglés. • Aspiraciones de desarrollo profesional. • Vocación por el trabajo en equipo. • Buena presencia y capacidad para comunicar y desarrollar relaciones personales. • Conocimientos avanzados de Microsoft Excel (tablas dinámicas, macros, etcétera).
¿Qué ofrecen?	• Contrato de 4 meses con posibilidad de prórroga y posibilidad de incorporación a la plantilla de la empresa. • Horario de lunes a jueves de 9.00 horas a 19.00 horas y viernes de 8.30 horas a 17.30 horas. • Salario de 15 000 € brutos/año.

Caso práctico 9.1

Busca 3 ofertas de empleo relacionadas con tu ciclo formativo y copia y completa la siguiente tabla:

OCUPACIÓN	¿QUÉ PIDEN?	¿QUÉ VALORAN?	¿QUÉ OFRECEN?

9.1.3. El objetivo profesional

El objetivo profesional es la meta a la que se quiere llegar profesionalmente. Fijarse un objetivo ayudará a encontrar la profesión que mejor se adapte a nuestros intereses y aptitudes y, también, a planificar la trayectoria formativa y laboral para poder lograrlo.

Al describir un objetivo profesional, se están expresando nuestras aspiraciones, sin tener en cuenta todavía las restricciones impuestas por las propias circunstancias y las del mercado laboral. Para definir un objetivo profesional, se pueden responder las siguientes cuestiones:

- **¿Qué sectores interesan?** Informática, electrónica, estética, etcétera.
- **¿Dónde se prefiere trabajar?** En España, el extranjero, en una ONG, en una entidad pública, en una empresa privada pequeña, mediana o grande, etcétera.
- **¿En qué consiste el trabajo?** Actividades, funciones, responsabilidades, etcétera.
- **¿Qué formación exigen?** Competencias profesionales, personales y sociales.
- **¿Qué condiciones ofrecen?** Salario, horarios, lugar de trabajo, tipo de contrato, etcétera.
- **¿Qué salidas profesionales tiene?** Ofertas de empleo, posibles candidatos, etcétera.

Debe explicarse el trabajo que deseado concretándolo al máximo, por ejemplo, decir *quiero ser comercial* es menos concreto que decir *quiero ser comercial en una tienda de mi ciudad.*

Para conseguir el objetivo, puede ser necesario seguir un itinerario formativo, es decir, las actividades que debe realizar una persona para adquirir la formación necesaria para desempeñar una profesión, por ejemplo, estudiar un ciclo formativo o un idioma. Las siguientes cuestiones pueden servir de guía para establecerlo:

- ¿Qué nos acerca al objetivo profesional?
- ¿Qué nos separa del objetivo profesional?
- ¿Qué tendría que hacerse para conseguirlo?

Solo después de haber definido el objetivo profesional se puede comenzar con el proceso de búsqueda de empleo.

Importante

El objetivo profesional debe cumplir unas determinadas condiciones:

- **Ser realista:** que se pueda conseguir.
- **Ser flexible:** que se pueda adaptar a posibles cambios en la situación personal, profesional y del mercado de trabajo.
- **Ser positivo:** que genere buenas sensaciones y optimismo.

Sabías que...

Puede obtenerse información de cualquier profesión en el siguiente diccionario de profesiones:

https://www.educaweb.com/profesiones

Caso práctico 9.2

Para ayudarte a definir tu objetivo profesional, accede a la siguiente página web y realiza la siguiente aplicación:

https://wwwc.oficinadetreball.gencat.cat/socweb/export/sites/default/socweb_es/ciutadans/orientacioTrobarFeina/cloe.html

Con los datos hasta ahora recopilados, márcate 3 objetivos profesionales.

9.2. ¿Qué opciones profesionales hay?

Establecido el objetivo profesional y finalizados los estudios de formación profesional, la incorporación al mercado laboral se puede realizar de varias formas:

- **Trabajar en la función pública.** Para ser funcionario, hay que realizar un examen (oposición). La selección de candidatos se realiza, tal y como señala la Constitución española, según los principios de **igualdad, mérito y capacidad.** Para ello, el proceso de selección se realizará a través de una convocatoria pública, donde figurarán los plazos, los requisitos de los candidatos, las pruebas que han de realizarse, etcétera. Las ofertas de empleo público deben publicarse en el *Boletín Oficial* correspondiente (Estado, comunidad autónoma, etcétera).

  El Estatuto Básico del Empleado Público establece las titulaciones necesarias para los distintos cuerpos y las distintas escalas a las que se pretende acceder:

TITULACIONES NECESARIAS PARA SER EMPLEADO PÚBLICO		
Grupos y escalas		**Titulación exigida**
Grupo A	A1	Titulación universitaria de grado.
	A2	
Grupo B	B1	Título de técnico superior (CF grado superior).
	B2	
Grupo C	C1	Título de bachiller o técnico (CF grado medio).
	C2	Graduado en ESO.

  La clasificación de los cuerpos y las escalas en cada subgrupo se establecen en función del nivel de responsabilidad del puesto de trabajo y de las características de las pruebas de acceso.

- **Autoempleo.** Crear una empresa propia constituyendo una empresa individual o una sociedad mercantil. Trabajar para uno mismo genera una gran satisfacción personal y la posibilidad de obtener mayores ingresos. Pero también tiene inconvenientes, como el riesgo económico o el futuro incierto, además de un gran esfuerzo y dedicación.

- **Trabajar por cuenta ajena.** Trabajar para una empresa a cambio de un salario tiene la ventaja de tener unos ingresos fijos, unos horarios determinados, etc. Como inconvenientes, están la falta de estabilidad en el empleo, la alta temporalidad y los salarios bajos.

Ayuda a Beatriz

Orienta a Beatriz en las siguientes cuestiones:

1. Beatriz acaba de finalizar sus estudios de técnica en farmacia y no tiene claro las opciones que tiene para incorporarse al mercado laboral.
2. ¿Podrías indicarle las opciones que tiene para lograr acceder a un puesto de trabajo?
3. ¿Qué ventajas e inconvenientes tienen cada una de las opciones anteriores?

La Figura 9.3 propone el itinerario profesional más adecuado cuando se han cursado estudios de formación profesional y se opta por trabajar en la empresa privada o en el autoempleo.

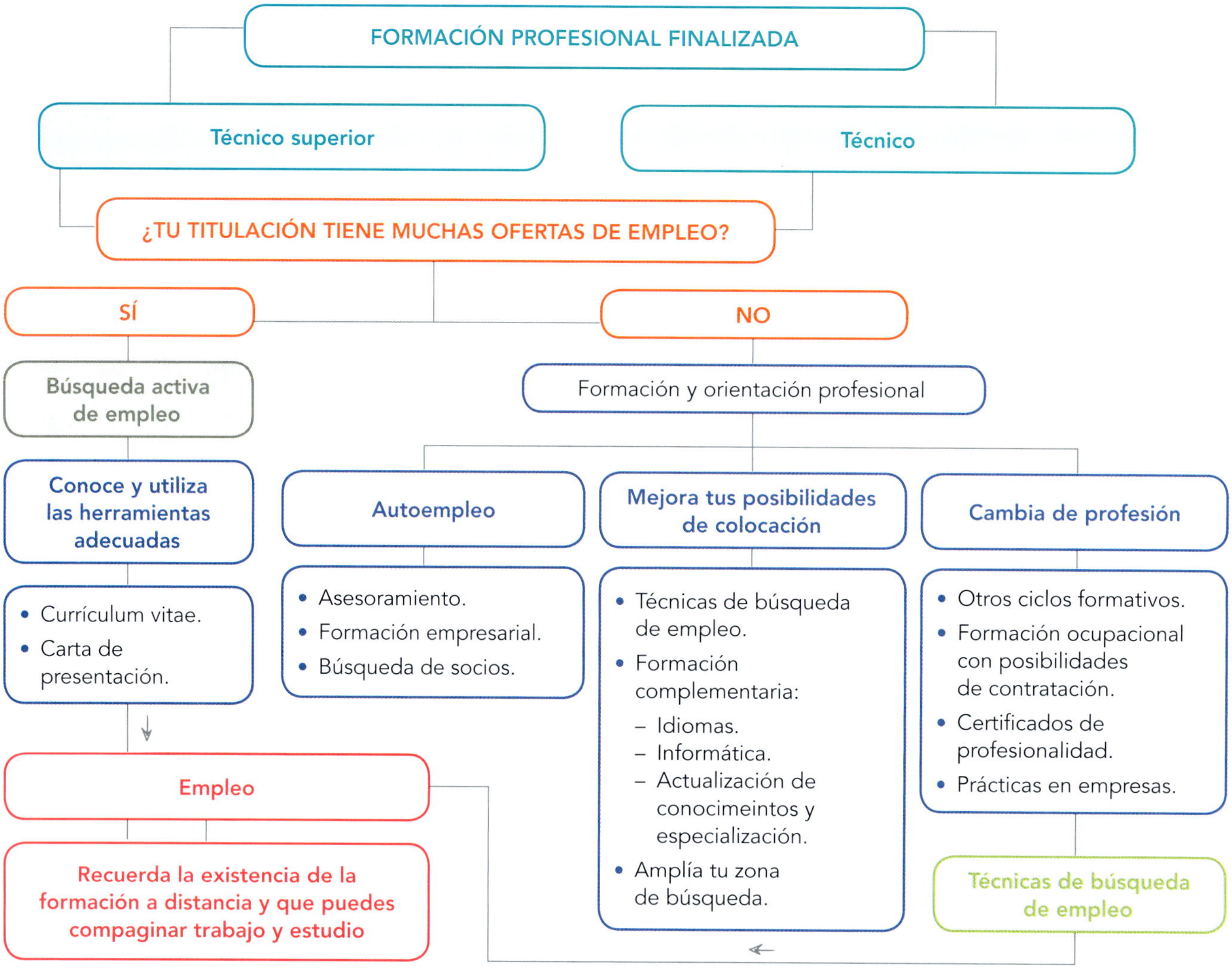

Figura 9.3. Itinerarios profesionales recomendados para Formación Profesional.

Caso práctico 9.3

Busca 3 ocupaciones relacionadas con los 3 objetivos profesionales que has establecido. Con la información recopilada, elabora un cuadro como el siguiente para una de las ocupaciones:

Ocupación	
Tareas (actividades que deben realizarse)	
Condiciones laborales (lugares de trabajo, horarios, esfuerzos, salarios, etcétera)	
Competencias profesionales (conocimientos, habilidades, aptitudes y actitudes exigidas)	

9.3. ¿Cómo se prepara la búsqueda de empleo?

La búsqueda de empleo es un trabajo importante que no se puede improvisar, ya que las probabilidades de conseguir el trabajo deseado aumentan con una buena organización y planificación. En este proceso, pueden encontrarse las siguientes fases:

Figura 9.4. El proyecto profesional.

Lo primero que hay que saber es dónde pueden buscarse ofertas de empleo. Las fuentes de información más utilizadas son las siguientes:

- **Prensa:** periódicos, revistas especializadas y guías profesionales.
- **Radio y televisión:** en algunos espacios publicitarios y programas.
- **Servicio Públicos de Empleo (SEPE):** reciben ofertas de empleo de diferentes sectores profesionales. Existe un Servicio Público de Empleo Estatal y también autonómicos.
- **Centros de información dependientes de ayuntamientos u otras entidades locales:** muchos ayuntamientos tienen un centro de información juvenil que facilita información y cursos sobre búsqueda de empleo y asesoran sobre iniciativas de autoempleo.
- **Agencias privadas de colocación y empresas de trabajo temporal (ETT):** ponen en contacto a empresas y a trabajadores que buscan empleo.
- **Bolsas de trabajo:** son un espacio en el cual se registran candidaturas y ofertas a la vez. Pueden ser públicas (oposiciones) o privadas (de empresas y portales de empleo). Su misión es hacer encajar las vacantes con los candidatos.
- **Internet y portales de empleo:** internet ha ampliado el horizonte en la búsqueda de empleo. Pero hay que tener en cuenta que no todas las páginas web son adecuadas ni funcionan

bien. Un **portal de empleo** es un sitio web especializado que integra la oferta y la demanda laboral existente en el mercado. Pueden ser de pago o gratuitos y ofrecen los siguientes servicios:

- Ofertas de empleo recientes y un buscador para todas las ofertas del portal.
- Posibilidad de realizar la inscripción y contestar a las ofertas directamente.
- Insertar la carta de presentación y también el currículum vitae (en formato electrónico).
- Suscripción a un boletín para recibir las ofertas por *email* o SMS (canales RSS).
- Ofrecer nuestro trabajo personalmente, elaborando nuestros propios anuncios de empleo.
- Informa sobre cómo hacer un currículum, una carta de presentación y crear una empresa.
- Buscador de cursos de formación, becas, ayudas, etcétera.

- **Redes de contactos:** están formadas por todas las personas con las que se mantienen contactos personales o profesionales. Estos vínculos pueden ser virtuales o establecerse a través del contacto directo. Sea como fuere, conviene cuidar las relaciones en el ámbito laboral y aprender a moverse en las redes sociales especializadas. Por ejemplo, abrir un perfil en **LinkedIn** y entrar en grupos de **Facebook** pensados para la búsqueda de empleo.
- **Autocandidatura:** consiste en presentar nuestro perfil dando a entender que nos interesa trabajar en una determinada empresa, tenga o no procesos de selección abiertos. Son útiles para demostrar iniciativa y nuestros intereses personales. Se puede hacer a través de:
  - **La página web de las empresas.** Estas disponen de un espacio donde puede contactarse con ellas y enviar el currículum por *email* o a través de la web.
  - **La página web de las empresas de selección de personal.** Son empresas contratadas por otras para realizar el proceso de reclutamiento y selección de profesionales. Publican anuncios con las ofertas de empleo o recurren a su base de datos, por lo que no llegan a anunciarse. Por eso interesa enviarles el currículum para futuras selecciones en las que se pudiera encajar.
  - **Las páginas web de las empresas de trabajo temporal.** Actualmente, suponen un gran nicho de búsqueda de ofertas de empleo a través de internet, donde puede ingresarse el currículum.

Importante

Para realizar la autocandidatura, conviene hacer una lista de las empresas que interesan, localizar su dirección en internet y encontrar el vínculo que permite contactar con ellas.

Importante

Los portales de empleo pueden ser:

- **Generalistas:** contienen ofertas de empleo pertenecientes a cualquier sector profesional.

  www.infojobs.net
  www.infoempleo.com
  https://empleate.gob.es
  www.monster.es
  www.laboris.net
  www.trabajos.com

- **Especializados:** contienen ofertas de empleo de un determinado sector profesional.

  www.ticjob.es: portal de empleo para profesionales de la informática.

  www.turijobs.com: especializado en turismo y hostelería.

  www.primerempleo.com: dirigido a estudiantes y titulados sin experiencia laboral.

- **Públicos:** aglutina gran variedad de profesiones según el nivel formativo.

  www.administracion.gob.es
  www.empleopublico.net
  www.buscaoposiciones.com

Concepto clave

LinkedIn es una red social para profesionales, en la que los usuarios cuelgan sus currículums *online* y entablan relaciones comerciales, buscando u ofreciendo trabajo.

Caso práctico 9.4

Localiza 3 ofertas de empleo de ETT a través de internet que se ajusten al perfil profesional del título que estás cursando. De cada oferta, indica:

1. La denominación del puesto y las funciones que hay que desempeñar.
2. Los requisitos de los candidatos.
3. Las condiciones de trabajo.

9.3.1. Trabajar en Europa

La integración en la Unión Europea (UE) supuso la libertad de poder trabajar en cualquier Estado miembro en las mismas condiciones que los ciudadanos de esos países. Para facilitar la movilidad de los trabajadores e impedir que surjan problemas, las instituciones europeas crean la red EURES y el sistema Europass, complementados con el portal Ploteus.

La **red EURES** va dirigida a las personas solicitantes de empleo interesadas en trasladarse a otro país para trabajar o estudiar y a las empresas que desean contratar personal de otros países. Ofrece los siguientes servicios:

- Asesorar sobre demandas y ofertas de empleo.
- Informar sobre las tendencias del mercado de trabajo en Europa.
- Aportar información práctica sobre las condiciones de vida y de trabajo en Europa.
- Ofrecer una base de datos en línea con currículums de solicitantes de empleo.

Abrir una cuenta EURES (requiere un registro previo) ofrece, además, estos servicios adicionales:

a) Introducir el currículum vitae y poder ser contactados por empresas en un futuro.

b) Se puede crear un currículum en una lengua comunitaria.

c) Se puede definir y guardar nuestro perfil EURES y recibir avisos por correo electrónico cuando se disponga de puestos de trabajo que se ajusten a nuestro perfil.

Por otro lado, el **sistema Europass** es un conjunto de cinco documentos que ayuda a los demandantes de empleo a presentar de manera sencilla sus capacidades y cualificaciones personales adquiridas a lo largo de la vida. Son modelos normalizados comprensibles en toda Europa. En la Figura 9.5, puede verse cuáles son esos cinco documentos.

Sabías que...

Drop'pin@EURES es un espacio donde las empresas y organizaciones pueden promover y publicar oportunidades para los jóvenes europeos ayudándolos a dar sus primeros pasos en el mercado laboral. Las oportunidades que se ofrecen en esta plataforma en línea incluyen puestos de aprendices, periodos de prácticas, programas de formación, cursos de aprendizaje a distancia, formación lingüística, apoyo a la movilidad, orientación, tutoría, etcétera.

Importante

Toda la información sobre Europass se encuentra en el siguiente enlace:

https://europass.cedefop.europa.eu/es

Concepto clave

El **portal Ploteus** es un buscador de oportunidades de formación y de prácticas en toda la Unión Europea. Ploteus da la opción de hacer una búsqueda por país, por tipo de formación y contactos relevantes en el país donde interesa cursar los estudios.

CURRÍCULUM EUROPASS

Es un formulario común para toda Europa que facilita los procesos de selección cuando los candidatos tengan distintas nacionalidades. Se descarga de la web en cualquier idioma y permite presentar de modo sistemático las competencias y titulaciones de los candidatos.

PASAPORTE DE LAS LENGUAS EUROPASS

Formulario que cumplimenta cada interesado que describe sus conocimientos lingüísticos. Permite reconocer la aptitud en las diferentes competencias lingüísticas (hablar, leer, escribir y escuchar) en cualquier país.

DOCUMENTO DE MOVILIDAD EUROPASS

Es un documento que registra las capacidades y los conocimientos adquiridos en otros países europeos. Por ejemplo, la realización de la Formación en Centros de Trabajo (FCT) en otro Estado miembro mediante el programa Leonardo Da Vinci (para el alumnado de grado medio) o del programa Erasmus (para el alumnado de grado superior).

SUPLEMENTO EUROPASS AL TÍTULO DE TÉCNICO O CERTIFICADO DE PROFESIONALIDAD

Es un documento destinado a facilitar la comprensión a las empresas y personas empleadoras o instituciones de otro país del significado del título de técnico de FP. Describe las competencias adquiridas, el nivel de formación, las profesiones que puede ejercer, etcétera.

SUPLEMENTO EUROPASS AL TÍTULO SUPERIOR

Es un documento destinado a facilitar la comprensión a las empresas y personas empleadoras o instituciones de otro país del significado del título de Técnico Superior de FP. Describe las competencias adquiridas, el nivel de formación, las profesiones que puede ejercer, etcétera.

Figura 9.5. Los cinco documentos del Europass.

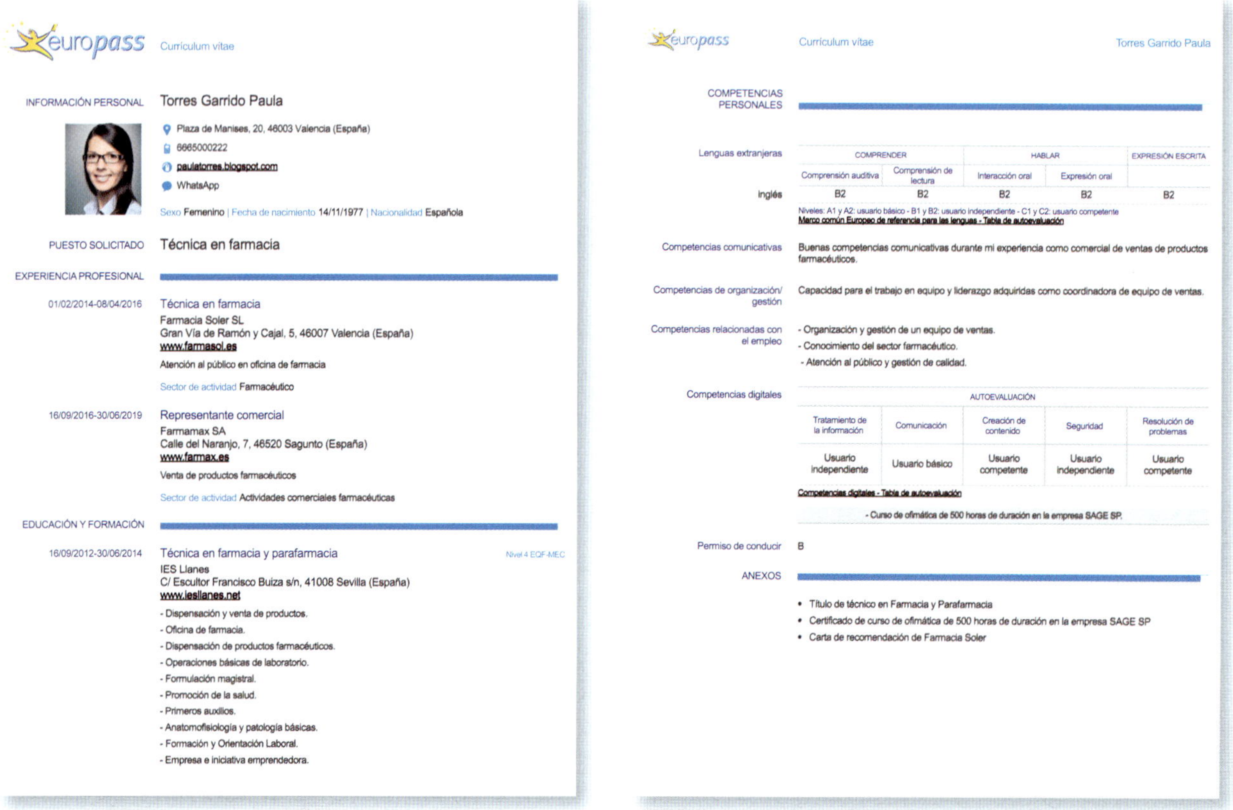

europass Curriculum vitae

INFORMACIÓN PERSONAL Torres Garrido Paula

Plaza de Manises, 20, 46003 Valencia (España)
6665000222
paulatorres.blogspot.com
WhatsApp

Sexo Femenino | Fecha de nacimiento 14/11/1977 | Nacionalidad Española

PUESTO SOLICITADO Técnica en farmacia

EXPERIENCIA PROFESIONAL

01/02/2014-08/04/2016 Técnica en farmacia
Farmacia Soler SL
Gran Vía de Ramón y Cajal, 5, 46007 Valencia (España)
www.farmasol.es
Atención al público en oficina de farmacia
Sector de actividad Farmacéutico

16/09/2016-30/06/2019 Representante comercial
Farmamax SA
Calle del Naranjo, 7, 46520 Sagunto (España)
www.farmax.es
Venta de productos farmacéuticos
Sector de actividad Actividades comerciales farmacéuticas

EDUCACIÓN Y FORMACIÓN

16/09/2012-30/06/2014 Técnica en farmacia y parafarmacia — Nivel 4 EQF-MEC
IES Llanes
C/ Escultor Francisco Buiza s/n, 41008 Sevilla (España)
www.iesllanes.net
- Dispensación y venta de productos.
- Oficina de farmacia.
- Dispensación de productos farmacéuticos.
- Operaciones básicas de laboratorio.
- Formulación magistral.
- Promoción de la salud.
- Primeros auxilios.
- Anatomofisiología y patología básicas.
- Formación y Orientación Laboral.
- Empresa e iniciativa emprendedora.

europass Curriculum vitae Torres Garrido Paula

COMPETENCIAS PERSONALES

Lenguas extranjeras

	COMPRENDER		HABLAR		EXPRESIÓN ESCRITA
	Comprensión auditiva	Comprensión de lectura	Interacción oral	Expresión oral	
Inglés	B2	B2	B2	B2	B2

Niveles: A1 y A2: usuario básico - B1 y B2: usuario independiente - C1 y C2: usuario competente
Marco común Europeo de referencia para las lenguas - Tabla de autoevaluación

Competencias comunicativas: Buenas competencias comunicativas durante mi experiencia como comercial de ventas de productos farmacéuticos.

Competencias de organización/gestión: Capacidad para el trabajo en equipo y liderazgo adquiridas como coordinadora de equipo de ventas.

Competencias relacionadas con el empleo:
- Organización y gestión de un equipo de ventas.
- Conocimiento del sector farmacéutico.
- Atención al público y gestión de calidad.

Competencias digitales

AUTOEVALUACIÓN				
Tratamiento de la información	Comunicación	Creación de contenido	Seguridad	Resolución de problemas
Usuario independiente	Usuario básico	Usuario competente	Usuario independiente	Usuario competente

Competencias digitales - Tabla de autoevaluación

- Curso de ofimática de 500 horas de duración en la empresa SAGE SP.

Permiso de conducir: B

ANEXOS

- Título de técnico en Farmacia y Parafarmacia
- Certificado de curso de ofimática de 500 horas de duración en la empresa SAGE SP
- Carta de recomendación de Farmacia Soler

Figura 9.6. Currículum Vitae Europass.

9.4. ¿Cuáles son las herramientas tradicionales para buscar empleo?

Las herramientas tradicionalmente utilizadas para responder a las ofertas de trabajo seleccionadas son principalmente la carta de presentación y el currículum.

9.4.1. La carta de presentación

La carta de presentación es el documento que acompaña al currículum. Informa de los aspectos más relevantes del perfil de la persona candidata en función del puesto de trabajo. Existen dos tipos de cartas de presentación:

1. **Carta de respuesta a una oferta de empleo:** cuyo principal objetivo es indicar que se cumplen las condiciones requeridas para el puesto de trabajo y que desea incorporarse al proceso de selección.
2. **Carta de autocandidatura:** en la que se exponen las causas del envío del currículum, a pesar de no existir una oferta previa de empleo.

Las partes que debe incluir una carta de presentación son las siguientes:

ESTRUCTURA DE LA CARTA DE PRESENTACIÓN	
Encabezamiento	• Datos de la persona candidata: nombre, apellidos, dirección, teléfono y correo electrónico. • Datos de la persona destinataria: nombre, apellidos, cargo que ostenta, nombre de la empresa y domicilio.
Lugar y fecha	Indicar la localidad, el día, el mes y el año en el que se escribe.
Referencia al anuncio	Indicar, cuando proceda, la referencia de la oferta de empleo.
Saludo inicial	Deberá realizarse el saludo inicial con un tratamiento hacia el destinatario respetuoso y acorde al cargo que ocupe en la empresa.
1.er párrafo. Presentación	• Hacer referencia a la oferta de empleo si se responde a un anuncio e indicar el puesto de trabajo al que se aspira, así como el medio a través del cual se conoció la oferta y la fecha en la que se localizó. • En el caso de tratarse de una autocandidatura, es preciso presentarse e intentar despertar el interés de la empresa.
2.º párrafo. Adecuación al puesto de trabajo	• Mencionar aspectos formativos y profesionales relevantes para el trabajo al que se opta y que ayudarán a conseguir una entrevista. • Hacer referencia a las características personales, sin exagerar, que pueden favorecer el desempeño del puesto de trabajo.
3.er párrafo. Solicitud de inclusión en el proceso de selección	• Solicitar ser incluido en el proceso de selección que realiza la empresa. • Solicitar una entrevista.
Despedida y firma	Utilizar una despedida cordial y sencilla y asegurar a la persona destinataria estar a la espera de sus noticias.

Importante

Hay que seguir una serie de **recomendaciones** para la elaboración de la carta de presentación y el currículum vitae.

Presentación:

- Extensión máxima de un folio para la carta y dos para el currículum, a una sola cara.
- Utilizar papel de calidad, blanco, tamaño DIN A4, nunca utilizar fotocopias.
- Utilizar el mismo tipo de letra en ambos documentos y escribirlos a ordenador.
- Márgenes superior e inferior de 2,5 cm, y márgenes izquierdo y derecho de 3 cm.
- Incluir la fotografía en el currículum es opcional, en la carta nunca se incluye.

Redacción:

- Claros, breves y concisos.
- Evitar tachaduras, faltas de ortografía e incorrecciones gramaticales.
- Evitar utilizar tecnicismos y siglas.

Contenido:

- Los datos deben ser veraces.
- Actualizar y redactar una carta y un currículum para cada puesto de trabajo solicitado.

Datos de la persona que escribe la carta (candidato)	Juan Carlos Pérez Luján c/ Marte, 8 28045 Madrid Teléfono: 634568876 jcperez@gmail.com
Datos de la empresa	Sr. D. Luis Pérez Rodríguez Director de Recursos Humanos SEABLUE, SA c/ Graham Bell, 36
Lugar y fecha	Madrid, a 20 de octubre del 2020
Referencia del anuncio al que se contesta	Referencia: 34/77
Saludo inicial	Estimado Sr. Pérez:
Oferta de empleo	Le escribo en relación con su anuncio, publicado el sábado 5 de marzo en el periódico *El Sol*, en el que solicita un puesto de auxiliar administrativo.
Aspectos destacables y currículo	Como podrá comprobar, tengo una dilatada formación y larga experiencia en tareas administrativas, tal y como se puede observar en mi currículo que adjunto. He realizado en los últimos años tanto tareas de contabilidad como administrativas, en las que he destacado por mi eficiencia y buena disposición.
Solicitud de inclusión en los procesos de selección	Por todo lo anterior, y con el fin de poder demostrar mi aptitud para el puesto de trabajo, le ruego me incluya en el proceso de selección que realiza su empresa. Le agradecería, asimismo, que me concediese la oportunidad de defender mi candidatura mediante una entrevista personal.
Despedida	En espera de su respuesta, lo saluda atentamente, Juan Carlos Pérez Luján
Firma	

Figura 9.7. Ejemplo carta de presentación.

9.4.2. El currículum vitae

El currículum es un documento que debe recoger de forma clara y concisa los datos personales, la formación y la experiencia laboral de la persona candidata a un puesto de trabajo.

Su objetivo principal es conseguir una entrevista de trabajo con la persona empleadora. Las funciones que debe cumplir son las siguientes:

- Presentar al aspirante.
- Resaltar los aspectos más relevantes de su trayectoria formativa y laboral.
- Tras la entrevista, permitir a la empresa tener acceso a los datos de la persona candidato.

Existen diferentes tipos de currículum, como puede apreciarse en la Figura 9.8.

Sabías que...

Hay diferentes sitios web que facilitan la elaboración del currículum aportando formatos atractivos, pero manteniendo una estructura clásica, permitiendo su salida a través de diferentes formatos (.doc, .pdf e incluso como alojamiento web). Entre ellas, destacan varias páginas web especialmente interesantes:

- www.micvideal.es,
- www.livecareer.es, o
- www.onlinecv.es.

CRONOLÓGICO

- Organiza la información cronológicamente.
- Parte de los logros más antiguos y llega hasta los más recientes.
- Permite a la empresa que realiza la selección conocer la evolución ascendente de la carrera profesional del aspirante.

INVERSO

- Parte de los últimos logros y la ocupación más reciente para ir avanzando en la experiencia anterior.
- Resalta las experiencias más recientes, que, indudablemente, son las que más interesan a las empresas y personas empleadoras.

FUNCIONAL

- Distribuye la información por temas.
- Proporciona un conocimiento rápido de la formación y experiencia en un ámbito determinado.
- Permite seleccionar los puntos positivos y destacar las habilidades propias y los logros conseguidos, al tiempo que se omiten o difuminan los no deseados, como periodos de desempleo, cambios frecuentes de trabajo sin haber promocionado, etcétera.

MIXTO

- Es el más completo de los tres modelos y el más complejo de elaborar.
- Es una mezcla del cronológico y del funcional. Parte siempre del modelo funcional, ya que organiza la información por áreas temáticas o profesionales, para llegar después a la organización en el tiempo. De esta forma, se destacan las habilidades que se poseen, al tiempo que se reflejan la experiencia y la formación.

CURRÍCULUM 2.0

- Es un currículum «*online*», hecho por y para ser visto en internet, a través de una pantalla, aunque existe la posibilidada de su impresión, y, por lo tanto, más creativo e innovador. Existen numerosos programas para elaborarlo como, por ejemplo, Canva.
- Permite la posibilidad de incluir enlaces a los perfiles de LinkedIn (hoy en día se valora mucho tener perfil profesional), así como a blog, a cuentas de Twitter, al videocurrículum, a tarjetas de presentación, etc.

Figura 9.8. Tipos de currículum.

La estructura del currículum más habitual es la siguiente:

ESTRUCTURA DEL CURRÍCULUM	
Título	**Currículum vitae**
Datos personales	Nombre, apellidos, DNI, fecha y lugar de nacimiento, domicilio, número de teléfono de contacto (preferiblemente dos) y dirección de correo electrónico.
Formación académica	Estudios oficiales o enseñanza reglada realizada. Incluir solo los títulos de mayor nivel, siguiendo este orden: título, centro, ciudad y fechas de inicio y de fin.
Formación complementaria	Estudios complementarios, jornadas o seminarios relacionados con el puesto solicitado. Indicar el título, la duración, el centro y el lugar donde fueron realizados y las fechas de inicio y de fin. No hay que incluir cursos breves, poco recientes o irrelevantes.
Idiomas	Señalar de cada idioma, de forma realista, el grado de dominio (bajo, medio o alto), así como el grado de comprensión y el nivel hablado y escrito. Incluir títulos acreditativos reconocidos.
Informática	Indicar los conocimientos informáticos y el nivel de manejo: sistemas operativos, procesador de texto, hojas de cálculo, bases de datos, etcétera.
Experiencia laboral	Relevante para el puesto. Incluir denominación del puesto, nombre de la empresa, funciones realizadas y fechas de permanencia.
Otros datos (opcional)	Incluir datos interesantes que no se han podido encuadrar en los apartados anteriores (carné de conducir, indicando la categoría; vehículo propio; disponibilidad; movilidad; etc.). No incluir aficiones.

Caso práctico 9.5

Cumplimenta todos los documentos necesarios para la búsqueda de empleo:

a) Selecciona una oferta de empleo de una web de empresa, de un portal de empleo o de una ETT.

b) Guiándote por el modelo de carta de presentación facilitado en la unidad, redacta la carta de presentación que acompañará a tu currículum, solicitando el empleo ofrecido.

c) Elabora tu currículum vitae cronológico basado en el modelo estudiado.

d) Vuelve a entrar en la web e introduce el currículum que has realizado.

Currículum vitae

DATOS PERSONALES

Apellidos: López Adriá

Nombre: Fermín

DNI: 28657432F

Fecha y lugar de nacimiento: 27 de noviembre del 1988, Madrid

Domicilio: Avenida Luis Montoto, 65, 41018, Sevilla

Teléfonos de contacto: 954798321-664232123

Correo electrónico: adria@gmail.com

FORMACIÓN ACADÉMICA

- Técnico Superior en Dirección de Servicios de Restauración en el IES Heliópolis de Sevilla. Septiembre del 2016 a junio del 2018.
- Bachillerato de Humanidades y Ciencias Sociales en el IES Heliópolis de Sevilla. Septiembre del 2014 a mayo del 2016.

FORMACIÓN COMPLEMENTARIA

- Curso de inglés comercial, de una duración de 200 horas, impartido por la Cámara de Comercio de Sevilla. De marzo a julio del 2019.
- Curso de especialista sumiller, de una duración de 360 horas, impartido por la Escuela Superior de Hostelería de Sevilla. De julio del 2018 a febrero del 2019.

IDIOMAS

	COMPRENSIÓN	HABLADO	ESCRITO
INGLÉS	Alto	Medio	Alto

INFORMÁTICA

- Manejo a nivel usuario del sistema operativo Windows 10.
- Utilización a nivel usuario de los programas Microsoft Word, PowerPoint, Access y Excel.

EXPERIENCIA PROFESIONAL

- Ayudante de jefe de sala en el restaurante CHICS, SL, de Madrid. Gestión de bodega y de la oferta de bebidas existentes, además de la organización del plan de mantenimiento y aprovechamiento de las instalaciones, los equipos, los útiles y las herramientas. De julio del 2019 a enero del 2020.
- Prácticas en el restaurante Casa Robles de Sevilla. Ayudante de cocina y encargado de bodega. De marzo del 2018 a junio del 2018.

Figura 9.9. Currículum vitae cronológico inverso.

9.5. ¿Cómo seleccionan las empresas a los candidatos?

Importante

Para superar estas pruebas, hay que:

- Leer bien las instrucciones y preguntar lo que no se entiende antes de comenzar la prueba.
- Responder con sinceridad, los test de personalidad contienen ítems que evalúan la sinceridad en las respuestas.
- Practicar. La técnica para realizar un test se domina cuantos más test se hayan realizado.
- Procurar estar descansado y relajado.

Cuando una empresa recibe los currículums de los candidatos a un determinado puesto de trabajo, realiza una primera preselección:

PRESELECCIÓN DE CURRÍCULUM

- Se descartan los candidatos que no cumplen los requisitos exigidos para el puesto.
- Se reservan los currículums que ofrecen dudas. Se vuelven a valorar más adelante, si no hay candidatos más idóneos.
- Se incluyen en el proceso de selección los que cumplen con los requisitos del puesto.
- Se avisa a los candidatos y se los cita para un día determinado.

La empresa ya tiene varios candidatos potencialmente aptos para el trabajo y da comienzo la selección propiamente dicha. Se pueden realizar diferentes pruebas, que se utilizarán según las características del puesto de trabajo. Las pruebas pueden ser como las siguientes:

1. Los **test** son pruebas que se realizan a los candidatos a un puesto de trabajo. Con sus resultados, el seleccionador puede establecer sus características personales y su posible conducta futura en el empleo. Pueden ser de distinto tipo: test de **cultura general** (evalúan los conocimientos básicos de historia, geografía, etc.), test **psicotécnicos** (miden la inteligencia general, aptitud verbal y numérica, etc.) y test **de personalidad** (evalúan los rasgos de personalidad que interesan en el mundo laboral como la extroversión, positivismo, etcétera).
2. Las **pruebas profesionales** para trabajos de perfil técnico. El candidato o candidata debe resolver situaciones habituales relacionadas con el desarrollo del trabajo.
3. El **examen físico** para trabajos que precisan una determinada forma física o que requieren el manejo de productos tóxicos. Puede ser un reconocimiento médico o una prueba física.
4. En la **dinámica de grupo,** se reúne a los candidatos y se les plantea una situación que deben resolver. El objetivo es ver la reacción de los candidatos. Se valoran sus habilidades comunicativas, el respeto a las intervenciones de los demás, el liderazgo, la capacidad negociadora y para trabajar en equipo y la capacidad para tomar decisiones, participar sin afán de protagonismo y expresar al final tu conclusión personal.

9.5.1. La entrevista

Suele ser el último paso y el más importante dentro de un proceso de selección. Durante la entrevista, no solo es importante lo que se dice, también importa cómo se dice. Quien realiza la entrevista puede profundizar en la información ofrecida en el currículum, comprobar si el estilo personal de la persona candidata es idóneo para el puesto y valorar si este le interesa.

La entrevista debe prepararse con antelación y llevar preparadas las respuestas a posibles preguntas. Esta preparación se realiza en varias fases:

FASES PARA UNA ENTREVISTA
Fase previa
• Informarse sobre la empresa y su sector: consultar la página web de la empresa, los catálogos, etcétera. • Repasar bien el currículum vitae y la carta de presentación, porque son los documentos que servirán de base para las preguntas. • Preparar la forma de explicar la trayectoria formativa y profesional (estudios, tareas profesionales, etc.) de manera coherente. • Preparar las respuestas a preguntas personales. Es importante conocer las competencias del puesto. • Cuidar la apariencia física: para determinados puestos, es preciso un vestuario sobrio y formal.
La entrevista
• Ser muy puntual o llegar con 5 minutos o 10 minutos de antelación, saludar a la persona que se encarga de realizar la entrevista con un firme apretón de manos, citar nuestro nombre, después agradecerle habernos recibido y tomar asiento cuando se nos invite a hacerlo. • Ser natural, mostrarse tal y como se es personal y profesionalmente. • Las cuatro preguntas más importantes a las que se reduce toda la entrevista son: 1. ¿Por qué está usted aquí? 2. ¿Qué puede usted hacer por la empresa? 3. ¿Cómo es usted? 4. ¿Por qué es mejor que el resto de personas que presentan su candidatura?
Despedida
• Suele ser a iniciativa de quien realiza la entrevista. Hay que aprovechar ese momento para agradecer la atención prestada y preguntar cuándo se tendrá noticias de la empresa o cómo continuará el proceso de selección. • Analizar los resultados de la entrevista. Anotar aquellas preguntas que han resultado más incómodas de responder o que no se esperaban, ya que pueden servir para futuras entrevistas.

Durante la entrevista, hay que prestar atención a la comunicación verbal y no verbal:

COMUNICACIÓN VERBAL	COMUNICACIÓN NO VERBAL
• Evitar utilizar monosílabos, el vocabulario excesivamente coloquial y también el demasiado rebuscado. • No debe tutearse al entrevistador o entrevistadora. • Realizar comentarios positivos de nuestros intereses, metas y aficiones. • Utilizar expresiones de seguridad, por ejemplo: *estaré a la altura de…*, *sabré responder…*, etcétera. • Evita: – Hablar de temas personales. – Hablar mal de anteriores trabajos, compañeros/as o jefes/as. – Hablar de religión y de política. – Dar información que perjudique. – Preguntar sobre el salario, el horario o las vacaciones.	• Mantener una expresión del rostro acorde con el mensaje que se dice. • Mostrar una sonrisa en determinados momentos es importante, ya que significa la apertura de los canales de comunicación. • Mirar a la persona entrevistadora a los ojos denota sinceridad. • Sentarse correctamente con la espalda recta. • Evitar gesticular mucho con las manos. • Evitar manías o tics como rascarse la nariz, tocarse el pelo, repicar con los dedos sobre la mesa, etcétera. Estos movimientos denotan nerviosismo e inseguridad y falta de control. • Apagar el móvil antes de entrar para evitar interrupciones inoportunas.

Sabías que...

En la web del Servicio Público de Empleo Estatal, existe información sobre pruebas de selección e interesantes consejos sobre cómo preparar una entrevista. Puede consultarse a través del siguiente enlace: **https://www.sepe.es** (Personas > Encontrar trabajo > > Te ayudamos a buscar empleo > Entrevista).

Caso práctico 9.6

Practica diferentes test de personalidad, psicotécnicos, etc., que puedes realizar a través del siguiente enlace: **http://www.psicoactiva.com/tests.htm**.

Comprueba lo que has aprendido

Patricia y Laura acaban de terminar el ciclo de grado medio de Gestión Administrativa y quieren buscar un trabajo relacionado con sus estudios.

Bea y Mario se encuentran algo perdidos en cuanto al método que deben llevar a cabo para que la búsqueda de empleo les resulte efectiva. ¿Puedes asesorarlos?

1. Laura tiene claro que quiere ejercer como auxiliar administrativa de juzgados en un plazo de dos años, en cambio, Patricia quiere trabajar como auxiliar administrativa en una empresa.

   ¿Están bien definidos los objetivos profesionales de Laura y Patricia? ¿Por qué?

   ¿Qué itinerario tienen que seguir para alcanzar su objetivo?

2. Patricia ha convencido a Laura para que busque trabajo en una asesoría y así acumule experiencia. Ambas deciden buscar ofertas de trabajo y entran en distintos portales de empleo. Han enviado su currículum a todas las empresas que han encontrado de su sector y otras que no tienen mucho que ver con su perfil. También han visitado varias ETT y le han enviado sus currículums a tres ofertas publicadas en el periódico semanal.

   ¿Qué otros canales pueden utilizar?

3. Después de dos meses sin obtener respuesta, reciben una llamada de una asesoría y son citadas para participar en un proceso de selección con otros dos candidatos. En el proceso, se realizará un test de aptitud, una prueba profesional y una entrevista de trabajo.

   Laura llega a la entrevista con unos vaqueros muy gastados y unos botines; Patricia, en cambio, va correctamente vestida, aunque está un poco nerviosa porque no sabía qué ponerse y no se encuentra muy a gusto con lo que lleva. Laura le dice que el aspecto físico no cuenta.

   ¿Estás de acuerdo con Laura?

4. Laura no ha preparado nada, ni siquiera recuerda el nombre de la empresa. Patricia, sobre la marcha, le explica algo sobre la empresa.

   — ¿Te has repasado el currículum? —pregunta Patricia.

   — ¿Para qué? Me lo sé de memoria, ya que es el mismo que he enviado a todas las empresas —responde Laura.

   ¿Es correcto enviar el mismo currículum a todas las empresas?

5. Patricia está muy preocupada por la prueba profesional. Laura le comenta que espera que no sea en inglés, pues había puesto en su currículum que era bilingüe.

   ¿Es adecuado mentir en el currículum para conseguir una entrevista? ¿Por qué?

6. Cuando comienzan las pruebas, Laura no presta mucha atención a las instrucciones que proporciona el psicólogo, lo responde todo y termina la primera. En la entrevista, el entrevistador invita a Laura a sentarse en un perfecto inglés, Laura no lo ha entendido y sigue de pie hasta que él se sienta.

   La entrevista continúa en español; Laura, muy tímida, contesta con monosílabos; procura no mirar al entrevistador. Cuando este le pregunta por qué quiere trabajar en la empresa, Laura contesta que su amiga la ha convencido, ya que ella lo que quiere es trabajar en un juzgado.

   ¿Han cometido errores en la preparación de la entrevista? ¿Cuáles? ¿Qué les aconsejas?

Actividades finales

1. El proyecto profesional

9.1. Trabajo en grupo. Formad grupos de 3 personas y elaborad el perfil de una profesión relacionada con el ciclo que estáis cursando. Podéis obtener información consultando la orden que regula el currículo del título y seleccionando ofertas de empleo relacionadas. Con la información obtenida, copiad y cumplimentad la siguiente tabla:

Perfil profesional	
Competencia general	
Tareas	
Clasificación profesional	
Formación exigida	
Experiencia laboral previa	
Entorno de trabajo	

2. Opciones profesionales

9.2. Indica las posibles opciones profesionales en los siguientes casos:

a) Eugenio, de 22 años, ha terminado el ciclo de grado medio de Sistemas Microinformáticos y Redes y su titulación tiene muchas ofertas de empleo.

b) Sandra ha finalizado el ciclo superior de Gestión de Ventas en Espacios Comerciales.

c) Jorge, de 21 años, es técnico en instalaciones eléctricas, no tiene el bachillerato, ha buscado ofertas de empleo, pero ha encontrado muy pocas.

d) Berta, de 21 años, es técnica en gestión administrativa y le gustaría ser funcionaria.

3. La búsqueda de empleo

9.3. Realiza tu currículum vitae Europass. Para ello, accede a la página web de Europass: https://europass.cedefop.europa.eu/es.

4. Herramientas para buscar empleo

9.4. Blanca está buscando empleo después de finalizar su último contrato hace un año. En el portal www.infojobs.net, ha visto una oferta de educadora de tiempo libre con niños de 2 a 6 años, con fecha 6 de abril, de la empresa Ludoteca, SL. Para poder inscribirse en ella, necesita incluir en el portal su currículum vitae, junto con una carta de presentación. Ayuda a Blanca a realizar ambos documentos, teniendo la siguiente información:

DATOS DE BLANCA	
Nombre y apellidos	Blanca Romero Díaz
DNI	28796543D
Fecha y lugar de nacimiento	21/8/1982, Toledo
Domicilio	C/ Formentera, 12. CP: 45003, Toledo
Teléfono de contacto	667879221
Correo electrónico	blancard@hotmail.com

Blanca cuenta con la siguiente formación académica y complementaria:

- Técnica Superior en Educación Infantil en el IES Julio Verne de Talavera de la Reina, desde septiembre del 2009 hasta junio del 2011.
- Curso de Informática en el aula de Educación Infantil, desde julio del 2011 a diciembre del 2011, impartido por la Asociación Mundial de Educadores Infantiles, de 50 horas.
- Nivel intermedio alto de inglés: B2 First (FCE).

La experiencia laboral de Blanca es la siguiente:

- Trabajó en la escuela infantil Chiquilín, SL, como educadora infantil y tutora de un grupo de niños de 0-1 años, cuidando del orden, la seguridad, el entretenimiento, la alimentación y el aseo personal de los bebés, desde septiembre del 2011 hasta diciembre del 2012.
- Realizó sus prácticas de FCT en el centro de ocio infantil Party, SL, como educadora, realizando un taller de animación (manualidades, cuentacuentos, juegos, etc.) para niños de 3 a 6 años, desde enero del 2011 hasta junio del 2011.

NEWS

Notas de prensa

Una joven realiza el currículum perfecto: triunfa en las grandes empresas, incluso en Google

- Tan solo seis segundos bastan para dar una buena imagen y pasar al siguiente paso: la entrevista.
- Más de 20 *startups* se interesaron por el currículum de Katie Simon, que desde el primer momento tuvo claro que su objetivo tras graduarse era conseguir un trabajo.

Una joven estadounidense elaboró el currículum perfecto y con él ha conseguido ofertas de trabajo de Google, eBay y más de 20 *startups*.

Es obvio que, a la hora de conseguir el trabajo que buscas, es fundamental elaborar un buen currículum, pues, si llega a manos del reclutador de la empresa, tendrás aproximadamente 6 segundos para dar una buena impresión y pasar a la siguiente etapa: la entrevista.

Según cuenta TICbeat, el nombre de la joven es Katie Simon, desde que se graduó, su principal objetivo fue conseguir un trabajo. Tal fue su empeño que la joven se negó a volver a su casa hasta lograr su objetivo.

Durante este periodo, modificó y actualizó constantemente su CV hasta lograr el resultado perfecto: consiguió ofertas de trabajo de Google, eBay y más de una veintena de *startups*, incluido Spotify, Buzzfeed, Venmo y Oscar.

Simon lleva el mundo de la empresa en la sangre y es que, con tan solo 14 años, ya era emprendedora. Actualmente, es la fundadora de More Money For Me, un proyecto a través del que ayuda a jóvenes a triunfar económica y profesionalmente. Simon ofrece asesoramiento para perfeccionar el currículum.

Fuente: 20minutos.es (8 de abril del 2017).

a) ¿Cuáles son las claves para crear un currículum perfecto?

b) ¿Ser conciso es relevante para que el currículum sea considerado o, por el contrario, cuanto más detallado sea, mejor valorado será?

Videoteca laboral

Visualizad en el aula el vídeo *Tu empleo en 5 minutos. Capítulo 5.*

https://www.youtube.com/watch?v=HDAp1xfa2OE

Responde a las siguientes preguntas:

- ¿Cuál es la mejor técnica de búsqueda de empleo?
- ¿Cuántos currículums envió Juan? ¿Le funcionó? ¿Por qué?
- ¿Cuáles son las *4 reglas* para aplicar las mejores técnicas de búsqueda de empleo?
- En tus palabras, ¿cuál es la conclusión del vídeo?